LEITURA
e ortografia

SOBRE OS AUTORES

Terezinha Nunes é professora de Estudos Educacionais no Departamento de Educação da Oxford University e coordenadora do Mestrado em Psicologia da Criança e Educação. É membro do Harris-Manchester College.

Peter Bryant é membro da Royal Society e pesquisador sênior no Departamento de Educação da Oxford University e da University of Bristol.

N972l   Nunes, Terezinha.
           Leitura e ortografia : além dos primeiros passos /
       Terezinha Nunes, Peter Bryant ; tradução: Vivian Nickel. –
       Porto Alegre : Penso, 2014.
       208 p. : il. ; 23 cm.

       ISBN 978-85-65848-93-0

       1. Linguística. 2. Ortografia. 3. Leitura. I. Bryant, Peter.
II. Título.
                                                     CDU 81'35:028.1

Catalogação na publicação: Ana Paula M. Magnus – CRB 10/2052

TEREZINHA NUNES
PETER BRYANT

LEITURA
e *ortografia*

*ALÉM DOS
PRIMEIROS PASSOS*

Tradução

Vivian Nickel

penso

2014

Obra originalmente publicada sob o título
Children's Reading and Spelling: Beyond the First Steps
ISBN 9780631234036
© Wiley-Blackwell, 2009.
© Terezinha Nunes, Peter Bryant, 2009.

Tradução e adaptação do original para a língua portuguesa autorizado pelos autores para Artmed Editora S.A.
Todos os direitos reservados.

Colaboraram nesta edição

Editoras: *Lívia Allgayer Freitag e Priscila Zigunovas*

Capa: *Márcio Monticelli*

Imagens da capa: ©*thinkstockphotos.com/P+P, Letter A boy, Letter B boy* e *Letter C boy*

Preparação de originais: *Rubia Minozzo*

Leitura final: *Amanda Munari Alves*

Editoração: *Formato Artes Gráficas*

Reservados todos os direitos de publicação, em língua portuguesa, à
PENSO EDITORA LTDA., uma empresa do GRUPO A EDUCAÇÃO S.A.
Av. Jerônimo de Ornelas, 670 – Santana
90040-340 – Porto Alegre – RS
Fone: (51) 3027-7000 Fax: (51) 3027-7070

É proibida a duplicação ou reprodução deste volume, no todo ou em parte, sob quaisquer formas ou por quaisquer meios (eletrônico, mecânico, gravação, fotocópia, distribuição na Web e outros), sem permissão expressa da Editora.

Unidade São Paulo
Av. Embaixador Macedo Soares, 10.735 – Pavilhão 5 – Cond. Espace Center
Vila Anastácio – 05095-035 – São Paulo – SP
Fone: (11) 3665-1100 Fax: (11) 3667-1333

SAC 0800 703-3444 – www.grupoa.com.br

IMPRESSO NO BRASIL
PRINTED IN BRAZIL

AGRADECIMENTOS

Trabalhamos com uma quantidade enorme de pessoas: pesquisadores, professores e crianças. Somos imensamente gratos a todos os colegas que trabalharam por tantos anos no projeto que deu origem a este livro. Tantas escolas foram gentis conosco, nos permitiram perturbar seus horários e nos ajudaram com este projeto. Em nossos estudos iniciais, recebemos a ajuda de professores e crianças das escolas de ensino fundamental Wolvercote, Botley, Cassington, Kennington, William Tyndale, Ravenstone, da escola de educação infantil, ensino fundamental e médio Honeywell, e da Trinity St. Mary's Church of England School. Miriam Bindman e Gill Surman trabalharam no projeto inicial e foram colaboradores excelentes. Nossos estudos posteriores envolveram uma quantidade enorme de escolas também: escola de ensino fundamental Bessemer Grange, escola de ensino fundamental Dulwich Hamlet, escola de ensino fundamental Hargrave Park, escola de ensino fundamental Brecknock, escola de ensino fundamental Honeywell, escola de ensino fundamental Lauriston, escola de ensino fundamental Católica Romana St. Joseph, escola de ensino fundamental St. Michael Church of England, escola de ensino fundamental St. Nicholas em Abingdon, escola de ensino fundamental Wheatley em Wheatley, escola de ensino fundamental St. Nicholas em Marston; escola de ensino médio Bayswater, escola de ensino fundamental Larkrisse, escola de ensino médio Marston, escola de ensino fundamental SS Philip e James, escola de ensino fundamental East Oxford, escola de ensino médio Frideswide, escola de ensino fundamental St. Andrews, escola de ensino fundamental Cutteslowe, escola de ensino fundamental St. Barnabus, escola de ensino fundamental New Hinksey, escola de ensino fundamental St. Aloysius, escola de ensino fundamental Woodfarm. Também somos gratos ao Exército, à Força Aérea Real e à Marinha Real por permitirem que testássemos um grande número de recrutas.

Nossos principais colaboradores neste projeto foram Ursula Pretzlik, Deborah Evans, Daniel Bell, Diana Burman, Jenny Olsson, Paul Mitchell, Freyja

Birgisdottir, Selly Gardner, Adelina Gardner, Jane Hurry, Julia Carraher, Constanza Moreno, Anne Magnani, Helen Mirelman e Lesley Zuke. Também trabalhamos com muitos estudantes pesquisadores, entre eles: Athanasios Aidinis, Lily Chan, Kalliopi Chliounaki, Claire Davis, Hélène Deacon, Nenagh Kemp, Annukka Lehtonen, Claire Rankin e João Rosa. Muitas pessoas nos ajudaram em diversas outras ocasiões, e temos o maior apreço por seus esforços.

O grande número de estudos que realizamos ao longo desses anos, muitos dos quais relatamos aqui pela primeira vez, não teria sido possível sem o suporte da MRC (Bolsas G9214719 e G9900004), da ESRC (Bolsa R000237752) e do Programa de Ensino e Aprendizagem da ESRC (Bolsa L139251015) e da bolsa de estudos Emérita Leverhulme, concedida a Peter em 2004. Os estudos iniciais, desenvolvidos no Brasil, tiveram suporte do Conselho Nacional de Desenvolvimento Científico e Tecnológico do Brasil (CNPq). Sem esse apoio, teria sido impossível realizar o programa contínuo de pesquisa sobre a leitura e a ortografia das crianças. Somos imensamente gratos por esse apoio.

Por fim, há muitos colegas com os quais discutimos nossas ideias ao longo dos anos. Seu interesse genuíno nas ideias e na pesquisa relatadas neste livro, e as conversas que tivemos ao longo desses anos, sempre nos fizeram pensar mais e querer projetar um outro estudo ainda. Utah Frith, Michel Fayol, Jesus Alegria, Íris Levin, Lair Levi Buarque, Lucia Browne Rego, Eneida Didier Maciel, Sylvia Defior, Bente Hatgvet e Márcia da Mota estão entre os muitos colegas com quem tivemos longas e interessantes conversas sobre a ortografia. Quem iria imaginar que a ortografia é um assunto assim tão fascinante?

Tínhamos duas boas razões para realizar este estudo ao longo desses 20 anos: a ciência da psicologia, que apreciamos tanto, e as crianças, que têm de aprender a ler e escrever. Esperamos que este livro contribua a ambos.

Terezinha e Peter
Oxford

SUMÁRIO

Apresentação 9

Prefácio 11

1   Aprender ortografia: qual é o problema? 15

2   Transição das relações entre sons e letras
para as relações entre grafemas e fonemas 32

3   A ortografia e os sons vocálicos: grafemas simples e complexos 59

4   Como as crianças aprendem regras fonológicas
condicionais e como elas podem ser ensinadas 80

5   Ortografia e morfemas 117

6   A aprendizagem do uso de morfemas na ortografia 140

7   Aprendendo a pensar sobre morfemas por meio do ensino 162

8   Reflexões finais 177

Referências 189

APRESENTAÇÃO

Quando as crianças aprendem a ler e escrever, novos mundos se abrem para elas. Para os pais, isso é um milagre. Para professores e psicólogos, é maravilhoso e ao mesmo tempo intrigante. Como as crianças conseguem aprender a ler e escrever palavras que nunca viram antes? Quais são as regras que as ajudam nessa importante tarefa? Será que elas fazem inferências ortográficas com base na fonologia ou na morfologia? Qual a importância da memorização quando comparada à aprendizagem específica de palavras? Será que as crianças aprendem regras formais (por exemplo, "nenhuma palavra começa por letras repetidas") independentemente de regras funcionais?

Temos muita sorte de ter essa descrição, baseada em 20 anos de experimentos imaginativos, análises e pensamento crítico de Terezinha Nunes e Peter Bryant. Eles nos apresentam diferentes visões sobre a conexão entre língua oral e língua escrita, e exploram as implicações dessas abordagens para o ensino e a aprendizagem. Com cuidado, os autores apresentam as evidências atuais, recolhidas a partir de experimentos próprios e de outros. Ao longo do livro, as mensagens sobre o desenvolvimento são claramente definidas — por exemplo, as evidências de que o domínio de regras funcionais pelas crianças aumenta com a idade, e de que o conhecimento sobre a forma precede o conhecimento funcional. Os padrões causais são centrais, como na consideração das correlações entre níveis de leitura e ortografia ao longo do tempo. Os níveis de leitura entre 7 e 8 anos predizem os níveis de ortografia do ano seguinte. Porém, após os 9 anos, a ortografia prediz melhor a leitura do que o inverso. As pesquisas nos dão dicas sobre como as crianças aprendem essas regras, e essas ideias são então cuidadosamente testadas a partir de experimentos. As lições dos estudos sobre português, grego, espanhol e holandês, assim como inglês, são aproveitadas. Leva-se em conta a questão da supergeneralização: os erros fascinantes e impressionantes que as crianças cometem, bem como seu desenvolvimento, são discutidos. As evidências levam Nunes e Bryant a defender de forma convincente que as supergeneralizações resultam do fato de as crianças formularem suas próprias hipóteses sobre as ortografias em questão, e que o conhecimento específico sobre cada palavra resulta em regras ortográficas de morfemas.

Ensinar faz alguma diferença? Essa questão é especialmente pertinente em relação à apreensão infantil das regras ortográficas de morfemas — a conexão entre letras e morfemas, que é raramente ensinada. Em vez disso, a aprendizagem tem sido deixada às "inferências necessariamente imperfeitas das crianças". No entanto, a lição consistente dos estudos intervencionistas descritos por Nunes e Bryant é que é possível ensinar morfemas e ortografia às crianças: elas aprendem bem, rapidamente e se divertem. Essa é uma lição prática sobre uma conquista cognitiva de importância central.

Judy Dunn

PREFÁCIO

Há cerca de 20 anos, começamos a discutir o que mais as crianças precisam saber para ler e escrever realmente bem após terem dado seus primeiros passos no funcionamento do alfabeto. Naquela época, os filhos de Terezinha, Julia e Daniel, tinham uma compreensão básica de leitura em português e inglês e estavam progredindo no estágio ortográfico. Começamos a ficar curiosos a respeito da natureza daquilo que teriam que aprender sobre ortografia. Será que o que precisariam aprender seria, simplesmente, um conjunto de ortografias para todas as palavras, o qual as crianças vão aprendendo pouco a pouco pela memória, ou será que havia regras para aprenderem que lhes ajudariam a fazer sentido a partir desse conjunto todo de ortografias? Uma vez que Julia e Daniel estavam aprendendo a ler e escrever em duas línguas diferentes, tínhamos a oportunidade de fazer comparações entre as línguas desde o início.

Havia ortografias para palavras do português que não poderiam ser previstas a partir da fonologia da língua portuguesa, mas poderiam sê-lo a partir da morfologia. Por exemplo: se uma palavra possui o som /ʒ/ antes de /e/ ou /i/, ela pode ser escrita com a letra "j" ou "g". Será que as crianças brasileiras precisam memorizar uma lista de palavras escritas com "j" e outra de palavras com "g"? Nenhum de nós tinha uma boa memória, e achamos que essa seria uma tarefa terrível de se pedir para as crianças. Portanto, começamos a explorar a ortografia das crianças em português e inglês e a identificar muitas consistências ortográficas, algumas das quais tinham sido tratadas até então como ortografias irregulares ou imprevisíveis.

Descobrimos que muitas ortografias no português e no inglês não podem ser previstas a partir do som das palavras, mas que é possível fazê-lo quando se leva em conta os morfemas que compõem essas palavras.

Nosso exemplo favorito no inglês era "magician" (/mədʒɪʃən/, *mágico*): a primeira vogal, representada por um "a", é uma vogal "schwa" e definitivamente não tem som de /a/; a letra "c" representa um som normalmente escrito com "sh", e a última vogal é uma outra vogal "schwa", e não há razão para que não devesse ser representada por "e", "u" ou "o" a partir de seu som; "ia" é uma escolha engraçada se pensarmos no som dessa última vogal. Obviamente, toda a aparente irregularidade na palavra "magician" se desfaz quando pensamos nos morfemas que a compõem, "magic" e "-ian".

Desde o início dessa pesquisa, acreditávamos que dois tipos de explicações poderiam esclarecer o modo como as crianças aprendem palavras cujas ortografias vão além da fonologia. Elas conseguiam memorizar a ortografia de todas essas palavras (que tarefa! mas por que não?) ou talvez fossem capazes de encontrar e aprender regras que tornariam essas ortografias previsíveis e compreensíveis. Sabíamos de um movimento em pesquisa que poderia nos ajudar na contribuição da memorização de palavras *versus* a compreensão de morfemas: pedir às crianças que escrevessem pseudopalavras que tivessem essas ortografias não fonológicas, que poderiam ser previstas a partir da morfologia. As pseudopalavras não podem ser escritas com base na memória de encontros passados com elas: são inventadas e, portanto, sua ortografia deve ser gerada pelas crianças. Se disséssemos às crianças: "A spejician has been teaching us about spejic" (*um spejician tem nos ensinado spegic*), poderíamos testar se elas faziam inferências sobre a ortografia com base na morfologia, e não em fonologia, e se escreveriam "spejician" com um "c" seguido de "-ian". Esse é um ponto particularmente interessante porque a raiz "spejic" contém a letra "c" ao final, e, neste caso, seu som é /k/.

Fizemos nossa primeira tentativa em português (CARRAHER, 1985). Consideramos este trabalho como uma pescaria. Até então, quase todas as pesquisas com pseudopalavras que conhecíamos haviam utilizado apenas estímulos que eram totalmente previsíveis a partir da fonologia: as pseudopalavras eram usadas para verificar se as crianças usavam correspondências entre grafemas e fonemas na leitura e ortografia. A exceção, na época, era o artigo de George Marsh et al. (1980), que haviam pedido às crianças que escrevessem pseudopalavras como "jation" e "cuscle". Marsh et al. (1980) estavam certos a respeito de um ponto: adolescentes e estudantes universitários conseguiam usar "j" para "jation" para representar um som normalmente escrito com "sh". Mas achamos que provavelmente estivessem errados sobre uma outra questão: os pesquisadores defendiam que essa tarefa havia sido realizada pelo uso de analogias com base em grupos de letras que talvez tivessem o mesmo som. Isso significaria que os adolescentes e estudantes universitários pensavam em "tion" como uma unidade para representar sons, assim como "-ight" é um grupo de letras com um som particular. Acreditávamos que a resposta estava na morfologia: "inspect" + "-ion" são unidades de significado que, quando combinadas, formam a palavra "inspection" (*inspeção*). Ainda assim, a ideia dos autores era boa: ditar pseudopalavras que não pudessem ser previstas somente a partir de relações entre grafemas e fonemas.

Os estudos em português mostraram que as crianças e os adolescentes de fato conseguiam escrever pseudopalavras utilizando consistências morfológicas: eles conseguiam escolher entre as terminações "isse" e "ice" em pseudopalavras. Embora essas duas terminações representem os mesmos sons, elas possuem funções diferentes: "isse" é usada como uma flexão subjuntiva em verbos e "ice" é um sufixo derivacional usado para formar substantivos abstratos. Estudantes brasileiros no final do ensino fundamental tinham mais chances de fazer a escolha certa quando tinham que escrever pseudopalavras inseridas em frases que deixassem claro se tratar de um verbo ou de um substantivo.

Em seguida, coletamos uma amostra de histórias escritas por crianças inglesas e analisamos os erros que elas cometiam. A Sra. Brown, da escola de ensino fundamental Windmill, era uma entusiasta de histórias de crianças e gentilmente nos cedeu uma grande amostra. Elas eram tão fascinantes que quase nos distraíram da tarefa de analisá-las ortograficamente. Entretanto, duas coisas nos chamaram atenção: a forma como escreviam os verbos no passado e seu uso (ou em excesso ou inexistente) de apóstrofes.

Nossa história depois disso é bastante conhecida para muitas pessoas, e é essa história que contaremos neste livro. Estudamos o modo como as crianças escrevem as terminações verbais do passado, sua consistência ortográfica em raízes, o uso de "-ian" e "-ion", o "s" do plural e o uso de apóstrofes, entre outras coisas. Também estudamos outros tipos de consistências ortográficas: a fase ortográfica não se reduz simplesmente a morfemas, mas também a regras ortográficas condicionais com base em fonologia, e, assim, investigamos todas elas.

1

APRENDER ORTOGRAFIA: QUAL É O PROBLEMA?

A maior parte da aprendizagem das crianças é gerativa. Não só aprendem determinados fatos ou ações específicas, mas aprendem também como lidar com experiências e situações completamente novas para elas. A aprendizagem da língua e da contagem são dois exemplos típicos de aprendizagem gerativa. Ao aprendermos nossa língua materna, ouvimos apenas um número limitado de sentenças; entretanto, quando nos tornamos falantes fluentes, somos capazes de dizer tudo o que queremos, de usar frases nunca ouvidas antes. Aprendemos a contar por meio do aprendizado de uma quantidade limitada de rótulos numéricos; porém, com este conhecimento, somos capazes de contar até números muito além dos limites dos rótulos numéricos que aprendemos.

Aprender a ler e aprender ortografia são coisas semelhantes a aprender a falar e a contar. Durante o processo de aprendizagem, as crianças são expostas a um número limitado de palavras escritas, mas o que elas aprendem sobre a leitura e a ortografia deve lhes possibilitar a leitura e a ortografia de palavras que nunca viram antes na forma escrita, ou mesmo nunca escutaram antes. Se as crianças conseguissem memorizar a ortografia de diversas listas de palavras e escrever corretamente somente estas palavras, poderíamos concluir que elas aprenderam a escrever de modo reprodutivo palavra por palavra. Mas não é isso o que acontece, nem é o que desejamos que aconteça. Queremos que a capacidade que as crianças têm de escrever palavras vá além da aprendizagem de um conjunto limitado. Neste livro, tratamos do modo como as crianças alcançam ou, em alguns casos, se aproximam desta aprendizagem.

A CONEXÃO ENTRE LÍNGUA E ALFABETIZAÇÃO

Há muitos anos, prevalece na pesquisa sobre leitura e escrita infantis a ideia de que o processo de alfabetização é uma atividade baseada na língua. Uma coleção importante de artigos publicada em 1972 por Kavanagh e Mattingly, intitulada *Language by eye and by ear*, sintetizou as evidências empíricas desenvolvidas até aquele momento que sustentavam a concepção de alfabetização como uma atividade com base na língua. Os autores desses artigos, e a maioria dos pesquisadores da leitura desde então, compartilham a ideia de que os processos cognitivos centrais da leitura e da escrita são linguísticos, o que aprendemos na alfabetização é uma *língua escrita*. Portanto, a análise do processo de alfabetização requer a compreensão do que é uma língua escrita e do modo como a língua oral e língua escrita se conectam – ou seja, requer a compreensão da "conexão linguística".

Este pode parecer um ponto de partida fácil, mas há mais de uma abordagem a respeito da relação entre língua oral e língua escrita. A natureza da conexão tem sido debatida há algum tempo, nas discussões em linguística, história da escrita, psicologia da alfabetização e educação. Neste capítulo, apresentaremos dois pontos de vista distintos sobre a relação entre língua oral e língua escrita, e analisaremos as implicações de ambas para o ensino e a aprendizagem. Nossa proposta é que, embora diferentes, os dois pontos de vista são compatíveis, e que uma abordagem ideal deve desenvolver uma teoria que integre ambos.

DOIS PONTOS DE VISTA SOBRE A RELAÇÃO ENTRE LÍNGUA ORAL E LÍNGUA ESCRITA

O primeiro ponto de vista é conhecido como *notacional*. De acordo com Olson (1994), a escrita tem sido vista como instrumento gráfico para a transcrição do discurso desde os tempos de Aristóteles: "[...] palavras escritas são representações de palavras faladas [...]". Embora revoluções científicas ocorridas desde Aristóteles tenham mudado radicalmente as concepções que temos do mundo físico, a visão clássica da conexão entre língua oral e língua escrita nunca foi abandonada e continua recebendo apoio, explícito ou implícito, de linguistas (BLOOMFIELD, 1933; MATTINGLY, 1972; SAUSSURE, 1983), historiadores (DIRINGER, 1968; GELB, 1963; SAMPSON, 1985), psicólogos (COSSU, 1999; FRITH, 1985; TREIMAN, 1993) e educadores (ISAACS, 1930; MONTESSORI, 1991).

Recentemente, Tolchinsky (2003) detalhou essa concepção ao tratar das características de diferentes ortografias como sistemas notacionais, isto é, como artefatos que permitem que a língua oral seja transformada em código, gravada, transportada e reproduzida de forma sistemática. Adotando as definições propostas por Goodman (1976) e Harris (1995), a autora resumiu as características gerais dos sistemas notacionais e mostrou o valor destas características para a compreensão das ortografias. Um sistema notacional possui um conjunto limitado de elementos – letras, no caso de uma ortografia alfabética – cada um com uma forma distinta. Apesar das variações no modo como são copiados por seus diversos usuários, tais elementos podem ser reproduzidos e identificados. Ademais, são semanticamente diferenciados (isto é, referem-se a diferentes elementos daquilo que é representado) e podem ser estruturados por regras específicas (na ortografia do inglês e do português, por exemplo, lemos e escrevemos da esquerda para a direita, de cima para baixo). É justamente por causa dessas características que os sistemas notacionais são considerados ferramentas importantes. Com um número limitado de letras, podemos escrever todas as palavras existentes numa língua, e até mesmo escrever palavras inventadas muito depois da própria ortografia.

O ponto de vista notacional trata a escrita como um sistema de segunda ordem – um sistema de signos (gráficos) para signos (orais). Assim, a leitura e a escrita estão diretamente relacionadas à língua oral e dependem inteiramente dela. Essa concepção da relação entre língua oral e língua escrita tem consequências para as teorias que tratam dos processos de ensino e aprendizagem da leitura e escrita. Se as ortografias são notações para as línguas orais, as crianças precisam aprender como estas representações funcionam, isto é, o que é representado pela ortografia e como. Ortografias alfabéticas são aquelas em que as letras representam fonemas – mesmo que não haja uma correspondência exata entre as letras e os fonemas. Outras maneiras de representar a língua pela escrita são possíveis, como, por exemplo, através do uso de uma unidade de análise dos sons diferente: a ortografia do japonês usa letras *kana* para representar sílabas em vez de fonemas.* Nessa perspectiva notacional, as crianças devem aprender como a ortografia representa a língua que elas falam para aprenderem a ler e escrever. O ponto de vista notacional é de fácil compreensão e acreditamos que seja implicitamente aceito pela maioria das pessoas. Entretanto, não é o único ponto de vista a respeito da relação entre a língua oral e a língua escrita.

---

* Ver Akita e Hatano (1999) para uma descrição mais precisa.

A segunda abordagem difere do ponto de vista notacional porque trata a escrita como *língua escrita* – ou seja, como um sistema com suas regras próprias para representar significados, e não apenas com regras para representar os sons da língua oral. Para alguns linguistas (SIERTSEMA, 1965; ULDALL, 1944), o sistema de uma língua é muito mais do que para representar a maneira como é expresso, seja na forma escrita ou na forma oral. Os sons que ouvimos na língua oral e as letras que vemos nas páginas são apenas a superfície do sistema da língua. As representações superficiais expressam significados que são parte da estrutura profunda da língua.

Como essa abordagem é menos conhecida do que a notacional pela maioria das pessoas, seria interessante iniciarmos com exemplos mais detalhados. Uma frase na língua oral – por exemplo, "o menino correu atrás do cachorro" – expressa muito mais do que cada uma de suas palavras consideradas isoladamente, para a frase "o cachorro correu atrás do menino" é formada com as mesmas palavras, mas não tem o mesmo significado. A ordem das palavras indica que foi o menino que perseguiu o cachorro – ela sinaliza a estrutura sujeito-verbo-objeto (SVO) da frase. O princípio da ordem das palavras é usado para representar a gramática subjacente, que nos permite "[...] gerar uma classe infinita de sentenças [...]" (CHOMSKY, 1975, p. 41). Essa gramática subjacente forma um sistema abstrato, que é a base da aprendizagem de qualquer língua (apesar das diferenças entre elas), e também é utilizado para aprender uma língua escrita.

Abordar a escrita como uma *língua escrita*, e não simplesmente como um sistema de notação, surge da ideia de que a estrutura profunda (ou seja, a gramática subjacente à língua) é a base da língua oral e também da língua escrita. Portanto, a língua escrita pode utilizar-se de recursos próprios para representar as relações de sentido que existem na gramática da língua, mesmo que essas relações não sejam captadas da mesma maneira na língua oral. Por exemplo: na língua inglesa, utilizamos "s" para marcar o plural de substantivos e "ed" para marcar o tempo passado dos verbos regulares; porém, na língua oral, as palavras do plural podem terminar com o som de /s/ ou /z/ e o "ed" no final dos verbos regulares no passado nunca é pronunciado por um falante nativo do inglês como "ed": por exemplo, a formal oral do verbo "kissed" (beijou) é /kisst/, e tem o som final de /t/. Em princípio, uma pessoa que compreenda o plural e o tempo verbal do passado pode aprender como estes significados são marcados na escrita embora eles não se apresentem como notações fonológicas da fala.

Um exemplo semelhante em português pode ser observado na terceira pessoa do plural no passado de certos verbos no caso de algumas variedades linguísticas: por exemplo, alguns mineiros dizem /foro/ em vez de "foram" e /comero/ em vez de "comeram", mas podem aprender a grafia correta, usando o "am" final para o passado dos verbos na terceira pessoa e evitando a transcrição de sua própria maneira de falar.

Quando as crianças aprendem uma língua oral, elas aprendem a dar uma forma fonológica, arbitrária, às relações semânticas e sintáticas que desejam expressar. De modo semelhante, quando aprendem a escrever, aprendem a dar uma forma gráfica, arbitrária, às relações semânticas e sintáticas que desejam exprimir. Portanto, segundo um ponto de vista, uma ortografia não representa apenas a forma da superfície da língua oral: há também conexões entre a estrutura profunda da língua, que representa a gramática e a morfologia, e a maneira como uma língua é escrita.

Tal concepção das relações entre língua oral e língua escrita pode parecer altamente acadêmica e sem quaisquer consequências pragmáticas com o ensino e a aprendizagem, mas não é bem assim. Se a língua escrita é apenas uma das formas de expressão de um mesmo sistema de língua que também pode ser expresso oralmente, então ela deveria ser aprendida pela sua conexão com o sistema abstrato da língua, não pela sua conexão com a língua oral. Goodman (1982, p. 90), por exemplo, afirmou que, no aprendizado da leitura, "[...] os assim chamados 'programas linguísticos' que enfatizam as correspondências fonema-grafema ao estilo de Bloomfield e Fries continuam emergindo, talvez cinco ou dez anos além do momento em que já não havia mais justificativa alguma para existirem." Mais adiante, Goodman propôs:

> Os sistemas alfabéticos não operam exclusivamente com base na correspondência entre letra e som... Sequências de sons parecem ter relações com sequências de letras, não apenas como consequência do princípio alfabético a partir do qual o sistema foi criado originalmente, mas também porque há uma base comum subjacente a ambas. Para o usuário da língua, a superfície da língua oral e a superfície da língua escrita se relacionam através de uma estrutura subjacente comum. Quando um usuário de uma língua gera uma sentença, seus pensamentos o trazem a um ponto no qual ele pode aplicar um conjunto de regras ortográficas e escrevê-la. (1982, p. 91-92)

Este ponto de vista sobre a relação entre língua oral e língua escrita sugere que, quando as crianças começam a ler e escrever, elas aprendem um conjunto de regras para expressar e compreender sentenças escritas. Elas aprendem a produzir sentenças significativas na escrita, assim como aprenderam anteriormente a dar uma forma oral a sentenças na fala.

O segundo ponto de vista sobre a relação entre a língua oral e a língua parece-nos menos intuitivo. Ainda assim, é relativamente fácil encontrar exemplos que mostram a importância dessa perspectiva. Pensemos na famosa canção de Chico Buarque, cujo verso poderia ser escrito como "Pai, afasta de mim esse cálice", sugerindo uma canção religiosa, ou como "Pai, afasta de mim esse cale-se", sugerindo um protesto contra a censura de suas canções durante o regime militar no Brasil. As duas formas escritas representam exatamente a mesma sequência de sons, mas não o mesmo significado.

As palavras não são unidades fonológicas: são unidades morfológicas e gramaticais. Isso significa que, ao escrever, não fazemos uma simples representação de sons, mas representamos unidades linguísticas cuja definição depende da estrutura profunda da língua.

Na escrita do português, como em muitas outras ortografias, há distinções que aparecem na escrita mas que não são marcadas na forma verbal das palavras*. Por exemplo, o som final /eza/ em português pode ser escrito com "s" ou com "z"**. Se estivéssemos apenas tentando representar os sons da língua oral, por que escreveríamos os finais dessas palavras de maneiras diferentes? Seriam essas diferenças ortográficas ilógicas e inteiramente imprevisíveis? É claro que não! A ortografia de muitas das palavras terminadas em /eza/ é totalmente previsível se pensarmos não apenas na língua oral, mas também na conexão da língua oral e da língua escrita com um sistema de língua abstrato que representa as relações morfológicas*** e gramaticais. O som /eza/ no final das palavras é representado com a letra "s", como em "princesa", "duquesa" e "inglesa" quando as palavras se referem a substantivos pátrios ou titulares de nobreza no feminino e é representado com a letra "z", como em "beleza" e "pobreza", quando se refere a um substantivo abstrato.

Linguistas, como Chomsky (1965), argumentam que compreendemos as sentenças conectando-as a uma gramática implícita que representa sentenças

---

* N. de T.: Neste livro, usaremos aspas quando nos referirmos a uma palavra, ou parte de uma palavra, e uma letra entre barras quando nos referirmos aos sons. Evitamos o uso do alfabeto fonético para tornar a leitura mais acessível.

** N. de T.: Muitos dos exemplos usados nesse capítulo não são os do original para facilitar a compreensão dessa discussão no caso do português. Essa adaptação não pode ser feita em todos os capítulos, principalmente quando não há estudos linguísticos ou empíricos em português que possam dar subsídios à discussão. Espera-se que a publicação desse livro venha contribuir para novas abordagens ao estudo do desenvolvimento da leitura e escrita em português. Quando os exemplos forem mantidos em inglês, as palavras são acompanhadas de sua tradução e, quando necessário, representação fonética.

*** N. de T.: A morfologia é o estudo dos morfemas de uma língua. Morfemas são as menores unidades de significado na língua. Em português, muitas palavras que parecem simples incluem mais de um morfema: por exemplo, a palavra "gatos" é formada por três morfemas: a raiz, "gat", o "o" que indica o masculino, e o "s" que indica o plural.

mais simples. Chomsky argumenta que é isto o que nos permite reconhecer ambiguidades: uma sentença que ouvimos pode ser ambígua quando conectada a sentenças subjacentes mais simples. Parafraseando um de seus exemplos, pensemos na frase "Eu tenho um livro premiado". Essa frase é ambígua porque poderia significar "Eu escrevi um livro; meu livro foi premiado" ou "Eu comprei um livro; o livro havia sido premiado". Da mesma maneira que uma frase ambígua pode ser identificada por sua relação com sentenças diferentes que explicitam seu significado, pode-se analisar uma sequência de sons, como /eza/ no final de palavras, conectando-a a morfemas diferentes. Ao fazermos sua análise morfológica, esclarecemos sua ortografia.

Os dois pontos de vista sobre a relação entre a língua oral e a língua escrita apresentados aqui nos levam a abordagens diametralmente opostas quanto ao processo de ensino na alfabetização. O primeiro enfatiza a necessidade de ajudar as crianças a conhecerem os sons de sua língua de modo que aprendam que as letras representam sons. O processo de alfabetização, nesse caso, visa "[...] alcançar a concepção alfabética da língua escrita." (FERREIRO; TEBEROSKY, 1983; READ, 1971, 1986) ou a "aprendizagem do princípio alfabético" (BYRNE, 1998). O segundo ponto de vista está associado à ideia de que as crianças podem aprender a se expressar na língua escrita se forem expostas a ela (GOODMAN, 1982) – uma ideia que serviu de base para a abordagem que enfoca a aprendizagem de leitura a partir de "livros reais", de textos literários, em vez de livros didáticos, no processo de alfabetização. A discussão dessas duas abordagens ao ensino da leitura e escrita está além do objetivo desse livro, pois ela focaliza o início da alfabetização. Esse livro focaliza o desenvolvimento da leitura e escrita além dos primeiros passos.*

EM BUSCA DE UMA SÍNTESE

Neste livro, buscaremos uma síntese das duas abordagens. Nossa proposta é que as ortografias são sistemas notacionais e, portanto, possibilitam a codificação, o registro e a reprodução da língua oral. Entretanto, a língua oral e a língua escrita não estão conectadas apenas pelas suas superfícies; também estão conectadas por sua relação com um sistema de língua abstrato, porém específico (ou seja, o sistema abstrato linguístico de português, no caso que nos interessa).

---

* Para uma análise dos processos iniciais, ver Nunes, Buarque e Bryant (1992).

O linguista Jean Pierre Jaffré (1997)* explicou esta abordagem, propondo que a escrita combina dois princípios: fonográfico e semiográfico. O princípio fonográfico

> [...] é manifestado por correspondências entre unidades da fala sem significado (fonemas ou sílabas) e unidades da escrita sem significado (fonogramas ou silabogramas). O princípio semiográfico abarca unidades significativas e suas funções nos elementos linguísticos da língua escrita. Estas unidades são determinadas pela estrutura morfológica das línguas em questão... e pela organização das palavras. (JAFFRÉ, 1997, p. 9)

O princípio semiográfico está ativo quando, por exemplo, representamos com "ed" o final de todos os verbos regulares do passado em inglês, independentemente destes finais serem pronunciados como /t/, como em "kissed" (*beijou*), /d/, como em "killed" (*matou*), ou /id/ como em "wanted" (*quis*). Mas o princípio semiográfico não se restringe à representação ortográfica destas palavras: ele se sobrepõe ao princípio fonográfico por ser o princípio que usamos ao colocarmos espaços entre as palavras. As palavras não são unidades fonológicas, mas unidades definidas pelo significado e pela gramática. Em português, falamos, por exemplo, "saiu dilá", mas escrevemos "saiu de lá", inserindo um espaço entre a preposição (de) e o advérbio (lá), mesmo que não os pronunciemos separadamente.

No entanto, essa separação não é óbvia para a criança que transcreve a fala, como mostra a Figura 1.1.

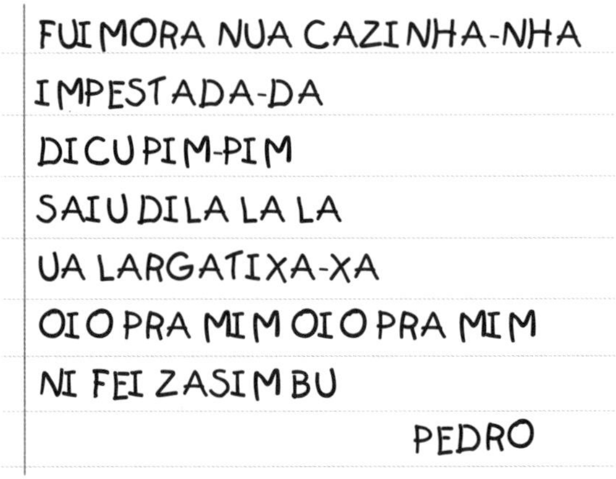

> FUI MORA NUA CAZINHA-NHA
> IMPESTADA-DA
> DICUPIM-PIM
> SAIU DILA LA LA
> UA LARGATIXA-XA
> OIO PRA MIM OIO PRA MIM
> NI FEI ZASIMBU
> PEDRO

Figura 1.1 Transcrição feita por Pedro** de uma cantiga popular.

---

* Adotando uma versão modificada das definições de Vachek (1973).
** Os nomes das crianças que aparecem nesta obra foram alterados.

As palavras podem mudar fonologicamente dependendo de seu contexto na frase e essa mudança fonológica pode levar a criança a mudar sua grafia: a Figura 1.2 mostra um exemplo em que, ao escrever uma história, um garoto de 10 anos, aluno do 3º ano, escreveu "mileva" (me levar) em uma página e "levaram" em outra, segmentando a palavra "levar" quando precedida pelo pronome e mantendo-a como uma unidade quando não havia um pronome. Essas flutuações na representação das palavras refletem as diferenças em sua pronúncia em contextos distintos e ilustram a importância da coordenação dos princípios fonográfico e semiográficos na escrita do português.

```
Quinta-feira à tarde
JULIA FALOU COM A ANA E ANA ENTEINDEU
O QUE JULIA DICE E RESPONDEU PARA
JULIA EU VOU PEDIR PARA O MEU PAI
MI LEVA AU MEDICO PARA MIM T E
ES CUTAR O QUE VOCE DIS PARA MIM
CHEGOU EM CASA O O PAI DELA ESTA
VA ACUPADO ANA PAPAI NÃO PODE
TI LEVAR NO MEDICO TA EMTÃO TA VOU
PEDIR PARA MÃMÃ E MI LEVAR AU
MEDICO

Sexta-feira de manhã
MÃMÃE MI LEVA AL OSPITAL DEPOS QUE
EU VIM DA ESCOLA NÃO SEI MAMÃE
VA FAZER COMPRAS TA BOM SAIU
TRISTI PORQUE O PAI A MAMÃE PE NÃO
LEVARAM AU MEDICO FOI PARA
ESCOLA TRISTE JULIA PER CUMTO O Q
FOI ANA MEU PAI E MINHA MÃE NÃO MI LE
VARAM EI FOU PEDIR PARA MINHA
MÃE DI LEVA ANA E UMA OTIMA IDEIA
```

Figura 1.2 Texto produzido por Luís para completar uma história apresentada à classe como motivação para a escrita. Na história, chega uma nova garota na classe, que é surda. A narradora da história relata, dia a dia, suas dificuldades em se comunicar com a nova colega. Na quinta-feira de manhã, a professora explica que a nova colega é surda e depende de leitura labial. Pediu-se aos alunos que completassem a história, contando o que aconteceu na quinta-feira à tarde, e na sexta-feira pela manhã e à tarde.

Em outras ortografias, como na do inglês, observa-se a conservação da raiz de uma palavra quando a ela se acrescenta um sufixo, mesmo que esse sufixo resulte em mudanças na pronúncia do radical da palavra. A palavra "magician" (*mágico*) em inglês teria uma escrita imprevisível se analisada em termos de sua sequência de sons, e as crianças optam com frequência pela grafia "magishon", que é uma boa representação gráfica dos sons da palavra. No entanto, a forma correta, "magician", não é irregular ou arbitrária: a regularidade dessa grafia opera não em nível fonográfico, mas em nível semiográfico. A letra "c" em "magician" não representa o som /k/, como em "magic" (*mágica*); a raiz, "magic", é preservada na escrita de "magician", do mesmo modo que a grafia de uma palavra é preservada em contextos que a fazem ser pronunciada diferentemente. O sufixo "-ian" é um afixo conhecido como "agentivo", por se referir a alguém que faz alguma coisa. Assim, "magician" é uma boa maneira de representar na escrita o significado da palavra como "alguém que faz mágica". Similarmente, "musician" é uma pessoa que trabalha com música, "mathematician" uma pessoa que trabalha com matemática e "electrician" uma pessoa que trabalha com eletricidade. Em todos esses exemplos, o som consonantal que corresponde à letra "c" muda quando o sufixo "-ian" é acrescentado à raiz, mas a grafia da raiz da palavra não muda.

Ortografias que mostram um predomínio do princípio fonográfico são chamadas de "transparentes" e é mais difícil reconhecer o papel da estrutura profunda na relação entre língua oral e língua escrita. Entretanto, estudos envolvendo leitores adultos competentes do italiano, uma língua de ortografia transparente, revelaram que eles usam princípios fonográficos e semiográficos no reconhecimento das palavras.[*] É muito mais fácil reconhecer a importância do princípio semiográfico em ortografias menos transparentes, como a ortografia do inglês, na qual a representação dos morfemas frequentemente resulta em representações ortográficas que não podem ser antecipadas com base nos sons das palavras, podendo inclusive ser completamente inesperadas quando se considera que grafia seria dada às palavras a partir dos sons.

A conexão entre os morfemas e a ortografia, embora não seja óbvia à primeira vista, pode ser facilmente compreendida. Uma vez que se reconheça a regularidade da ortografia dos morfemas, as palavras que parecem ser altamente irregulares, como "magician" e "confession" (*con-*

---

[*] Não trataremos dessas pesquisas neste livro, mas o leitor interessado pode consultar o trabalho de Caramazza et al. (1985) para uma síntese.

fissão), podem passar a ser vistas como regulares (magic+ian; confess+ion): a regularidade na ortografia da língua inglesa não se baseia apenas na fonologia, mas também na "identidade visual, de elementos de significado" (VENEZKY, 1999) – isto é, o uso da mesma representação ortográfica para o mesmo morfema mesmo ainda que a pronúncia deste se modifique.

Não se deve cair na tentação de simplificar a ortografia da língua inglesa imaginando que a "identidade visual de elementos de significado" seja um princípio que invalide a representação dos sons. Além da representação dos morfemas, existem também regras para a preservação da sequência de sons quando um sufixo é acrescentado a um radical. Por exemplo, ao acrescentar "ed" ao verbo "hop" (*pular*) para formar seu passado, temos de dobrar o "p" para que o som representado pelo "o" se mantenha. Esta é, com certeza uma complexidade a mais na ortografia do inglês, mas razoavelmente fácil de ser superada se pensarmos na língua escrita como representação dos sons e como algo que se baseia na conexão com a estrutura profunda da língua.

Existem alguns exemplos interessantes de conservação dos elementos de significado na ortografia do português, os quais podem facilitar a grafia de palavras que talvez pareçam ter uma ortografia imprevisível. Faraco (1992), em uma descrição excelente da ortografia do português que deveria ser conhecida por todos os professores que trabalham com alfabetização, salienta que a ortografia tem memória etimológica: quando a pronúncia de certas palavras se altera ao longo do uso da língua, sua ortografia não se modifica. No português brasileiro, a pronúncia do "l" no final das sílabas alterou-se, não diferindo da pronúncia de uma vogal semelhante ao "u" átono, que se representa como /w/. O uso do "l" ou do "u" poderia, portanto, parecer totalmente imprevisível para o usuário brasileiro do português, embora não o seja para os portugueses, que mantiveram a pronúncia do "l" no final da sílaba como distinta do /w/. No entanto, o usuário brasileiro não deve pensar que seu trabalho seria memorizar a grafia de todas as palavras, pois em muitas delas ele pode recorrer à identidade de elementos significativos que é tão útil na ortografia do inglês. No português, porém, são as palavras derivadas que muitas vezes nos auxiliam: se conseguirmos encontrar uma palavra derivada com um sufixo que comece com vogal, saberemos a ortografia da palavra base. A grafia de "mel" torna-se previsível a partir de "melado", a grafia de "útil" é previsível a partir de "utilidade", a grafia de "sal" é previsível a partir de "saleiro" e assim por diante. Vemos, pois, que pensar nas relações morfológicas entre palavras pode ser um instrumento importante para a aprendizagem da ortografia do português.

SUTILEZAS NA CONEXÃO LINGUÍSTICA: INFLUÊNCIAS SOBRE AS LÍNGUAS

Nem todos os aspectos das relações entre a língua oral e a ortografia são tão simples. As línguas são – e devem ser – dinâmicas: novos termos podem ser incluídos no dicionário a qualquer momento. Algumas palavras novas são geradas na própria língua, por meio da criação de palavras compostas (como "espaçonave" ou "arranha-céu"). Outras são formadas por inflexões e derivações de palavras já inexistentes, como "calculadora" ou "telespectador". Algumas palavras novas também podem ser emprestadas de outras línguas – e aí a questão ortográfica deve ser considerada. A ortografia do inglês valoriza a etimologia (VENEZKY, 1999), e as palavras acrescentadas ao inglês podem incluir padrões consonantais e vocálicos raros ou proscritos, como "tsunami", que inclui a sequência "ts" não existente em inglês, e "chianti", em que o dígrafo "ch" tem valor inesperado no inglês. Em geral, empréstimos recentes têm um baixo impacto na ortografia da língua inglesa. Estas palavras podem, no inglês, ser aprendidas pela memorização já que ocorrem em número reduzido. Entretanto,

> o empréstimo extensivo de longa duração – com padrões de retenção para a ortografia e para a modificação da relação escrita-som na língua original – frustra não só o uso da etimologia na previsão de padrões escrita-som, mas toda a empreitada da criação de regras ortográficas. (Venezky, 1999, p. 8)

Portanto, há um nível da conexão linguística que não nos ajuda muito quando escrevemos palavras em inglês, mesmo sabendo que a etimologia possui um papel na ortografia da língua inglesa.

Exemplos semelhantes são encontrados em português. Empréstimos recentes não parecem ter grande influência sobre a ortografia, mas existem muitas situações em que não podemos prever facilmente certas grafias; o uso do "h" mudo reflete a origem das palavras, mas esse conhecimento não ajuda muito o aprendiz que precisa saber se "hoje" e "ontem" são escritos com "h" ou não.

Escrever com um alfabeto emprestado

A noção de empréstimo nesta introdução é importante em função do efeito que o uso das letras romanas tem sobre a ortografia das línguas que a adotam. O alfabeto romano possui um número reduzido de letras para representar os sons vocálicos. O empréstimo das letras romanas para a representação dos sons da língua inglesa criou um problema ortográfico. Se ignorarmos a questão das variações de pronúncia e considerarmos a variedade linguística do inglês conhecida como "BBC English", que representa a norma culta,* o falante nativo do inglês distingue 21 fonemas vocálicos (O'CONNOR, 1982, p. 153). Naturalmente, não é possível representar estes 21 sons por correspondências unívocas com cinco (A, E, I, O, U) ou sete vogais (se considerarmos o Y e o W). Portanto, o empréstimo de um alfabeto exige um uso criativo das letras. Uma forma de usá-lo criativamente é inventar unidades maiores, com mais de uma letra, para representar sons que não podem ser representados por uma só letra. A ortografia do inglês usa as letras romanas de uma maneira criativa: usa dígrafos – duas letras – para representar fonemas vocálicos. A importância de alguns dígrafos é bastante óbvia – como os dígrafos partidos "a-e", "o-e", "i-e" e "u-e", por exemplo – mas mesmo estes não são suficientes para representar todos os 21 sons vocálicos. Outros dígrafos são necessários, uma vez que suas funções se sobrepõem às de outros – as palavras "hope" e "boat" têm o mesmo som vocálico e as vogais poderiam ter a mesma grafia. O uso de dígrafos para uma mesma função dificulta o trabalho para os aprendizes.

Faraco (1992), em sua análise do português, indica que temos 12 unidades sonoras vocálicas, sete orais (pois as letras "e" e "o" podem ter duas pronúncias, uma aberta e a outra fechada) e cinco nasais, pois cada vogal básica pode ser nasalizada. Usamos acentos e dígrafos para diferenciar as vogais nasais das não nasalizadas: o til marca a diferença entre /a/ e /ã/ e entre /o/ e /õ/ mas usamos dígrafos compostos pelas vogais "e", "i" e "u" seguidas de "n" ou "m" para marcar a diferença entre /e/, /i/ e /u/ orais ou nasalizados. Portanto, temos 10 sons vocálicos organizados em cinco pares de vogais, nasalizadas ou não, e usamos recursos diferentes para marcar a nasalização. O contraste entre as vogais abertas e fechadas, como em "avó" e "avô", e "erro" (substantivo) e "erro" (verbo, primeira pessoa, presente), aumenta o número de sons vocálicos que precisam ser representados no português.

Finalmente, o português marca também a sílaba forte da palavra, que é uma diferença suprassegmental (isto é, uma diferença não entre os segmentos fonêmicos, mas em sua organização sequencial): duas sequências sonoras com as mesmas vogais e consoantes, com sílabas fortes dis-

---
* N. de T.: Esta variação é considerada a norma culta, ou seja, a variação linguística que fixa o padrão ortográfico e fonológico da língua.

tintas, são palavras diferentes, como é o caso de "ira" e "irá". A marcação da tônica participa da diferenciação entre vogais e semivogais, principalmente no final das palavras, quando usamos letras diferentes para marcar o /u/ como vogal e como semivogal /w/: a vogal final de "zebu" é tônica e escrita com "u" e a de "sebo" é átona, sendo uma semivogal e escrita com "o". De modo análogo, usamos as letras "i" e "e" no final das palavras para diferenciar as vogais e semivogais, como em "compreendi" (/i/ forte, 1ª pessoa do singular, passado) e "compreende" (semivogal, sílaba fraca, 3ª pessoa do singular, presente). Assim, apesar de termos um número menor de sons vocálicos do que o inglês, temos de marcar muitas diferenças entre sons vocálicos usando as cinco vogais criativamente, recorrendo a dígrafos, acentos e regras de marcação da tônica.

Uma das questões que nos preocupa neste livro é saber se as crianças percebem desde cedo que a correspondência unívoca entre sons vocálicos e vogais não funciona, já que não há letras suficientes para representar todos estes sons. Analisaremos no Capítulo 3 como as crianças lidam com a escassez de vogais antes de aprender as ortografias convencionais.

No entanto, lembramos desde já que há diferenças regionais na pronúncia de vogais (tanto em inglês como em português), e não se deve descartar a possibilidade de que as crianças escrevam como se não fosse necessário dar atenção a todas essas diferenças. Em Minas Gerais, por exemplo, o primeiro /a/ na palavra "banana" não é nasalizado, mas em Pernambuco sim; apesar de diferenças fonológicas na variedade linguística que usam, mineiros e pernambucanos não têm dificuldade de compreender-se mutuamente.* É possível que a exposição a diversas variedades linguísticas resulte em uma habilidade de lidar com tais variações vocálicas e na hipótese implícita de que essas diferenças não precisam ser marcadas na escrita. No entanto, não existem até o momento investigações suficientes sobre o assunto em português, embora existam estudos interessantes sobre a influência das variações linguísticas na ortografia do inglês.

FORMA E FUNÇÃO NA LÍNGUA ESCRITA

Trataremos agora de outro aspecto de grande impacto na ortografia, mas que não se relaciona à conexão entre língua oral e língua escrita por

---

* Para uma análise das características fonológicas do português da Bahia, ver Silva (1981).

meio da estrutura profunda ou de superfície. Começamos por uma exploração do inglês e incluímos alguns exemplos em português.

Em muitas línguas escritas, incluindo o inglês, algumas diferenças ortográficas dizem mais respeito à forma que à função. Em inglês, o dígrafo "ck" pode ser usado no final de palavras formadas por um morfema, mas nunca no início. O uso do "ck" no lugar de "k" no final das palavras pode ser previsto por uma regra posicional relativamente simples. Muitas sílabas em inglês têm a estrutura conhecida como C-V-C (consoante-vogal-consoante). A consoante (ou grupo consonantal) inicial são chamados de *início* (*onset*); o restante da sílaba, formado pela vogal e mais a consoante (ou grupo consonantálico), é chamado de *rima* (*rime*).* Quando a rima de uma palavra monossilábica é escrita somente com uma vogal antes da representação do fonema /k/, o som final /k/ é representado pelo dígrafo "ck", como nas palavras "brick" (*tijolo*), "lock" (*trancar*), "lack" (*falta*), "truck" (*caminhão*). Quando existe mais de uma letra na rima antes da representação da consoante final /k/, esse som é representado somente pela letra "k", como em "mink" (*marta*), "book" (*livro*), "leak" (*goteira*), "park" (*estacionar*), "fork" (*garfo*). O uso do dígrafo "ck" ou da letra "k" no final dessas palavras não se relaciona nem à fonologia nem à morfologia e, portanto, não tem uma função representativa.

Estas restrições posicionais ortográficas se referem exclusivamente à "forma", uma vez que não estão claramente relacionadas a uma função linguística, seja morfológica ou fonológica (embora em inglês essas regras geralmente se apliquem nas fronteiras de morfemas). Este é um grupo de padrões ortográficos intrigante que, supomos, poderia estar conectado a um processo de aprendizagem diferente daqueles que ocorrem quando forma e função se combinam.

Existem, em português, regras que podem parecer se referir apenas à forma, como a de não se usar letras dobradas no início das palavras. No entanto, hesitamos em tratá-la como um exemplo de regra relacionada à forma e não às funções linguísticas. O "s" e o "r", que são as letras que podem ser dobradas em português, têm sempre no início das palavras o mesmo valor do "ss" e do "rr" quando esses são usados no meio das pala-

---

* N. de T.: Observe-se que o conceito de rima usado em poesias difere deste conceito. A rima poética (*rhyme*) é determinada a partir da vogal da sílaba tônica de uma palavra, podendo, portanto ser um segmento maior do que a sílaba. A rima (*rime*) como unidade intrassilábica não pode ser maior do que a sílaba. O uso do mesmo termo, rima, em português para ambos os tipos de segmento resulta em confusões na literatura técnica.

vras. Na verdade, o "ss" e o "rr" são usados no meio das palavras quando aparecem entre duas vogais, porque seu valor convencional entre duas vogais seria distinto: o "s" entre vogais tem o som de /z/ e o "r" entre vogais representa um som distinto do que representa no início da palavra (pense, por exemplo, nas palavras "rapaz", "arranhar" e "arame"). Sem um estudo linguístico detalhado do português, preferimos levantar a questão sem pretender solucioná-la.

CONCLUSÃO

Iniciamos esta introdução colocando o problema da leitura e da escrita como um processo gerativo. Este processo deve ser gerativo para que possamos ler e escrever palavras que nunca vimos ou ouvimos anteriormente. Entretanto, as palavras que escrevemos não são geradas impulsivamente, sem regras, pois quando escrevemos queremos que outras pessoas possam ler as palavras cuja ortografia "inventamos".

Argumentamos que processos que formam a base dessa habilidade gerativa são liguísticos e operam em dois níveis. Um aspecto linguístico proeminente na ortografia é o fato de que a escrita representa a língua oral. Assim, as letras que usamos para representar uma palavra nova devem guiar os leitores para que encontrem a pronúncia dessa palavra. Esse processo não se baseia na correspondência exata entre sons e letras. Uma razão, entre outras, para a inexistência desta correspondência, é a escassez de vogais em comparação ao número de sons vocálicos, tanto no inglês como no português. Porém, há outras razões para a inexistência de correspondência exata entre letras e sons. A ortografia do inglês, e também do português, utiliza um outro nível de representação linguística: o princípio semiográfico, conforme a terminologia de Jaffré, ou o princípio que Venezky chama de "identidade visual dos elementos de significado".

Finalmente, sugerimos ainda que a função de representação linguística não explica todos os casos de regularidades ortográficas. Na língua inglesa, há muitas restrições de posição quanto ao uso de letras, e quando há mais de uma opção ortográfica, como em "ck" e "k", as regras posicionais podem vir a ser fatores cruciais na indicação da grafia correta.

A maioria das pesquisas com crianças sobre ensino e aprendizagem da leitura e da escrita concentra-se na conexão entre as superfícies das línguas oral e escrita. Neste livro, argumentamos que o foco nas relações letra-som para a compreensão dos processos na aprendizagem da leitura e da escrita é necessário, mas não suficiente. A maioria das crianças consegue dominar relações letra-som simples na leitura e escrita de palavras um ou dois anos após iniciar sua instrução, mas ainda tem muito a aprender para que consiga ler fluentemente e escrever corretamente.

    O objetivo deste livro é ir além da pesquisa sobre a aprendizagem das correspondências simples entre letras e sons, a fim de considerar como elas aprendem a usar mais de uma letra para representar um único fonema, e a usar sinais semiográficos, em combinação às unidades fonológicas. Tentaremos responder perguntas como: será que as crianças percebem facilmente que às vezes precisamos de mais do que uma letra para representar um único som? Será que elas aprendem regras sobre forma, tais como nunca iniciar palavras com letras repetidas, independentemente das regras de função? Quando há diferentes opções para representar ortograficamente um mesmo som, como "s" e "z" em palavras terminadas em /eza/, elas aprendem as palavras isoladamente, ou memorizando cada uma, ou aprendem (mesmo que implicitamente) uma regra que as ajuda a escolher a forma correta de escrever? É fácil ensinar-lhes regras semiográficas e quais são as melhores formas de ensinar estas regras? Embora todas essas sejam questões importantes no período em que as crianças estão aprendendo a ler e a escrever, não se encontram muitas fontes de resposta a elas. Neste livro, fornecemos algumas respostas e convidamos você a explorá-las conosco.

2

TRANSIÇÃO DAS RELAÇÕES ENTRE SONS E LETRAS PARA AS RELAÇÕES ENTRE GRAFEMAS E FONEMAS

O CASO DOS DÍGRAFOS CONSONANTAIS

Os estudos e as discussões a respeito da aprendizagem da leitura e da escrita giram de modo desproporcional em torno dos primeiros passos nesta aprendizagem. É fácil encontrar pesquisas e opiniões claras sobre questões como "de que modo as crianças começam a aprender a ler e a escrever?" e "que experiências no período pré-escolar dão às crianças o melhor embasamento possível para aprenderem a ler na escola?". Entretanto, quem estiver procurando descobertas e ideias semelhantes sobre os processos de leitura e escrita a partir de 9 anos, logo perceberá que essa busca de informações é bem mais difícil. Existem algumas pesquisas sólidas e resultados intrigantes acerca da leitura e da escrita após as fases iniciais, como também sistemas de ensino eficientes, mas temos bem menos informação sobre como o conhecimento das crianças sobre leitura e escrita se desenvolve após terem dado seus primeiros passos rumo à alfabetização, e sobre a eficácia de diferentes métodos de ensino.

No entanto, quem considerar atentamente a redação feita pelo garoto de 10 anos, que aparece na Figura 1.2, perceberá que ele ainda tem muito a aprender para dominar a ortografia do português.

Nosso objetivo neste capítulo é examinar o que as crianças aprendem sobre leitura e escrita depois de terem dado os primeiros passos em sua alfabetização – ou seja, depois que já entendem o princípio alfabético. Talvez a melhor maneira de começarmos esta análise seja considerando o alcance dos primeiros passos dados pelas crianças no processo de alfabetização. Naturalmente, eles têm um alcance limitado: não faz sentido algum tentar ensinar às crianças todas as complexidades de um sistema ortográfico sofisticado ao extremo de uma só vez. Atualmente na Inglaterra, os professores em geral começam com o alfabeto, mostrando às crianças que letras individuais representam sons e que as palavras são constituídas por sons separáveis. O objetivo do professor é que a criança junte esses dois fatos e, assim, entenda como as letras em uma palavra escrita podem, individualmente, representar a sequência de sons de uma palavra falada. As crianças que estão começando a ler trabalham com palavras curtas e de ortografia simples, como "cat" (*gato*), "fun" (*diversão*), "stop" (*parar*) e "pet" (*animal de estimação*).

Estas são palavras nas quais há uma correspondência entre o número de letras e o número de fonemas na palavra falada (fonemas são as menores unidades de som que podem afetar o significado de uma palavra). Assim, cada letra representa um fonema, e a sequência de letras representa uma sequência de fonemas que, em combinação, guiam o leitor na pronúncia da palavra. Nessas palavras, a relação entre sons e letras é a mais simples possível, e é esta a razão pela qual os professores sempre as usam quando apresentam o alfabeto para as crianças. Entretanto, há muitas palavras que não são representadas de modo tão simples na ortografia do inglês, pois o inglês usa muitos dígrafos na representação de sons.

DÍGRAFOS E A CORRESPONDÊNCIA ENTRE GRAFEMAS E FONEMAS

Dígrafos são pares de letras que representam um fonema, como "th", "nh" ou "ch" no português. A ortografia de uma língua depende dos dígrafos para representar consoantes e vogais quando há mais sons na língua falada do que letras no alfabeto. Em inglês, nenhuma letra do alfabeto representa a consoante inicial nas palavras "theme" (*tema*) e "thin" (*pino*); esta é uma tarefa feita por duas letras, neste caso, "th". Não há uma letra no alfabeto que sozinha possa representar o som vocálico em "feet" (*pés*) e "leaf" (*folha*), e por isso esse som é geralmente representado por "ee" ou "ea". Estes, e outros dígrafos, são chamados de "grafemas" – um grafema pode ser formado por uma ou mais letras, e corresponde a um fonema. Há uma correspondência unívoca entre os três fonemas e os três grafemas na palavra "th-i-n", assim como entre três fonemas e três grafemas em "c-a-t" (*gato*). Do mesmo modo, não há em português uma letra que represente o som representado pelo "nh" na palavra "minhoca". Por esse motivo usamos um dígrafo – ou seja, duas letras para representar um só som.

Em inglês, os dígrafos formados pelas letras duplas ou geminadas, também possuem outra função. Em muitas palavras, as letras geminadas indicam que o som da vogal que precede o dígrafo é breve. Por exemplo, o "n" repetido em "funny" indica que o "u" precedente representa um som breve, e não um som longo como em "tune" (*melodia*).* Outro exemplo dessa função do dígrafo aparece na duplicação da letra final de uma raiz quando a ela se acrescenta um sufixo que começa com a letra "e": por exemplo, para formar o passado do verbo "stop" utiliza-se letra dobrada, "stopped". A razão para esse dígrafo vem de uma sequência de regras interessantes. A letra "o" seguida de uma consonante, como no caso de "stop", tem o som breve, mas se após a consoante existir um "e", a vogal é longa, pois fica caracterizado o dígrafo separado "o-e". Como o passado de verbos regulares é formado pela adição do sufixo "-ed", a presença do "e" mudaria a pronúncia da vogal, e se recorre ao dígrafo "pp" para evitar essa alteração na pronúncia.

Embora esse processo pareça complicado e talvez típico de ortografias menos transparentes como a do inglês, existem casos similares na ortografia do português. As crianças primeiro aprendem que a letra "s" representa um determinado som, como o que aparece na palavra "sapo". Porém, existe uma regra segundo a qual o "s" entre duas vogais representa o som de /z/. Quando necessitamos representar o som normal do "s" entre duas vogais, usamos "ss" ou "ç".

O QUE AS CRIANÇAS APRENDEM A RESPEITO DOS DÍGRAFOS NO INÍCIO DA ALFABETIZAÇÃO?

A existência de dígrafos faz as crianças terem que trabalhar com um sistema de sinais baseado parcialmente em correspondências entre letras e sons (uma letra representa um fonema) e parcialmente em correspondências entre

---

* N. de T.: Optamos pelos termos "longo" e "breve", de uso comum, embora saibamos que as vogais não são distinguidas apenas pela sua extensão, mas também pela sua qualidade. Outra maneira bastante respeitada de fazer esta distinção é descrevê-la como tensa (longa) ou não tensa (breve), mas decidimos não utilizá-la em função de não ser tão conhecida.

grafemas (um sinal formado por mais de uma letra) e sons. Embora se possa pensar em letras como grafemas, usaremos aqui o termo grafema apenas quando o sinal escrito inclui mais de uma letra, somente para facilitar a comunicação. Em inglês, os grafemas formados são por duas letras, mas em português podemos pensar em grafemas formados por duas letras e também formados por uma letra e um acento: as vogais acentuadas são grafemas que se diferenciam das vogais não acentuadas.

Existem dois casos diferentes no uso de grafemas. Alguns são obrigatórios, como é o caso do "th" em inglês e do "nh" em português, pois não existe uma letra que sozinha corresponda ao som representado por eles. Há, porém, grafemas que podem ser considerados alternativos, pois existem letras que podem representar o mesmo som: no inglês, o som representado pela letra "f" é representado em algumas palavras por "ph". Esta é uma complicação no sistema ortográfico e provavelmente, ao menos para as crianças mais novas, pode parecer inconsistente e imprevisível. Como as crianças lidam com essa dificuldade? Buscaremos uma reposta para esta pergunta a partir da consideração de dois tipos de evidência acerca dos dígrafos consonantais.

O primeiro tipo vem de pesquisas nas quais as crianças tinham que marcar nas palavras escritas as unidades fonológicas: em algumas destas palavras, havia apenas correspondências simples entre letras e sons, mas em outras havia dígrafos. O objetivo dos pesquisadores era saber se as crianças de fato compreendem que os dígrafos representam um só som. O segundo tipo de evidência vem de pesquisas que investigam o uso de dígrafos pelas crianças em sua própria escrita.

Classificação dos dígrafos consonantais

A representação dos sons consonantais no inglês é, no caso de muitas palavras, bastante objetiva, porque o número de consoantes e de sons consonantais é muito semelhante. Há também menos variações entre os sotaques regionais na pronúncia das consoantes do que na pronúncia das vogais (O'CONNOR, 1982). Entretanto, embora alguns sons consonantais sejam representados apenas por uma letra, há outros que também podem ser representados por dígrafos.

Para organizar a discussão da representação consonantal no inglês, distinguiremos três casos no uso dos dígrafos que se diferenciam em termos de função (ver distinção entre forma e função no Capítulo 1).

Dígrafos obrigatórios

O primeiro caso foi mencionado na seção anterior: no inglês, alguns sons consonantais são tipicamente (e quase sempre) representados por um dígrafo e não (ou quase nunca) por uma única letra. Por exemplo, o som final em "king" (/kɪŋ/, *rei*) e o som inicial em "think" (/θɪŋk/, *pensar*), "cheese" (/tʃiz/, *queijo*) e "shadow" (/ʃædo ʊ/, *sombra*) não podem ser representados por uma só letra. As representações mais frequentes (TREIMAN, 1993) para estes sons são "ng", "th", "ch" e "sh", respectivamente. Chamaremos estas representações de dígrafos obrigatórios. Nossa hipótese é que as crianças tornam-se conscientes dos dígrafos obrigatórios como unidades ortográficas mais facilmente do que outros dígrafos, e também os utilizam com maior consistência. Exemplos semelhantes em português são o "nh" e o "lh". Faraco (1992) salienta que o "lh" representa um som que não poderia ser representado por uma consoante em palavras como "palha" ou "exemplo", mas em algumas palavras pode existir uma pronúncia flutuante, levando à confusão entre o "lh" e "li". Estas pronúncias resultam em grafias como "familha", em vez de "família", e "filia", em vez de "filha". Pode-se fazer uma observação semelhante quanto à pronúncia do "nh" em Pernambuco: "rapazinho" e "senhora", por exemplo, são pronunciados como /rapazĩo/ e sĩora/. O texto apresentado na Figura 2.1, que é a continuação do texto da Figura 1.2, ilustra grafias que podem resultar dessas flutuações de pronúncia: "sim ora" em vez de "senhora" e "filia" em vez de "filha".

```
Sexta-feira à tarde
O MÃE ASIM ORA PODI LEVAR A A
MINHA A MIGA NO METICA SE A MÃE
DELA PEICHAR EU LEVO POSSO I LA
 NA CASA DELA PEDIR PARA MÃE DELA TI
ÃO MAIE DAQUI A POUCO ANA
A SUA MÃE ESTA AI ESTA A MINHA
MÃE DISE PARA VOCÊ PEDIR PARA
 ELA PARA VOCÊ IR NO OSPITÃO
MÃE A MÃE DA JULIA PEDIO PARA
 ACE ORA DEIXAR EU IR NO MEDICOM ELA
 PODI FILIA POSSO VOU TROCAR DE ROUPA E FORAM
```

Figura 2.1 O final da história escrita por Luís, iniciada na Figura 1.2.

Letras duplas ou geminadas

O segundo tipo de dígrafo consonantal é formado por consoantes duplas, ou geminadas, quando a mesma consoante é usada duas vezes. Em inglês, a repetição de uma consoante não afeta sua pronúncia, mas com frequência afeta a pronúncia da vogal que a precede, como explicado anteriormente. Entretanto, nem todo uso de consoantes geminadas entra nesta mesma categoria: "letter" (*carta*) é uma palavra escrita com "tt" mas se escrevermos "leter" a pronúncia será a mesma. Portanto, em inglês, as consoantes duplas variam: às vezes a forma tem uma função, outras vezes não. Quando as letras duplas não têm uma função, seu uso se torna imprevisível.

Em português existem apenas duas letras dobradas, "rr" e "ss". Como mencionado anteriormente, o "rr" e o "ss" têm uma função definida, pois essas letras são dobradas para preservar o seu som entre vogais. Portanto, são grafemas com uma função fonológica definida.

Dígrafos extras: as grafias alternativas

No terceiro tipo de dígrafo consonantal, incluímos os pares de letras que correspondem a um som que poderia ser representado por uma consoante. Por exemplo, no inglês, a letra "f" poderia ser utilizada em todas as palavras que contém o som /f/, mas não o é. Em "elephant" (*elefante*) e "telephone" (*telefone*), o "f" é substituído por "ph" e em "laugh" (*rir*) e "cough" (*tossir*), o som final /f/ é representado pelo dígrafo. Esses dígrafos podem ser entendidos como "extras", uma vez que também há a possibilidade de o som consonantal ser representado por uma letra só. Os dígrafos extras podem ser inteiramente consistentes ou inconsistentes. Por exemplo, "ph" é consistente e representa o som /f/; em contraste, "gh" pode representar o som /f/, mas também pode não ter função.

Em português, o dígrafo "ch" pode ser considerado extra, pois o som que representa pode ser desempenhado pela letra "x", que não é uma letra de função consistente e certamente causa problemas à criança. Em contraste, o "ch" representa sempre o mesmo som e é mais frequente do que o "x". Segundo Faraco (1992), o "x" é usado sempre depois de ditongos (caixa, frouxo), em vocábulos de origem indígena ou africana (abacaxi, xavante) e depois da sílaba inicial "en" (enxada, enxofre). Nesse último caso, excetuam-se as palavras em que a sílaba inicial é o prefixo "en" seguido de uma raiz escrita como cheio e encher. Observe que nas palavras derivadas em português, assim como em inglês, mantém-se a grafia da unidade de significado – se a raiz da palavra é com o "ch", aparece em todas as palavras derivadas. Entretanto, apesar das regularidades mencionadas por Faraco (1992), ele considera que a representação do som desempenhado pelo dígrafo "ch" é um exemplo de grafia imprevisível, porque muitos casos não são resolvidos pelas regras mencionadas; por exemplo, xale e chave, chiste e xisto, charque e xadrez, macho e faxineira são palavras que ilustram a imprevisibilidade do uso do "ch" e do "x". Portanto, consideramos o "ch" como um dígrafo extra, semelhante ao "ph" em inglês.

Resumo

Há três tipos diferentes de dígrafos consonantais:
1 Os dígrafos obrigatórios, que correspondem a sons não representados por uma só letra, como o som inicial em "thin", em inglês, e o som representado pelo "nh" em "ninho" e o "lh" em "cambalhota".
2 Os dígrafos formados por consoantes duplas ou geminadas, nos quais a mesma consoante é repetida. Em inglês, as letras duplas afetam a pronúncia da vogal que as antecede. No português, elas têm outra função, que é consistente, mas relacionada a regras relativamente complexas.
3 Os dígrafos extras que correspondem a sons consonantais que podem ser representados por uma só letra.

O que as crianças sabem sobre dígrafos consonantais?

Agora podemos passar para a questão da consciência que as crianças têm a respeito do uso de grafemas com mais de uma letra para representar um som consonantal. É amplamente reconhecido que as crianças frequentemente formulam conceitos no dia a dia sem que eles precisem ser ensinados explicitamente. No entanto, é pouco provável que as crianças formem o conceito de dígrafo da mesma forma. Por outro lado, sabe-se que, às vezes, as crianças e os adultos usam as mesmas palavras, sem que o significado seja o mesmo para eles. Essa ideia foi enfatizada por muitos pesquisadores interessados no desenvolvimento da criança, incluindo Piaget (1954) e Vygotsky (1986), e provavelmente é parte integral do pensamento atual dos educadores sobre o desenvolvimento cognitivo.

Então, como é possível investigar se as crianças entendem o conceito de grafemas que usam mais do que uma letra, se elas provavelmente não conhecem a palavra grafema? Felizmente, estudos realizados por diferentes pesquisadores sugerem que já nos primeiros anos da escola as crianças usam a palavra "letra" num sentido muito semelhante ao usado pelos adultos. Muitas crianças em idade pré-escolar são capazes de identificar as letras selecionando-as a partir de uma série de estímulos que se parecem com letras e rejeitam outros estímulos que, embora parecidos, não são letras de verdade.* As crianças sabem o que é uma letra e usam a palavra "letra" com facilidade. Entretanto, não usam as palavras "grafemas" ou "dígrafos". Então como podemos saber se elas estendem o conceito de correspondências entre letra e som para as correspondências entre grafema e som?

Ehri e Soffer (1999) decidiram investigar se crianças de diferentes idades e com diferentes níveis de proficiência em leitura e escrita conseguem perceber que alguns sons são representados por mais de uma letra, e que algumas letras podem ser usadas na escrita mesmo não representando som algum (como seria o caso do "h" em português). As 78 crianças (entre 7 e 11 anos) que participaram do estudo estavam nos 2º, 3º, 5º e 6º anos, eram de Nova York e possuíam um nível de leitura adequado às suas idades. Sendo improvável que elas conhecessem a palavra "grafema", as pesquisadoras apresentaram a tarefa de identificação de grafemas em três fases. Na primeira, escreveram cinco palavras no quadro, pronunciaram-nas pausadamente e mostraram às crianças como marcar as correspondências entre os segmentos da palavra escrita e os fonemas. As palavras usadas como exemplo foram "no" (/noʊ/, não), "fun" (/fʌn/, diversão), "see" (/si:/, ver), "make" (/meɪk/, fazer), "this" (/ðɪs/, este). Nas duas primeiras existem somente correspondências simples entre letras e sons; em "see" há um dígrafo vocálico ("ee"), "this" contém um dígrafo consonantal ("th") e "make" foi descrito para as crianças como incluindo uma letra muda ("e"), embora tecnicamente a letra "e", nesse caso, seja a segunda letra do dígrafo partido "a-e". Ao explicar às crianças como deveriam marcar as correspondências entre a grafia e os sons das palavras, a pesquisadora circulou os dígrafos "ee" e "th" no quadro para mostrar que as duas letras formavam uma unidade e pôs um X sobre o "e" da palavra "make" para mostrar que essa era uma letra muda.

Na segunda fase do procedimento, as crianças tinham que marcar em suas próprias folhas as correspondências entre a ortografia e os sons da mesma maneira que Ehri e Soffer (1999) haviam feito anteriormente. Em seguida,

---

* Ver, por exemplo, Ferreiro e Teberosky (1983) e Tolchinsky (2003).

foi solicitado a elas que verificassem suas repostas comparando-as à segmentação que havia sido feita pelas pesquisadoras.

Finalmente, pediu-se às crianças que realizassem a mesma tarefa marcando a grafia das menores unidades de som em 24 palavras. A lista continha palavras nas quais cada letra correspondia a um som, e outras palavras cujo nível de dificuldade variava. As palavras que nos interessavam no momento eram aquelas que possuíam dígrafos consonantais.

Os leitores mais jovens e inexperientes se revelaram tão proficientes quanto os mais velhos e experientes quando a correspondência entre letras e sons era unívoca. A média de respostas corretas na divisão em segmentos escritos das nove palavras com a correspondência unívoca entre letras e sons foi de 7,2 para o grupo mais jovem, 5,9 para o grupo do meio e 6,6 para o grupo das crianças mais velhas. Embora as mais novas tenham obtido pontuação mais alta, a diferença não foi estatisticamente relevante: assim, podemos concluir que as crianças nos três níveis de idade e competência em leitura demonstraram a mesma capacidade de estabelecer correspondências simples entre letras e sons.

Todavia, talvez as crianças mais novas não tenham obtido êxito nessa tarefa pelos mesmos motivos que as mais velhas. É possível que os leitores mais jovens e inexperientes tenham conseguido um bom resultado por não saberem bem como estabelecer correspondências entre grafemas e fonemas quando a correspondência entre letras e sons não é unívoca, mesmo após a demonstração. Na verdade, as crianças mais novas continuaram a dividir todas as palavras como se nelas existissem apenas correspondências unívocas entre letras e sons. Elas usaram correspondências unívocas em 6,1 das 15 palavras em que a correspondência letra-fonema não era apropriada; em comparação, no grupo das crianças de idade intermediária a média desse tipo de erro foi 3,6 e no grupo das mais velhas a média foi de 2,4. Portanto, as crianças mais novas estavam certas em 80% das palavras em que a correspondência unívoca era apropriada e seguiram usando o mesmo sistema para marcar 40% das palavras nas quais a mesma não se aplica. Elas demonstraram uma forte predileção pelo uso da correspondência unívoca entre letras e sons ao marcarem as unidades sonoras nas palavras escritas, embora soubessem a pronúncia correta de todas elas.

As crianças mais velhas, por outro lado, não demonstraram a mesma tendência em relação ao uso das correspondências simples entre letras e sons. Acertaram entre 70 e 80% das questões, tanto nos itens que envolviam correspondências unívocas letra-som quanto naqueles que envolviam dígrafos representando um som.

Por outro lado, a marcação apropriada dos dígrafos nos leva à mesma conclusão de que há uma tendência entre as crianças mais novas a tratar as letras individuais, e não os grafemas, como unidades ortográficas. Elas acertaram em média 3,9 dígrafos (em uma amostra de 15 palavras), enquanto a pontuação média para o grupo de idade intermediária foi de 5,1 e no grupo de crianças mais velhas foi de 6,5. As análises estatísticas mostraram que estas diferenças eram significativas, o que demonstrou que a tarefa de marcação de dígrafos foi muito mais difícil para as crianças mais novas do que para as mais velhas.

O fato de que as crianças mais novas marcaram corretamente 26% dos dígrafos como uma unidade única não nos diz muito a respeito da sua capacidade de reconhecê-los, pois elas também marcaram 19% das correspondências simples entre letras e sons de maneira incorreta, marcando mais de uma letra para uma mesma unidade ortográfica. Este tipo de erro foi derivado de duas formas: um deles foi o de circular as rimas como se fossem uma unidade (por exemplo, circular "ed" na palavra "red" [*vermelho*] como uma unidade) e o outro foi o de circular a letra inicial e mais uma vogal como única unidade (por exemplo, circular "ca" em "catch" [*pegar*]). Portanto, não é possível afirmar, com base nestas informações, se as crianças estavam de fato começando a compreender o uso de dígrafos ou se simplesmente não conseguiram realizar uma análise fonológica correta das palavras ao assinalarem mais de uma letra como um grafema.

Ehri e Soffer (1999) observaram também que havia uma forte conexão entre a habilidade das crianças para identificar um dígrafo como uma unidade ortográfica e seu desempenho em tarefas que envolviam o ditado de palavras em que um som consonantal deveria ser representado por um dígrafo: entre as crianças mais novas, sete (de 23) escreveram a palavra "ship" (/ʃɪp/, *navio*) como "sip" (/sɪp/), usando o "s" onde deveriam usar o diágrafo "sh"; seis não conseguiram circular corretamente o dígrafo "sh" em "she" (/ʃiː/, *ela*), separando o "s" do "h" como se fossem duas unidades distintas.

No Brasil existem muitos estudos, inspirados pelos trabalhos de Emília Ferreiro, Ana Teberosky e Liliana Tolchinsky, que investigaram o desenvolvimento da concepção alfabética entre as crianças de nível pré-escolar e nos primeiros anos. Esses estudos sugerem que as crianças constroem uma concepção da escrita segundo a qual cada letra representa um som e cada som é representado por uma só letra. No entanto, não conhecemos estudos inspirados pelo paradigma usado por Ehri e Soffer (1999) que investiguem se, após atingir a concepção alfabética, as crianças precisam de um pouco mais de tempo para compreender a necessidade dos dígrafos obrigatórios "lh" e "nh". Portanto, não sabemos que interpretação as crianças que usam a "hipótese alfabética" dão a esses dígrafos. Seria interessante sabermos sua reação diante da grafia de palavras como "baralho" e "minhoca", antes e depois de terem recebido instrução explícita sobre esses dígrafos. Um estudo inspirado no paradigma usado por Ehri e Soffer (1999) poderia oferecer informações interessantes sobre esse aspecto do desenvolvimento da concepção de escrita. Note-se, no entanto, que esses dígrafos são, via de regra, ensinados depois que as crianças já receberam instrução sobre todas as letras, o que pode reforçar a ideia de que existe uma correspondência simples entre letras e sons.

Resumo

Este estudo pioneiro de Ehri e Soffer (1999) mostrou que o conceito cotidiano das crianças sobre unidades ortográficas e o conceito de grafema aceito como conhecimento científico, que permite o uso de duas letras para representar um só fonema, não coincidem. Entretanto, mesmo quando o conceito de grafema não é explicitamente ensinado às crianças, elas desenvolvem uma compreensão da escrita que vai além da noção de correspondência unívoca entre letras e sons à medida que aprendem a ler e escrever melhor.

OUTRAS FONTES DE DADOS

Passaremos agora à consideração de outras fontes de dados sobre como as crianças lidam com dígrafos. Pesquisas acerca do uso que as crianças fazem dos dígrafos na escrita são relativamente escassas, mas o pouco que há nos diz muito a respeito da escrita infantil.

Treiman (1993) analisou a ortografia de um grupo de alunos norte-americanos do 1º ano que estava aprendendo a ler e escrever em inglês. A professora os incentivava a escrever sem enfatizar a ortografia das palavras. Treiman indica que a professora insistia que as crianças escrevessem as palavras da melhor maneira que soubessem, mas não lhes fornecia a ortografia correta, mesmo que pedissem. Treiman analisou cuidadosamente o uso de dígrafos consonantais pelas crianças e relatou diversos resultados que esclareçam algumas questões sobre o desenvolvimento da ortografia.

Primeiramente, os dígrafos obrigatórios eram representados corretamente pelas crianças em 70% das palavras. Embora elas tenham acertado 87% da representação de sons consonantais que podiam ser representados por uma só consoante, e a diferença entre estes dois resultados seja estatisticamente significativa, o alto índice de uso de dígrafos obrigatórios é impressionante, especialmente se as crianças realmente tendem a pensar em correspondências simples entre letras e sons. É bem provável, no caso dos dígrafos obrigatórios, que esta tendência entre em conflito com o fato de que não há uma letra para representar estes sons; assim, as crianças percebem que precisam de duas letras para representá-los. Por outro lado, em relação ao uso correto dos dígrafos extras, as crianças tiveram um baixo nível de desempenho: acertaram apenas 21% das palavras em que o "ph" deveria ser usado para representar o som /f/.

Os resultados da pesquisa de Treiman (1993) são altamente condizentes com as descobertas de Ehri e Soffer (1999) sobre a captação que as crianças têm de grafemas. "Sh", "th" e "ch", que são dígrafos obrigatórios, foram identificados como unidades de representação de um som (isto é, como um grafema) pela maioria das crianças: os índices variaram entre 72 a 81% para os diferentes dígrafos obrigatórios. Em comparação, o "wr" de "write" e o "kn" de "know", que são dígrafo opcionais, foram considerados com uma unidade por, no máximo, 20% das crianças.

Ainda que a dificuldade de pensar em grafemas como constituídos por mais de uma letra não seja muito grande, o uso de duas letras, de fato, causa certo problema para as crianças. Nunes e Aidinis (1999) observaram que nos primeiros anos escolares as crianças cometeram muito mais erros em um teste de ortografia ao escreverem palavras que possuíam os dígrafos "sh", como em "wish" (*desejo*), e "ch", em "chin" (*queixo*), do que palavras com o mesmo número de fonemas que não contêm dígrafos: o índice de acerto caiu de 96% para 92% entre crianças sem dificuldades de leitura, uma diferença estatisticamente significativa. A dificuldade era consideravelmente maior para leitores cujo nível de leitura mostrara ser inferior: o desempenho caiu de 94% para 73%. A dificuldade no uso de dígrafos pelos leitores fracos manteve-se significativa mesmo quando sua escrita foi comparada à de crianças com a mesma idade de leitura.

Pesquisas anteriores realizadas por Henderson e Shores (1982), Kibel e Miles (1994) e Henry (1989) haviam sugerido que leitores fracos têm maior dificuldade em relação à ortografia de palavras com dígrafos e encontros consonantais, mas os pesquisadores não haviam comparado estes leitores a crianças do mesmo nível de leitura, mas a crianças com a mesma idade cronológica. Assim, não era possível saber se as dificuldades dos leitores fracos em relação a dígrafos eram simplesmente uma questão de falta de experiência de leitura, ou se eram resultado de uma dificuldade real de usar correspondências entre grafemas com mais de uma letra e sons. O estudo de Nunes e Aidinis (1999) demonstrou que os dígrafos são realmente muito mais difíceis para os leitores fracos do que para crianças mais jovens, mas com mesma idade de leitura. Portanto, deve-se considerar a possibilidade de que uma das razões pelas quais as crianças têm atraso em leitura seja sua maior dificuldade em lidar com dígrafos. O uso de dígrafos representa uma espécie de anomalia para uma criança que focalize as letras uma a uma, da esquerda para a direita. A necessidade de olhar para a letra seguinte antes de decidir como tratar uma letra pode ser considerada uma regra contextual, mesmo que muito simples. Se a criança não tiver essa flexibilidade, ela não saberá, por exemplo, como diferenciar o "n" do "nh".

Resumo

1 Mesmo que tenham tendência de usar uma estratégia de correspondência simples na ortografia, as crianças mais jovens e inexperientes parecem perceber logo cedo que alguns sons não podem ser representados por uma letra individualmente e, a partir daí, aprendem rapidamente a usar os dígrafos de modo apropriado e sem instrução explícita.
2 É provável que o nível de sucesso alcançado pelas crianças no uso de dígrafos obrigatórios indique uma *aprendizagem com base em regras*, ao passo que seu desempenho em relação aos dígrafos opcionais dependa da *aprendizagem de palavras específicas* – ou seja, aprender que "write" deve ser escrito com "wr" e não apenas "r" ("rite"). Entretanto, até o momento, não há estudos suficientes sobre os dígrafos para avaliarmos essa possibilidade, mesmo em inglês. Por isso, não nos detemos na questão do *aprendizado de palavras específicas* nesta seção, mas voltaremos a ela assim que chegarmos aos estudos relevantes para tal discussão.
3 O uso de dígrafos obrigatórios é um obstáculo ortográfico maior para leitores de baixa proficiência do que para leitores mais jovens

com mesma idade de leitura. Isto poderia tanto significar que os leitores menos proficientes não percebem que precisam de um dígrafo consonantal para determinados sons por não estarem conscientes dos sons (não percebem a diferença entre "sip" e "ship" com clareza), ou porque acham mais difícil aprender o uso de grafemas que envolvem mais de uma letra, mesmo que estas sejam simples como digrafos obrigatórios.

CONSOANTES DUPLAS: A IMPORTÂNCIA RELATIVA DA FORMA E DA FUNÇÃO NA ORTOGRAFIA INFANTIL

O que acontece com as consoantes duplas? As crianças sabem como lidar com elas ou não? Consideraremos primeiro o estudo de Treiman (1993) sobre o inglês e depois alguns exemplos de português.

Na amostra de Treiman (1993), o uso correto de consoantes duplas está num nível intermediário entre os dígrafos obrigatórios e os extras: as crianças usaram as letras geminadas em 32% das palavras em que estas eram necessárias, mas muito raramente – em menos de 1% – naquelas palavras em que apenas uma consoante deveria ser usada. Portanto, as crianças usam consoantes duplas mais frequentemente na posição correta do que na incorreta. Entretanto, a ausência do uso incorreto de geminadas talvez não seja uma conquista verdadeira, pois as crianças mais novas têm a tendência de usar uma letra individualmente para representar um som. Em 50% das palavras, as crianças usavam a letra apropriada, porém não geminada, para representar um som consonantal (por exemplo, um "t" em "kitten" [gatinho] que deveria ser escrito com "tt").

Aprender a usar as consoantes duplas pode ser uma mistura de aprendizagem com base em regras e aprendizagem de palavras específicas: em alguns casos, há uma regra acerca da necessidade de se usar geminadas (conforme mencionamos anteriormente, quando é preciso acrescentar o sufixo "ed", por exemplo), mas em outros casos, não há regras que justifiquem o uso da letra dobrada (a palavra "letter" é escrita com "tt", mas seria lida da mesma maneira se tivesse um só "t"). Seria interessante saber se as crianças usam consoantes duplas com maior frequência quando há uma regra que exige a repetição da letra do que quando as consoantes duplas são dígrafos extras. Treiman (1993) não diferenciou esses dois casos no uso de letras dobradas.

Um segundo aspecto do estudo de Treiman diz respeito à questão da forma e não da função. As letras "h", "j", "k", "q", "v", "w", "x" e "y" são consoantes que não podem ser dobradas. Todas as outras consoantes formam pares geminados legítimos. Portanto, se as crianças usam em sua escrita somente as consoantes geminadas legítimas, elas terão aprendido uma regra sobre as formas ortográficas autorizadas, ainda que possam usar as consoantes geminadas em palavras que não são escritas com letras dobradas. Treiman (1993) observou 12 pares legítimos na escrita infantil ("bb", "cc", "dd", "ff", "gg", "ll", "mm", "nn", "pp", "rr", "ss" e "tt") e apenas 3 casos de letras dobradas ilegítimas ("hhp" para "help" [ajuda], "rqqm" para "raccoon" [guaxinim] e "yy" para "yours" [seu]). Portanto, as crianças demonstraram conhecimento das formas permitidas. Em contraste, seu conhecimento do uso correto das letras geminadas era bastante fraco: elas usaram letras dobradas corretamente em 55% das palavras e incorretamente em 45%. Portanto, não sabiam *onde* usar gemina-das legítimas, mas certamente haviam aprendido que letras dobradas são pares ilegítimos.

Em estudo posterior, Treiman e Cassar (1997) demonstraram que as crianças aprendem também outros aspectos relacionados à forma no caso das consoantes geminadas: suas posições aceitáveis. A ortografia do inglês apresenta consoantes duplas no final e no meio de palavras, mas nunca no começo. Esta é uma questão de forma, e não de função, porque iniciar uma palavra por um duplo "s" não mudaria a função do grafema e, portanto, não influenciaria a pronúncia da palavra. As pesquisadoras apresentaram às crianças um par de pseudopalavras escritas, uma com letras dobradas no final ("nuss") e outras iniciando por letras dobradas ("nnus"). Note que ambas as representações, "ss" e "nn", são possíveis na língua inglesa. As pesquisadoras solicitaram às crianças que escolhessem qual dessas palavras se parecia mais com uma palavra real da língua inglesa. Os participantes do estudo estavam no jardim de infância, 1º, 2º, 3º, 6º e 9º anos, e tinham de 5 a 14 anos. Até mesmo as crianças do jardim de infância tenderam a escolher as opções em que as consoantes duplas apareciam ao final das pseudopalavras como sendo as que mais se assemelhavam em inglês.

Em português também existem regras de posição: as letras dobradas e o "ç" não são usados no início das palavras. Nos três casos, a regra é somente de forma, pois o "rr", o "ss" e o "ç" seriam lidos da mesma forma se aparecessem no início da palavra. No entanto, há poucos estudos sobre as regras de forma em português, não sendo possível chegarmos a conclusões sobre o que as crianças brasileiras sabem sobre elas. Treiman e

Cassar (1997) tinham uma segunda situação de teste em seu estudo, na qual avaliaram a compreensão das crianças sobre a função de consoantes duplas. As pesquisadoras falavam uma pseudopalavra – "sallip", por exemplo – e pediam que as crianças decidissem qual das alternativas escritas melhor correspondia à pronúncia. Uma das alternativas continha um "l" sozinho – ou seja, a pseudopalavra tinha sido escrita como "salip" – e a outra continha uma geminada, e havia sido escrita como "sallip". As funções das consoantes duplas na ortografia do inglês, discutidas anteriormente de modo breve, resultaram em pronúncias diferentes para essas grafias: em "sallip", o "a" deveria ser breve (/sælɪp/), e em "salip", longo (/səilɪp/). Embora elas tenham demonstrado um bom desempenho em relação a aspectos formais, somente a partir do 6º ano (por volta dos 11 anos de idade) elas revelaram um conhecimento mais sólido sobre o fato de que as consoantes duplas sinalizam que a vogal precedente é breve. Uma vez que o estudo não incluiu as crianças dos 4º e 5º anos, na faixa etária de 9 e 10 anos, não se sabe o que ocorre nesse período, mas certamente as crianças com idade até 8 anos não tiveram um bom desempenho.

Portanto, forma e função afetam o desenvolvimento da escrita infantil desde cedo: as crianças do estudo de Treiman (1993) pareciam saber mais sobre forma (quais consoantes duplas são possíveis e quais não; a posição em que podem aparecer numa palavra) do que sobre a função das consoantes geminadas. Elas raramente usaram formas proscritas, mas utilizaram formas apropriadas corretamente quase tantas vezes quanto incorretamente em termos de função.

A aprendizagem da função das consoantes duplas

Estudos em inglês

A função das consoantes duplas na ortografia do inglês é muito interessante, mas um pouco complexa, já que é um tanto sutil. A melhor maneira de defini-la é a seguinte: pouquíssimas palavras na ortografia da língua inglesa possuem vogais longas seguidas por consoantes duplas; há algumas exceções, como "gross" (*grosseiro*), mas são raras (CARNEY, 1994). Portanto, se você ver qualquer palavra em inglês que possua uma consoante dupla, é quase certo que a vogal que a precede seja breve. Entretanto, uma vogal breve não é sempre seguida por consoantes geminadas.

Desse modo, as funções das consoantes duplas são: (1) se você estiver lendo um texto e se deparar com uma palavra que possui uma consoante dobrada, provavelmente a vogal que a precede seja breve; (2) se você estiver escrevendo uma palavra que possui uma vogal longa, nunca (ou quase nunca) use consoantes duplas após ela. Há duas maneiras de medir a compreensão das crianças acerca dessa função. Uma é verificar se elas leem as vogais como breves com mais frequência quando estas precedem consoantes duplas ou quando precedem uma consoante sozinha. A outra maneira é verificar se as crianças têm maior tendência a representar um som consonantal com consoantes duplas quando ele aparece depois de uma vogal breve ou quando aparece depois de uma vogal longa.

Cassar e Treiman (1997) relataram que, antes dos 11 anos, as crianças parecem não perceber que há uma relação entre a presença de consoantes duplas e a pronúncia da vogal anterior, porém, é necessário investigar a leitura e escrita em maiores detalhes a fim de compreender melhor a aprendizagem da função das letras geminadas. Um estudo mais detalhado requer o uso de tarefas de escrita e de leitura, bem como o uso de palavras e pseudopalavras. Quando uma criança lê ou escreve corretamente uma palavra, não podemos saber se ela acerta porque compreende as regras de leitura e ortográficas subjacentes, ou se simplesmente memorizou aqueles exemplos ao longo de sua aprendizagem. A fim de diferenciar a memorização de palavras do conhecimento de regras ainda que implícito, é comum que os pesquisadores usem pseudopalavras nas tarefas que dão às crianças, – isto é, sequências de letras (em tarefas de leitura) ou de sons (em tarefas de escrita) que são aceitáveis na língua, mas que não são palavras da língua. As pseudopalavras são frequentemente criadas a partir de pequenas modificações de palavras que resultam em uma sequência não existente na língua: por exemplo, a partir da palavra "tarefa" podemos criar uma pseudopalavra como "carefa". "Carefa" é uma sequência que não existe no português, mas que poderia existir, porque contém apenas sons e sequências de sons (bem como letras e sequências de letras) admissíveis na língua. A fim de compreender melhor o progresso das crianças no domínio da função das letras dobradas, Davis (2005) realizou uma pesquisa longitudinal com participantes de três grupos etários diferentes. Na primeira sessão de coleta de dados, havia crianças nas faixas etárias de 9, 10 e 11 anos. Na segunda sessão de coleta de dados, que ocorreu um ano após a primeira, as crianças estavam nas faixas etárias de 10, 11 e 12 anos.

Em ambas as sessões, a pesquisadora pediu às crianças que lessem pseudopalavras para ver como elas liam dissílabos com e sem consoantes duplas. A questão era saber se elas mostrariam uma tendência clara em pronunciar as vogais como vogais breves se elas fossem seguidas por consoantes duplas. Davis (2005) também deu às crianças um exercício de ortografia no qual ela ditava dissílabos que se iniciavam por uma vogal breve, em uns exemplos, por uma vogal longa, em outros exemplos.

A questão era descobrir se as crianças tinham maior propensão a representar a consoante que seguia o som vocálico inicial com uma só letra ou com consoantes duplas, em função do som da vogal ser breve ou longo. Uma comparação entre o índice de acerto em palavras e pseudopalavras em ambas as tarefas pode levar a uma caracterização do conhecimento usado pelas crianças ao lidar com consoantes duplas: se sua aprendizagem for de palavras específicas, o desempenho em palavras será muito superior ao desempenho em pseudopalavras, mas, se as crianças tiverem um conhecimento mais geral sobre a função das consoantes duplas, a diferença entre o desempenho nas palavras e nas pseudopalavras deve ser menor.

O desempenho das crianças nas tarefas de leitura e de ortografia de palavras foi relativamente bom. No entanto, observou-se um resultado aparentemente contraditório. Elas se saíram melhor na leitura de palavras com consoantes duplas do que na leitura de palavras com consoantes simples; em contraste, seu desempenho foi melhor na escrita de palavras com consoantes simples do que na escrita de palavras com consoantes duplas. De fato, esta aparente contradição pode ser resolvida de modo muito simples. As palavras com consoantes duplas eram mais fáceis de ler porque o som vocálico inicial nelas é breve e corresponde à pronúncia ensinada às crianças quando se ensinam palavras com relações unívocas entre letras e sons. De modo semelhante, o melhor desempenho na escrita de palavras com consoantes simples também pode resultar da tendência de escrever sempre uma letra para cada som. Portanto, quando as crianças leem melhor palavras com consoantes duplas e escrevem melhor palavras com consoantes simples, o mais provável é que elas não tenham abandonado totalmente a noção de correspondências simples e unívocas entre letras e sons. Quando as crianças liam corretamente palavras com vogais longas e escreviam corretamente palavras com consoantes duplas, seu sucesso pode ser resultado da aprendizagem específica dessas palavras. Por isso, torna-se necessário analisar também os resultados obtidos em pseudopalavras.

A análise do desempenho das crianças nas pseudopalavras levou a resultados bastante claros. Em primeiro lugar, foi constatada uma diferença estatisticamente significativa entre o desempenho das crianças nas palavras e nas pseudopalavras. Portanto, uma parte de seu sucesso deve ser atribuído à aprendizagem de palavras específicas, e não à aprendizagem de regras.

Em segundo lugar, ficou evidente que as crianças de todos os grupos de idade tinham maior tendência a ler os sons das vogais como breves, o que, como vimos anteriormente, pode ocorrer em função do ensino centrado nas correspondências entre vogais e sons breves. Essa tendência a ler as vogais como breves foi significativamente maior quando as pseudopalavras continham consoantes geminadas. Portanto, elas raramente infringiram a regra que estabelece que as vogais que precedem consoantes duplas são quase invariavelmente breves.

Em terceiro lugar, as crianças também demonstraram maior tendência em ler a vogal inicial como uma vogal longa em pseudopalavras sem consoantes duplas. De fato, as vogais foram lidas como longas quando seguidas por consoantes geminadas muito raramente: em média, esse erro foi observado em menos de uma pseudopalavra no total de 10.

Finalmente, Davis (2005) também observou que essa diferença na leitura dos sons vocálicos como longos em pseudopalavras com e sem consoantes duplas aumenta com a idade. O gráfico apresentado na Figura 2.2 indica que o número de vezes que as crianças leram a vogal inicial como longa em pseudopalavras com consoantes duplas, sempre muito baixo, foi bastante semelhante para os três grupos em ambas as sessões. Entretanto, houve uma diferença entre estes grupos na leitura das vogais como longas quando elas não eram seguidas por consoantes geminadas. A diferença entre a leitura das vogais como longas quando elas não são seguidas por geminadas e quando a pseudopalavra contém consoantes geminadas aumenta significativamente com a idade. Este resultado significa que houve um aumento entre as idades de 9 e 11 anos na sensibilidade das crianças em relação à função das consoantes duplas. O gráfico apresenta os resultados para a primeira sessão. Os resultados para a segunda sessão são bastante semelhantes e, por isso, não incluímos um segundo gráfico.

Inicialmente, talvez surpreenda alguns leitores o fato de que até mesmo as crianças mais velhas pronunciaram a vogal inicial das pseudopalavras sem consoantes duplas como breves mais de 50% das vezes,

Leitura de pseudopalavras
Média no uso de vogais longas

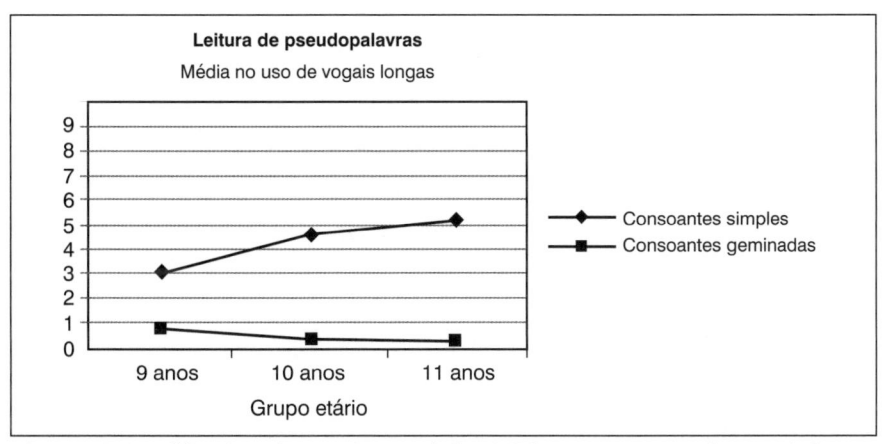

(gráfico: Consoantes simples, Consoantes geminadas; eixo x: 9 anos, 10 anos, 11 anos — Grupo etário)

Figura 2.2 Média de palavras (no total de 9) lidas como contendo vogais longas em pseudopalavras CVC (com uma consoante apenas) e CVCG (com consoantes geminadas) por grupo etário na Sessão 1.

mas obviamente percebemos rapidamente que isto não representa uma falta por parte das crianças. Não há nada de errado em ler vogais breves em pseudopalavras sem consoantes duplas, já que as vogais breves são frequentemente seguidas por uma única consoante em palavras reais. Porém, o fato de que elas mostraram uma tendência maior a ler as vogais como longas em pseudopalavras sem consoantes duplas indica que tinham algum conhecimento sobre como ler vogais que precedem consoantes duplas.

O que aconteceu na ortografia? Vimos que a regra sobre consoantes duplas diz que essas nunca seguem uma vogal longa. As crianças que sabem disso deveriam usar consoantes duplas apenas após vogais breves. Davis (2005) testou este conhecimento no mesmo estudo longitudinal, com pseudopalavras dissílabas ditadas para as mesmas crianças, pedindo a elas que escrevessem os dissílabos da forma que achassem correta.

A Figura 2.3 indica a frequência com que as crianças representaram a consoante que seguia a primeira vogal como uma consoante dupla. Nota-se claramente que as crianças dos três grupos etários utilizaram consoantes duplas com maior frequência quando a vogal inicial era curta. Em raras ocasiões elas usaram consoantes duplas após uma vogal longa.

O gráfico indica que a média de vezes que as crianças utilizaram consoantes duplas com vogais longas em pseudopalavras gira em torno de 0 e 1 (entre 9 respostas) e que esta média não variou entre os três grupos em ambas as sessões. Elas usaram consoantes duplas em pseudopalavras com vogais breves muito mais vezes do que em pseudopalavras com vogais longas, conforme evidencia o gráfico. Como o gráfico obtido para a segunda sessão foi muito semelhante, julgamos desnecessária sua apresentação.*

Há também indicações claras de que as crianças aprendem a usar consoantes duplas ao longo do tempo. Em ambas as sessões, as crianças mais velhas usaram consoantes duplas em pseudopalavras com vogais breves com maior frequência do que as crianças menores. Este fato não pode ser considerado simplesmente um aumento na tendência a usar grafemas com mais de uma letra à medida que elas progridem na alfabetização. O aumento no uso de consoantes geminadas foi seletivo, aparecendo após vogais breves, mas não após as longas. Portanto, entre os 9 e 11 anos, as crianças aprendem regras sobre a função das consoantes duplas, embora essas provavelmente sejam implícitas.

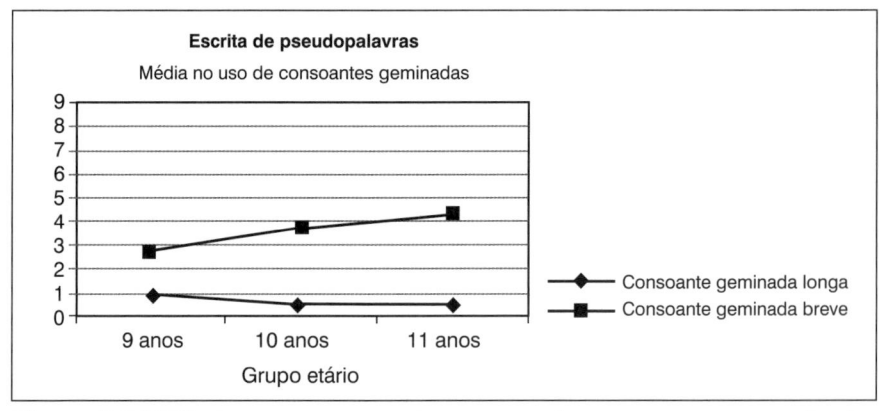

Figura 2.3 Média de sons consonantais representados com consoantes geminadas em sílabas com vogais longas ou breves (num total de 9 pseudopalavras) por grupo etário na Sessão 1.

Estudos em português

Em português usamos apenas duas consoantes geminadas, "rr" e "ss". Como mencionado anteriormente, o uso desses grafemas, em vez da letra simples, está relacionado a regras contextuais, analogamente ao que ocorre no inglês. As regras são relativamente complexas, pois esses grafemas

---

* N. de T.: O leitor que se interessar por mais detalhes deste estudo deve consultar o original em inglês. O estudo foi abreviado para apresentação na obra em português.

são usados para manter o valor habitual do "r" e do "s" entre vogais. Há, portanto, dois aspectos a serem investigados: a questão formal, já que o "rr" e "ss" aparecem somente entre vogais, e a questão funcional.

Rego e Buarque (1999) analisaram a nível de sucesso de crianças pernambucanas no uso do "r" e do "rr". Os alunos que participaram de seu estudo (79 ao todo) estavam em um dos quatro anos iniciais do ensino básico, aproximadamente metade em uma escola pública e a outra metade em uma escola particular. Rego e Buarque (1999) pediram às crianças que escrevessem palavras reais, que poderiam ser conhecidas de memória, e palavras inventadas, que não podiam ser escritas simplesmente a partir de memorização das grafias, exatamente por serem inventadas. Em português, o "r" às vezes representa um som chamado fraco, como em "rapaz" e "honra", e às vezes um som forte (que representaremos aqui como /R/), como nas palavras "barata" e "fraco". No entanto, essa relação entre letra e som não é imprevisível: o "r" entre duas vogais ou integrando um grupo consonantal representa sempre o som forte, /R/. O "rr" representa sempre o mesmo som, o /r/ fraco, mas não é o grafema usado para esse som em todas as palavras, porque o "rr" é usado somente no meio das palavras (não pode ser usado no início) ou entre duas vogais, como em "carro", "ferro", "birra", "jorra" e "burro". Portanto, para diferenciar entre o uso do "r" e do "rr" na ortografia, as crianças precisam aprender regras funcionais – ou seja, quais são os sons representados pelo "r" e pelo "rr" – e regras formais – ou seja, onde se pode usar o "rr" mesmo que o som a ser representado seja o /r/ fraco.

Rego e Buarque (1999) observaram que a trajetória das crianças na aprendizagem do uso do "r" e do "rr" não pode ser descrita como uma simples questão do uso dessas regras, aprendidas simultaneamente. Muitas crianças nos anos iniciais usam somente o "r", talvez por estarem baseando suas grafias na ideia de que se escreve usando uma só letra para cada som. Se a criança aplica essa hipótese alfabética rigorosamente, ela conclui que a palavra "carro", que tem somente quatro sons, deve ser escrita com quatro letras. A Figura 2.4 mostra a porcentagem de crianças nos quatro grupos estudados que exibiram três tipos de distintos de desempenho no ditado realizado por Rego e Buarque (1999).

No primeiro grupo estão classificadas as crianças que usaram somente a grafia "r", independentemente de o som ser fraco /r/ ou forte /R/. Note que a maioria das crianças do 2º ano na escola pública exibe esse tipo de comportamento, o que se explica pelo curto período de alfabetização a que elas estão expostas. Uma porcentagem bem menor de crianças da escola particular no 1º ano mostrou essa preferência pelo "r", embora esse grupo também esteja em seu segundo ano de aprendizado escolar de leitura e escrita, pois a alfabetização faz-se na pré-escola na instituição em questão. Quando se verifica o percentual de crianças que estão no 3º ano de instrução escolar em leitura e escrita, vê-se que o percentual não diminui significativamente nesse momento, pois aproximadamente de 20 a 30% das crianças continuam mostrando uma preferência pelo "r" e deixam de usar o "rr" quando esse seria a grafia correta.

O grupo de maior sucesso na investigação de Rego e Buarque, classificado na terceira categoria na Figura 2.4, usa tanto o "r" como o "rr" com a função correta, mas permanecem alguns erros de forma, pois as crianças usam o "rr" não só entre vogais como também entre uma consoante e uma vogal, escrevendo, por exemplo, "honrra" em vez de "honra". Rego e Buarque (1999) consideraram esse erro uma violação sutil das regras ortográficas pois, estritamente falando, o "n" na palavra "honra" tem a função de marcar a nasalização da vogal; portanto, não existe um som consonantal entre as duas vogais, /õ/ e /a/.

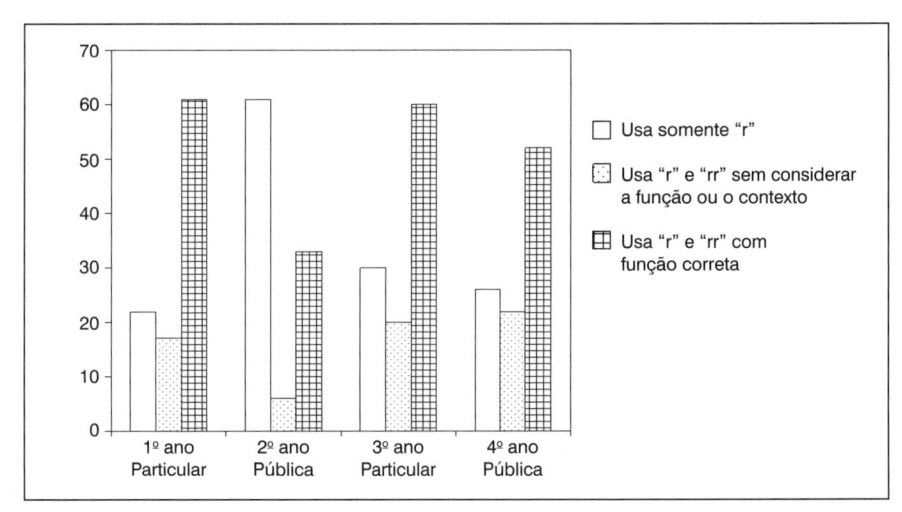

Figura 2.4 Porcentagem de crianças mostrando os diferentes tipos de desempenho por classe escolar.
Fonte: adaptado de Rego e Buarque (2010).

Finalmente, existe ainda um terceiro grupo de crianças, classificado na categoria intermediária, que já descobriu o "rr", mas ainda não sabe como usá-lo, tendo dificuldades tanto com sua função como em contextos em que o "rr" pode ser usado. Esse fenômeno é comum no desenvolvimento ortográfico e indica progresso, embora as crianças possam escrever de modo errado palavras que anteriormente escreviam corretamente. Por exemplo, uma criança que mostra esse desempenho pode escrever "barrato" em vez de "barato" bem como "honrra" em vez de "honra", que são palavras que ela teria escrito corretamente numa fase anterior do desenvolvimento, quando não contemplava o uso do "rr". No entanto, a mesma criança pode escrever "coredor" em vez de "corredor", pois ela não descobriu ainda onde usar, e onde não usar, o "r" e o "rr".

Uma outra contribuição à análise da compreensão do uso do "r" e do "rr" foi oferecida por Morais (1999), que investigou como as crianças justificam a escolha de grafias específicas, quando há a possibilidade de mais de uma representação. Morais (1999) usou uma metodologia interessante para levar o aluno a explicitar seu conhecimento ortográfico. Primeiro, ele pedia que as crianças escrevessem algumas palavras erradamente. Depois pedia a elas que explicassem porque o que tinham escrito estava errado e que encontrassem uma forma de ensinar a um aluno que cometesse aquele erro uma estratégia para evitar o mesmo erro no futuro.

Entre suas entrevistas, Morais (1999, p. 88) narra a seguinte:

> Paula, 3º ano, tinha escrito "feraduras" em vez de "ferraduras". O pesquisador pergunta-lhe:
> P: Tem como saber quando se coloca RR?
> Cri: Sim, quando é o som de RA.
> P: E rato? É com RR?
> Cri: Não. Tem que estar no meio da palavra. Quando está imprensada no meio.
> P: No meio de quê?
> Cri: Do A ... do O... dessas letras.

Morais sugere que as crianças que explicitam conhecimentos ortográficos nessas situações também mostram melhor desempenho em ortografia, mas não oferece dados quantitativos para essa relação.

Monteiro (1999) realizou um estudo semelhante sobre o uso do "s" e do "ss". O uso dessas duas formas gráficas apresenta algumas semelhanças com o uso do "r" e do "rr". Por exemplo, o "ss" (como o "rr") representa sempre o mesmo som, /s/, não pode ser usado no início das palavras e é usado sempre entre vogais. No início da palavra, usa-se o "s" para representar o som /s/ e o "s" entre vogais (como o "r" entre vogais) representa um som diferente. No entanto, a situação é um pouco mais complicada, pois o som representado pelo "s" entre vogais é /z/, que poderia perfeitamente ser representado pela letra "z", e que é sempre representado pela letra "z" no início das palavras. Além disso, o mesmo som /s/ também pode ser representado pelo "ç", que, no entanto, não é usado no início de palavras. Finalmente, o som /s/ também pode ser representado pela letra "c", se ele for seguido das vogais "e" ou "i", mesmo se o som /s/ estiver no início da palavra, como em "cereal" ou "cisco". Portanto, quando queremos representar o som /s/, temos duas grafias possíveis no início das palavras, "s" ou "c", se o som subsequente for /e/ ou /i/, e quatro grafias possíveis no meio das palavras, "s", "ss", "ç" ou "c". Portanto, enquanto o "rr" é obrigatório para representar o /r/ fraco entre vogais, o "ss" nunca é a única opção para a representação do /s/.

Monteiro (1999) analisou a leitura de palavras e pseudopalavras entre 100 alunos do 1º ao 4º ano em duas escolas particulares em Recife. Ela desenvolveu um sistema para classificar os desempenhos das crianças comparável ao utilizado por Rego e Buarque (1999). Assim, considerou que algumas crianças ainda não haviam descoberto o uso do "ss" na escrita, e usavam somente o "s" para representar o som /s/. Essas crianças escreviam corretamente palavras como "seco" e "sono", mas usavam um só "s" em palavras como "nosso" e "assado". Além disso, elas escreviam corretamente também palavras como "zebra" e "zona", pois não lhes ocorria a ideia de que algumas palavras com o som /z/ podem ser escritas com "s".

Um outro tipo de desempenho foi observado entre crianças que haviam descoberto que o "s" pode ter o som de /z/, como na palavra "casa"; e que algumas palavras são escritas com "ss", como "disse". Porém, descobrir a possibilidade de uma grafia não é o mesmo que saber onde usá-la; portanto, a ortografia das crianças nesse momento pode parecer regredir, pois elas erram a grafia de palavras que acertavam anteriormente.

O caminho para dominar a representação dos sons /s/ e /z/ em português é certamente longo, e não foi totalmente descrito no trabalho de Monteiro, que não usou em seu estudo palavras com "ç" ou "c" antes de "e" ou "i". Infelizmente, Monteiro (1999) também não ofereceu uma descrição quantitativa de seus resultados, como feito por Rego e Buarque (1999), que seria uma descrição interessante em virtude da complexidade da representação dos sons /s/ e /z/.

Finalmente, Monteiro (1999) salienta que as crianças mostram um desempenho superior na leitura do que na escrita de palavras, pois podem usar seu conhecimento léxico (ou seja, de vocabulário) para saber se uma palavra existe ou não, e corrigir sua leitura no caso de tentarem pronunciar uma palavra de modo errado e, com isso, gerarem a pronúncia de uma não palavra. Por exemplo, ao ler "pesado" como "pessado", a criança se dá conta de que "pessado" não existe, e corrige sua pronúncia. Quando Monteiro solicitou às crianças que lessem e escrevessem não palavras, seu desempenho foi semelhante, e não se observou maior índice de acerto na leitura do que na escrita.*

Resumo

1 Tanto as crianças brasileiras como as norte-americanas, que estão começando a aprender a escrever, inicialmente não usam consoantes duplas nas suas produções escritas e mostram uma preferência clara pelo uso de uma só letra em vez de letras geminadas.
2 Nas pesquisas em inglês, quando as crianças começam a utilizar consoantes duplas em seus textos, utilizam-nas mais vezes corretamente do que incorretamente. Não existem dados comparáveis para sabermos o que acontece em português.
3 Em inglês, existe um grande contraste entre o progresso lento das crianças no domínio da função das consoantes duplas em comparação à rapidez com que elas aprendem certos aspectos formais das letras geminadas. As crianças mais novas logo entendem que é incorreto iniciar uma palavra por uma consoante dupla, e rapidamente formam uma clara noção de quais são as letras geminadas possíveis (como "pp") e que letras não aparecem como geminadas ("yy", por exemplo). O progresso lento na compreensão da função das letras geminadas em inglês talvez se deva ao fato de que as consoantes duplas têm a mesma pronúncia que a mesma consoante sem duplicação; sua função é influenciar a pronúncia da vogal antecedente. Quatro ou cinco anos após o início da alfabetização na escola, muitas crianças ainda têm dificuldade em compreender a função das consoantes duplas.
4 Em português, a duplicação da consoante afeta sua própria função. Ainda assim, a diferenciação entre o "r" e o "rr" e entre o "s" e o "ss" não é dominada por muitas crianças nos três ou quatro primeiros

---

* N. de T.: Sugere-se ao leitor interessado em comparações a outras línguas que consulte o original. Uma seção sobre o finlandês foi substituída pelas pesquisas brasileiras na tradução e adaptação desse capítulo. As referências aos trabalhos em finlandês foram mantidas na lista bibliográfica para facilitar o acesso aos leitores interessados.

anos de alfabetização escolar. Uma porcentagem significativa de crianças – em torno de um terço – continua dando preferência ao uso de uma só letra.

5 Por fim, em inglês, o progresso no uso correto dos dígrafos obrigatórios é mais rápido do que o progresso no uso das consoantes duplas. Essa diferença pode resultar do fato de que as consoantes duplas no inglês afetam a pronúncia da vogal que as precede e não a pronúncia da própria consoante, e esta é uma regra difícil. Também é possível que a dificuldade das consoantes duplas resulte do fato de que há regras para o uso de consoantes duplas em algumas palavras, mas não em outras. Dada a imprevisibilidade do uso de consoantes geminadas em certos casos, as crianças podem levar mais tempo para perceber que há regras para outros casos. Infelizmente, não existem informações suficientes sobre os dígrafos obrigatórios para podermos comparar às consoantes duplas em português.

3
A ORTOGRAFIA E OS SONS VOCÁLICOS: GRAFEMAS SIMPLES E COMPLEXOS

A REPRESENTAÇÃO DE SONS VOCÁLICOS COM DÍGRAFOS EM INGLÊS

No Capítulo 2, mostramos que uma das funções principais dos dígrafos consonantais é fornecer representações ortográficas, para sons consonantais que não são representados por uma só letra. O mesmo acontece com as vogais no inglês, mas o problema de escassez de letras para representar vogais é muito mais crítico do que no caso das consoantes. Nesse capítulo, analisamos primeiramente os estudos realizados em inglês e posteriormente exploramos suas implicações para o português. Os estudos feitos sobre o inglês podem oferecer tanto ideias teóricas como metodológicas para a análise do português.

O número de vogais da língua inglesa varia conforme as variações de sotaque, mas na norma social de prestígio, conhecida como "BBC English", é possível distinguir 21 fonemas vocálicos (O'CONNOR, 1982). Na Tabela 3.1 (O'CONNOR, 1982), listamos os 20 sons vocálicos distintivos (incluindo a vogal distinta conhecida como vogal "schwa", que aparece em sílabas átonas em muitas palavras no inglês). Nessa tabela, utilizamos palavras em vez de símbolos fonéticos para a apresentação de exemplos. Na primeira linha de palavras desta tabela, apresentamos os sons de vogais tipicamente representados pelas cinco vogais básicas do alfabeto. Todas estas são vogais breves. Cada uma das palavras restantes contém um som vocálico que não é tipicamente representado por só uma letra do alfabeto.

O principal objetivo dessa tabela é mostrar que no inglês há mais sons vocálicos do que vogais no alfabeto, e é possível que muitas das dificuldades da ortografia da língua inglesa resultem dessa discrepância entre o número de sons vocálicos e o número de letras usadas para representar vogais. A descrição específica do que ocorre na ortografia do inglês não é diretamente relevante para outras línguas e ortografias, porém os estudos descritos aqui podem servir de paradigma para investigação em outras ortografias com problemas semelhantes. Algumas outras línguas europeias não possuem esta abundância de sons vocálicos. No grego, por exemplo, ocorre exatamente o inverso. Há sete vogais no alfabeto, além de muitos dígrafos, para representar apenas cinco sons vocálicos.

O português brasileiro e europeu diferem em relação aos sons vocálicos. Há muitos contextos no português europeu em que se observa a redução vocálica quando se acrescenta um sufixo a um radical, resultando numa vogal "schwa" na raiz. Por exemplo, quando à raiz "jornal" se acrescenta o sufixo "eiro", formando a palavra "jornaleiro", a vogal inicial "o", que era pronunciada claramente na palavra "jornal" passa a ser uma vogal "schwa". No português brasileiro não se observa essa redução da vogal, mas ocorrem outras dificuldades, como a redução dos ditongos "ei" e "ou", frequentemente pronunciados no Brasil como "ê" e "ô", respectivamente – por exemplo, a palavra "jornaleiro" é frequentemente pronunciada como /jornalêro/ e a palavra "couro" é pronunciada como /côro/.

Tabela 3.1 Os 20 sons vocálicos do inglês considerados representativos da norma culta, ou "BBC English"(excluindo-se as vogais "schwa")

/pæt/, tapinha	pet/ animal de estimação	/pɪt/, mina de carvão	/pɑt/, pote	/kʌt/, cortar	—	—	—
/seɪ/, venda peɪ/, balde	/part/, parte	piːt/, turfa	/peər/, pera	/paɪn/, pinho saɪn/, sinal	/pɪər/, molhe	/poːrt/, porto	/puːl/, poça
/hoʊ/, buraco /foʊ/, potro	/faʊl/, sujo	fɔɪl/, lâmina	/poːr/, fluir		/poːr/, pobre	/fluːtːt/, flauta /ruːt/, raiz	/fɜːrl/, enrolar

Fonte: De acordo com O'Connor (1982).

A Tabela 3.1 mostra que a principal ferramenta da ortografia do inglês para lidar com esse desequilíbrio entre o número de vogais e o número de sons vocálicos é o dígrafo. Para representar os 15 sons de vogais que não podem ser representados por uma só letra, geralmente utilizam-se dígrafos, sendo que as duas letras que formam o dígrafo podem aparecer juntas como na palavra "pail" (*balde*), ou separadas, como na palavra "poke" (*pálido*), que contém o dígrafo "a-e". O uso dos dígrafos vocálicos se assemelham em alguns aspectos ao uso dos dígrafos na representação de consoantes: a fim de aprender a ler e escrever usando os dígrafos que representam vogais, a criança precisa aprender a não ler exclusivamente da esquerda para a direita, letra por letra, e não pressupor a existência de correspondências unívocas entre letras e sons. Porém, existe uma diferença importante entre os dígrafos consonantais e os dígrafos vocálicos no inglês: os dígrafos vocálicos podem ser separados enquanto as letras dos dígrafos consonantais sempre aparecem juntas.*

No português brasileiro, como mencionamos anteriormente, também existem mais sons vocálicos do que vogais para representá-los. A Tabela 3.2 mostra os diferentes sons vocálicos do português, usando exemplos de palavras para a identificação das vogais, em vez da representação fonética. Como todas as palavras na tabela têm duas sílabas, o leitor deve sempre prestar atenção à primeira vogal.

Tabela 3.2 Os 12 sons vocálicos do português

gato	bela	ilha	bola	uva
banca	bento	pingo	ponte	fundir
—	medo	—	gota	—

Fonte: Adaptada de Faraco (1992).

Algumas vezes usamos grafemas formados por duas letras para distinguir dois sons vocálicos e outras vezes usamos letras acentuadas. A nasalização das vogais "e", "i" e "u" é marcada por dígrafos e das vogais "a" e "o" pode ser marcada pelo til ou por dígrafos. A nasalização em português algumas vezes é suficiente para distinguir entre duas palavras: por exemplo, as palavras "tapa" e "tampa" se distinguem apenas pela nasalização do "a" da primeira sílaba. No entanto, quando uma vogal é seguida de "m" ou "n" na sílaba seguinte, a

---

* N. de T.: Os dígrafos separados são de grande importância na leitura e ortografia do inglês. O texto original discute em detalhes o progresso das crianças na leitura e ortografia dos dígrafos vocálicos em inglês. O leitor interessado deve recorrer ao original. Na tradução para o português, apenas citamos exemplos de estudos para ilustrar o uso de metodologias de investigação e procuramos fazer paralelos com a ortografia do português, citando estudos relevantes quando possível.

vogal pode ser nasalizada segundo a pronúncia em algumas regiões no Brasil, mas não em outras: em Recife, por exemplo, nasaliza-se o "a" na sílaba inicial de "caminhão", mas em Belo Horizonte, não.

Outra diferença que pode ser marcada por acentuação ou por dígrafos é a entre vogais abertas e fechadas. A diferença entre elas é importante porque permite a discriminação de palavras que só diferem por terem a vogal aberta ou fechada, como "avó" e "avô", que formam um par mínimo demonstrando a importância de ser o "o" aberto ou fechado. Essa diferença só é válida e marcada na escrita no caso das vogais "e" e "o". No entanto, assim como no caso da nasalização, existem variações regionais na pronúncia do "e" e do "o", que frequentemente são mais abertos no Nordeste do que no Sudeste, sem que isso resulte em dificuldades de compreensão entre nordestinos e brasileiros de outras regiões.

Nesse capítulo, após considerar brevemente o caso dos dígrafos separados em inglês, focalizaremos o contraste entre vogais nasalizadas e não nasalizadas em português, tanto por sua importância como pelo fato de que existem mais investigações sobre essa diferenciação.

OS DÍGRAFOS SEPARADOS

Os dígrafos separados são de grande importância para a leitura e ortografia de palavras em inglês. Compare "hop" (/hɑp/, *pular*) e "hope" (/hoʊp/, *esperar*), "pin" (/pɪn/, *alfinete*) e "pine" (/paɪn/, *pinho*) "hat"(/hæt/, *chapéu*) e "hate" (/heɪt/, *ódio*), "cut" (/kʌt/, *cortar*) e "cute" (/kjuːt/, *fofinho*). Todas estas são palavras monossilábicas que possuem três fonemas, e as palavras de cada um dos pares se diferenciam somente pelo som de suas vogais. As primeiras palavras de cada par possuem correspondências unívocas entre letras e sons. Em contraste, as segundas palavras de cada par são escritas dígrafos separados, o que significa que usamos quatro letras para representar três sons. Nos dígrafos separados, duas vogais se combinam para representar um fonema vocálico, como em outros dígrafos vocálicos, mas estes dígrafos separados possuem três características distintas:

1 A segunda vogal é sempre a letra "e".

2 Este "e" está sempre separado da primeira vogal do dígrafo por uma consoante.

3 O som vocálico que o dígrafo representa é sempre longo.

Portanto, o acréscimo da letra "e" após a consoante tem o poder de modificar a vogal anterior.

COMO AS CRIANÇAS LIDAM COM A REPRESENTAÇÃO ORTOGRÁFICA DOS DÍGRAFOS VOCÁLICOS

Resultados em inglês

O estudo de Ehri e Soffer (1999), descrito no Capítulo 2, revelou que as crianças reconheciam que os dígrafos consonantais são um grafema (uma só unidade) muito mais frequente do que os dígrafos vocálicos. Por exemplo, o "ea" na palavra "eat" foi marcado como um dígrafo somente por 27% das crianças, embora este som vocálico não possa ser representado por uma só letra. Esse resultado contrasta com a observação de que 70% dos dígrafos consonantais que não podem ser representados por uma só letra foram marcados como dígrafos. É interessante que o "ea" em "eat" foi separado em unidades diferentes por 42% das crianças e 22% riscaram a letra "a", como se o "a" fosse uma letra muda. Observe-se, porém, que a palavra "met" (/met/, *encontrou*), que não tem a letra "a", não é pronunciada como "meat" (/mi:t/, *carne*); portanto, o dígrafo "ea" possui uma função diferente da letra "e".

Treiman (1993) observou que as crianças do 1º ano tinham mais êxito em representar ortograficamente sons vocálicos que podem ser representados por uma só letra do que sons vocálicos cuja grafia mais frequente é um dígrafo. As crianças representaram corretamente a vogal em 78% das palavras em que o som podia ser representado por uma só letra, enquanto apenas 37,5% das grafias estavam corretas nas palavras em que o som vocálico deveria ser representado por um dígrafo. Treiman (1993) também revelou que o erro mais frequente das crianças em relação aos dígrafos era substituí-los por uma vogal – em geral, a primeira vogal do dígrafo: por exemplo, elas usavam a letra "e" em vez do dígrafo "ei" na palavra "their" (/ðeər/, *deles*). Esse tipo de grafia apareceu em 21% das palavras, em comparação a apenas 10% em que outra vogal diferente era usada pelas crianças. Essa observação sugere que elas estavam tentando representar o som da vogal, mas continuavam aplicando à ortografia o princípio da correspondência unívoca entre letra e som.

Recentemente, realizamos um estudo sobre a representação dos sons vocálicos na escrita de crianças, analisando a grafia de todos os monossílabos que elas usaram em histórias que escreveram sozinhas, sem auxílio. Nosso objetivo era verificar se a escrita das crianças indicava que distinguiram os diferentes sons vocálicos e se as representações que escolhiam, mesmo que incorretas, eram apropriadas para os sons vocálicos em questão.

O *corpus* da pesquisa foi obtido em oito escolas de Londres em 1993, numa época em as crianças eram incentivadas a ler e escrever histórias e não havia ênfase na análise fonêmica de palavras, como é comum hoje. As crianças que participaram da pesquisa pertenciam a três anos escolares: 2º (média de idade de 6,11 anos), 3º (média de idade de 8,6 anos) e 4º (média de idade de 9,4 anos). Para cada monossílabo, registrávamos numa base de dados exatamente o que as crianças haviam escrito e a palavra-alvo – ou seja, a palavra que acreditávamos que ela estava tentando escrever (este julgamento era feito a partir da ortografia da palavra e do contexto em que aparecia na história). A análise foi realizada independentemente por pesquisadores nativos para termos segurança quanto à sua fidedignidade.

Um dos resultados principais levou à confirmação de conclusões já estabelecidas a partir de estudos anteriores: o índice de acerto na grafia das vogais curtas, que podem ser representadas por uma só letra, foi significativamente mais alto do que na grafia de vogais que devem ser representadas por mais de uma letra. Entretanto, outros resultados foram surpreendentes. Por exemplo, quando as crianças usavam dígrafos para representar os sons vocálicos, sua escolha de dígrafos era com mais frequência correta do que errônea, mesmo que existissem outras alternativas para representar o mesmo som vocálico. Para ilustrar, consideremos a vogal da palavra "pail" (*balde*), que pode ser representada pelo dígrafo "ai" ou pelo dígrafo separado "a-e", que é usado na palavra homófona "pale" (*pálido*). O índice de acerto na escolha desses dígrafos "ai" ou "a-e" foi bem alto, mesmo no 2º ano: 84%. A escolha do dígrafo alternativo apareceu em apenas 4% das grafias. O restante dos alunos usou uma representação incorreta, que frequentemente era uma só vogal em vez de um dígrafo. Esses resultados sugerem que, desde o 2º ano, as crianças já começam a usar informações ortográficas além das regras funcionais ao representar os sons vocálicos em inglês.

Uma hipótese que poderia indicar que outras informações ortográficas são usadas pelas crianças é a ideia de que elas simplesmente memorizaram a grafia específica dessas palavras. Há, porém, uma outra possibilidade, que talvez atue ao mesmo tempo que a memorização de grafias: é possível que as crianças estivessem usando intuitivamente regras formais, embora essas não tivessem sido ensinadas explicitamente nas escolas em que nosso estudo foi realizado. Por exemplo, o dígrafo separado "a-e" só pode ser usado quando a raiz da palavra possui uma consoante após o som vocálico. Assim, palavras como "play" (/pleɪ/, *jogar*) e "day" (/deɪ/, *dia*) não podem ser escritas com dígrafos separados. Além disso, quando este som ocorre na posição final de uma raiz, ele é raramente representado pelo dígrafo "ai". A base de dados MRC* contém apenas 26 palavras terminadas com "ai", sendo que nós desconhecíamos a maioria dessas, por serem palavras muito pouco comuns. Aquelas que conhecíamos – como Shangai e Thai – não são pronunciadas da mesma maneira que o som vocálico em "pale" e são empréstimos recentes de outras línguas. Portanto, o som /eɪ/ em posição final deve ser representado por "ay". O índice de acerto das crianças quando "ay" era o dígrafo correto e estava no final da palavra foi bastante alto, 96% de grafias corretas.

Um outro resultado interessante sugere que a memorização de palavras específicas talvez tenha importância secundária no desenvolvimento da ortografia nos primeiros anos. A palavra mais frequente nas histórias escritas pelas crianças foi "said" ("said" corresponde ao verbo "dizer" no passado, mas é usado para todas as pessoas, tanto no singular como no plural). "Said" é uma das cinco palavras mais frequentes nos livros infantis; sua frequência só é superada pela frequência dos artigos definido e indefinido (que não diferenciam a forma masculina da feminina em inglês) pela conjunção "and"(e) e pela unidade "to", que indica o infinitivo de verbos ou pode também ser uma preposição (para). Como a palavra "said" é tão frequente tanto na escrita das crianças como nos livros de histórias infantis, poderíamos esperar que sua escrita já tivesse sido memorizada até mesmo por crianças do 2º ano. No entanto, a palavra "said" usa um dígrafo extra, pois a vogal desta palavra poderia ser representada por uma só letra, "e". Além disso, a pronúncia mais comum para o dígrafo "ai" é semelhante à que usamos na palavra "pail", diferindo de seu valor na palavra "said". A palavra "said" foi escrita incorretamente em 32% das vezes que apareceu nos textos das crianças do 2º ano, 17% nos textos de crianças do 3º, e 22% nos textos do 4º ano. Essas porcentagens indicam uma dificuldade real na aprendizagem da palavra, pois o progresso observado entre o 2º e o 4º ano foi mínimo.

---

* http://websites.psychology.uwa.edu.au/school/MRCDatabase/uwa_mrc.htm.

Resumo

1 As crianças sabem usar corretamente uma só letra para representar sons vocálicos apropriadamente desde o primeiro momento em que começam a ser alfabetizadas. As crianças do 1º ano no estudo de Treiman acertaram 78% dessas representações. No nosso estudo, na maioria das vogais representadas ortograficamente por uma só letra o nível de acerto foi superior a 90%.
2 Os dígrafos são mais difíceis. Quando as crianças aprendem a usar dígrafos para representar determinados sons vocálicos, elas mostram um nível surpreendentemente alto de escolhas do dígrafo correto em comparação com dígrafos alternativos. É possível que dois processos diferentes participem dessa escolha: a memória de palavras específicas e a utilização de regras formais.

O USO DE PSEUDOPALAVRAS E PALAVRAS REAIS

As pesquisas sobre dígrafos descritas anteriormente envolvem a análise da grafia de palavras reais, o que significa que não podemos saber até que ponto, nesse estudos, as crianças estavam usando seu conhecimento de palavras específicas ou até que ponto se basearam na compreensão que tinham do papel dos dígrafos na representação ortográfica de sons vocálicos.

Como no estudo dos dígrafos consonantais, precisamos nos voltar para as pseudopalavras para investigar o conhecimento de regras. Um estudo pioneiro sobre a leitura e escrita de pseudopalavras que possuem sons frequentemente representados por um dígrafo separado foi realizado no final da década de 1970 por George Marsh e colaboradores (MARSH; DESBERG; COOPER, 1977; MARSH et al., 1980). Eles observaram que as crianças eram capazes de ler pseudopalavras que continham dígrafos separados, como "fise" (/faɪs/) e "jate" (/dʒeɪt/), e diferenciá-las das pseudopalavras que possuíam os mesmos sons consonantais, porém com uma vogal breve, como "fis" (/fɪs/) e "jat" (/dʒæt/). Eles também observaram que as crianças conseguiam distinguir a ortografia destas pseudopalavras. Esta habilidade aumentava com a idade e o grau de instrução: as crianças do 2º ano (com aproximadamente 7 anos) mostraram um conhecimento limitado, mas as do 5º ano (entre 10 e 11 anos) mostraram sempre um desempenho satisfatório, semelhante ao nível de desempenho apresentado por alunos universitários.

Em estudo recente, Patrick (2006) observou o desempenho de crianças do 3º ano, na faixa etária de 7 e 8 anos na leitura e escrita de pseudopalavras com dígrafos separados. O objetivo de Patrick era refinar a análise de Marsh et al. (1977, 1980) investigando até que ponto as crianças usam regras ou memorização de grafias específicas quando lidam com os dígrafos partidos. Patrick (2006) levantou a hipótese de que a aprendizagem por memorização de estímulos específicos pode ocorrer não somente no nível das palavras, mas também no nível de sequências de letras menores do que uma palavra. Duas sequências de letras com o dígrafo separado "a-e" – por exemplo, "ape" e "ade" – aparecem com frequência diferente na língua inglesa, sendo "ade" aproximadamente quatro vezes mais comum do que "ape". Portanto, se as crianças tiverem maior sucesso em pseudopalavras terminadas em "ade" do que em "ape", pode-se concluir que elas aprenderam algo sobre as sequências de memória. Além disso, se elas tiverem um bom nível de desempenho também na grafia de pseudopalavras com finais menos comuns, pode-se concluir que elas têm, ao mesmo tempo, um certo conhecimento do dígrafo "a-e".

Patrick (2006) deu às crianças uma atividade de leitura e outra de escrita. Em algumas das pseudopalavras, a vogal era longa, e em outras, breve. O uso de casos "positivos", ou seja, aqueles que requerem o dígrafo, bem como casos "negativos", em que usar o dígrafo seria um erro, é necessário para sabermos se a criança usa o padrão gráfico nas pseudopalavras em que ele dever ser usado, mas não naqueles em que ele não deve ser usado.

O resultado mais importante deste estudo foi que as crianças entre 7 e 8 anos apresentaram um desempenho muito bom na leitura e escrita de pseudopalavras com sons vocálicos que devem ser representados por dígrafos. Apesar de trabalharem com um material completamente desconhecido, elas leram as pseudopalavras com dígrafos separados como se fossem palavras com vogais longas muito mais vezes do que o fizeram nas palavras que não continham um dígrafo separado. Portanto, sua habilidade de leitura e escrita não poderia ser explicada somente pela memorização da grafia de palavras específicas, mas deve ter envolvido um conhecimento mais geral e abstrato, semelhante à aprendizagem de regras. Patrick (2006) observou também que a leitura e a escrita de pseudopalavras com finais mais frequentes no inglês era mais fácil do que a leitura e escrita das pseudopalavras com finais menos comuns. Portanto, a aprendizagem específica pode ocorrer no nível das palavras ou no nível de unidades menores do que a palavra. Patrick (2006) demonstrou, pois, que dois processos estão envolvidos na aprendizagem do dígrafo separado em inglês, um de uso de regras e o outro de memorização de sequências de letras comuns no final das palavras.

Resumo

1 Estudos sobre a ortografia de pseudopalavras são ferramentas essenciais na pesquisa sobre o conhecimento que as crianças possuem sobre a função dos dígrafos.
2 Uma pesquisa pioneira, realizada por Marsh et al. (1977, 1980), demonstrou que as crianças já mostram um bom conhecimento dos dígrafos vocálicos a partir do 3º ano.
3 Pesquisas recentes mostram que crianças inglesas entre 7 e 8 anos aprendem a usar conhecimento específico de sequências de letras que contêm dígrafos vocálicos, além de saber, também, algo mais geral sobre esses dígrafos.

A IMPORTÂNCIA DOS DÍGRAFOS NA ORTOGRAFIA DO INGLÊS

O uso dos dígrafos separados na leitura e escrita pode parecer um detalhe: é possível pensar que, quando a criança alcança a concepção alfabética de escrita, ela deveria ser considerada "alfabetizada", isto é, capaz de se comunicar usando a leitura e a escrita. No entanto, sabemos que, quando as crianças têm dificuldade no reconhecimento de palavras e quando escrevem com muitas falhas ortográficas, sua comunicação pela língua escrita tende a ser prejudicada. O domínio dos dígrafos separados não é um detalhe de menor importância no desenvolvimento da leitura e escrita no inglês: nossa hipótese é que o domínio desses dígrafos sinaliza um passo decisivo no processo de alfabetização. O uso desses dígrafos pode ser visto como uma indicação de que a criança não mais espera que existam relações unívocas entre letras e sons, e aborda a leitura e escrita de maneira mais flexível, considerando as letras não somente da esquerda para a direita, mas também seu contexto na palavra, inclusive as letras que se seguem. Se esta hipótese for correta, uma medida do nível de acerto na leitura e escrita desses dígrafos deve mostrar uma relação muito forte com uma medida mais geral de habilidade de leitura e escrita, embora essa medida geral contenha uma grande variedade de palavras que apresentam às crianças diversos tipos de dificuldades de leitura e escrita.

Na Inglaterra usa-se o Teste Schonell de Leitura e Escrita de Palavras (SCHONELL; GOODACRE, 1971) como uma medida do progresso geral das crianças em leitura e escrita. Este teste não foi desenvolvido para identificar em aprendizagem dígrafos separados, mas se baseou em uma concepção totalmente diferente para a escolha das palavras. Como as crianças têm maior dificuldade em ler e escrever palavras longas e menos familiares, a gradação da dificuldade das palavras no teste se baseia na familiaridade e extensão delas. Por exemplo, o teste de leitura inicia com palavras pequenas e frequentes como "tree" (*árvore*), "little" (*pequeno*) e "book" (*livro*), e inclui mais palavras como "evangelical" (*evangélico*), "grotesque" (*grotesco*), "homonym" (*homônimo*), "procrastinate" (*procrastinar*), "metamorphosis" (*metamorfose*), "somnambulist" (*sonâmbulo*), "bibliography" (*bibliografia*) e "idiosyncrasy" (*idiossincrasia*) – todas palavras longas e incomuns que não contêm separados.

Para verificar o grau de relação entre o domínio do uso de dígrafos separados e o desenvolvimento geral da leitura e da escrita pelas crianças, analisamos a correlação entre uma avaliação de seu desempenho em tarefas com dígrafos separados e seu desempenho no teste de Schonell. (NUNES; BRYANT; OLSSON, 2003). Desenvolvemos uma avaliação de como as crianças liam e escreviam palavras que contêm sons vocálicos representados pelos dígrafos separados "a-e", "i-e", "o-e" e "u-e", e apresentamos esta avaliação a 468 crianças de 8 escolas públicas de Londres. A escolaridade das crianças estava na faixa do 3º ao 6º ano e sua faixa etária ia dos 7 aos 11 anos. A idade média das crianças do 3º ano era de 7 anos e 10 meses e aumentava aproximadamente um ano conforme o ano escolar; a média de idade das crianças do 6º ano era de 10 anos e 10 meses. As escolas não eram seletivas e incluíam crianças com níveis diferentes de habilidades, o que foi claramente observado no teste de Schonell.

Nossa avaliação da habilidade de leitura e escrita foi desenvolvida para explorar tanto quanto possível sua habilidade de decodificação. Para tal fim, escolhemos palavras que possuíam dígrafos separados, cuja leitura, se feita incorretamente, como contendo uma vogal breve, resultaria na escrita de outra palavra. Por exemplo, se a palavra "cuter" (/kju:tər/, *mais fofinho*) fosse lida incorretamente, o leitor pronunciaria uma outra palavra, "cutter" (/kʌtər/ *cortador*). Similarmente, se uma palavra da lista que tinha uma vogal curta fosse pronunciada como se tivesse vogal longa, o leitor pronunciaria outra palavra, por exemplo, "hop" (/hap/, *pular*) seria pronunciada como "hope" (*esperança*). Optamos por estas palavras porque não queríamos que as crianças usassem na tarefa outras informações além do processo de decodificação. Por exemplo, se uma criança se depara com a palavra "grape" (/greɪp/, *uva*) e lê o dígrafo separado incorretamente, "grape" soará como "grap" (/græp/). Como "grap" não é uma palavra, a criança poderia tentar encontrar uma palavra plausível para esta representação ortográfica, modificando a pronúncia da vogal e, assim, chegar a ler "grape" corretamente. O sucesso da criança nesse quesito seria produto de dois fatores: habilidade de decodificação, usada para lidar com as consoantes de "grape", e conhecimento léxico, isto é, o conhecimento sobre o que é ou não uma palavra. O uso do conhecimento léxico no reconhecimento de palavras já foi documentado em pesquisas anteriores (JOHNSON; RUGG; SCOTT, 1988); nosso interesse era em obter uma medida de decodificação que não sofresse a interferência do conhecimento léxico.

Portanto, escolher o tipo de palavra certa para o nosso teste era nossa tentativa de explorar a habilidade de decodificação o mais diretamente possível. As palavras com dígrafos separados eram parte de uma lista maior, com 30 palavras no total, que incluía também palavras simples com correspondências unívocas entre letras e sons e palavras com outros dígrafos ("dishwasher" [*máquina de lavar louça*], por exemplo), além de letras duplas (como em "hopper" [*pulador*)]. Dessa maneira, as crianças não eram impelidas a procurar o dígrafo separado, uma vez que este não era proeminente na lista.

Também pedimos às crianças que lessem 7 pseudopalavras com dígrafos separados. A pronúncia de pseudopalavras não pode ser corrigida com uso de conhecimento léxico – e as crianças sabiam que estas palavras haviam sido inventadas por nós, que não eram palavras reais. As pseudopalavras também faziam parte de uma lista maior, sendo que algumas possuíam correspondências simples e outras demandavam o uso de correspondências entre grafemas compostos por mais de uma letra ("kished", por exemplo) e fonemas. Assim, a avaliação da leitura de vogais longas incluía 7 palavras reais e 7 pseudopalavras, e seu resultado, portanto, poderia variar de 0 a 14 pontos, conforme o número de palavras e pseudopalavras decodificadas corretamente.

Para testar se o progresso na leitura de dígrafos separados, é importante analisamos a relação entre a pontuação das crianças na leitura desses 14 itens e seu desempenho no teste Schonell. Se nossa avaliação fosse um marco importante do progresso geral em leitura de palavras, deveríamos encontrar uma correlação forte entre as duas avaliações.

A força da relação entre os testes é medida por correlações. Uma relação perfeita, na qual a pontuação de um teste pode ser prevista de modo exato no resultado a partir do outro, é indicada por uma correlação de valor 1. A completa ausência de uma relação entre dois testes é uma raridade. Mesmo quando aplicamos o mesmo teste duas vezes a um mesmo grupo de crianças, a correlação não é igual a 1. Aplicamos o teste Schonell duas vezes a todas as crianças do estudo, com um intervalo de quatro meses entre as duas ocasiões. A correlação entre os resultados das crianças na primeira e na segunda ocasião foi de 0,95. Este é um resultado muito bom, que mostra que o teste é fidedigno: a maioria dos testes não apresenta uma correlação tão forte quando aplicado em duas ocasiões, pois o desempenho das crianças pode oscilar por diversos motivos (elas podem, por exemplo, estar mais cansadas, mais distraídas ou menos motivadas numa ocasião do que na outra).

Quando examinamos a correlação entre nossa avaliação da habilidade na leitura de palavras com vogais longas e o teste Schonnel de leitura de palavras, observamos que a correlação entre nossa avaliação e o teste de Shonnel foi igual a 83, sendo o intervalo ente os dois testes de quatro meses. Isso significa que nosso teste forneceu uma boa indicação do desempenho das crianças no teste Schonell quatro meses depois. Muitas correlações obtidas pela aplicação de um mesmo teste duas vezes, com quatro meses de intervalo, não mostram uma associação tão forte como a que observamos.

Essa relação forte entre nossa avaliação e o teste Schonnel demonstra que nosso teste capta algo importante a respeito do progresso das crianças em relação à leitura entre as idades de 7 e 11 anos. O fato de que nossa avaliação mede a habilidade das crianças de lidar com correspondências entre grafemas mais complexos e fonemas torna nosso teste de leitura muito útil para professores interessados em descrever melhor o desenvolvimento de seus alunos.

Resumo

A importância que atribuímos ao progresso das crianças no domínio dos dígrafos separados é justificada pela relação forte que esse domínio tem com o progresso geral das crianças em leitura e escrita de palavras. Esse não é um detalhe de menor importância no desenvolvimento da leitura e escrita em inglês. É um indicador do desenvolvimento da habilidade de decodificar e escrever usando unidades maiores do que letras em relação unívoca com sons.

Estudo em português

Há poucas fontes de dados sobre o uso de grafemas com mais de uma letra para representar sons vocálicos em português. Os casos mais interessantes para tais investigações seriam a diferença entre vogais orais e nasais e o uso dos acentos agudo e circunflexo. Apresentamos aqui algumas observações relevantes, embora reconheçamos que elas são baseadas em amostras pequenas e, portanto, devem ser interpretadas com cautela.

No início do processo de alfabetização, as crianças frequentemente parecem explorar quais as diferenças entre vogais que devem ser marcadas na ortografia e quais as que não precisam ser marcadas. Em entrevistas com crianças no início da alfabetização na escola, pudemos observar que, quando elas já atingiram uma concepção alfabética de escrita, algumas procuram uma letra diferente da letra "e" para escrever palavras com o som /ê/. Como o uso de acentos não é muito comum entre crianças que estão iniciando o processo de alfabetização, aquelas que buscam uma discriminação maior entre os diferentes sons vocálicos querem saber se existe uma letra diferente para os sons /ê/ e /é/. No entanto, a maioria das crianças parece ter uma certa tolerância quanto às variações entre os sons vocálicos /ê/ e /é/, bem como entre a diferença entre /ô/ e /ó/, aceitando que sua representação pode ser feita com a mesma letra. Embora essas observações sejam informais, a produção de textos escritos por crianças não revela, mesmo no 3º ano, a tentativa de diferenciar entre o /ê/ e /é/ e nem entre o /ô/ e /ó/. Apenas a título de exemplo, apresentamos na Figura 3.1 um texto produzido por uma criança do 3º ano. Observamos o uso da letra "e" para representar palavras com /ê/, como "eu", "pegue" (peguei), "falei", "se" (ser), "meu" etc., e palavras com /é/

como "ela", "dela", "quer", "amarelinha" (amarelinha). O texto também ilustra o uso da letra "o" para escrever palavras em /ô/ e /ó/.

> Quinta-feira à tarde
>
> EU PEGUE O BRASO DELA E FALEI QUER SE
> MINHA AMIGA ELA FALOL SIM E EU COM VIDEI
> ELA PARA MICAR LA NA MINHA CASA
>
> Sexta-feira de manhã
>
> EU FIQUEI AMIGA DA JULIA ELA ME COM VIDOL PARA
> DELA A CASA DELA ERA MUNTO BOLITO A GENTE BRICO
> DE A MARELINHA
>
> Sexta-feira à tarde
>
> E MEU PAI VENHO ME BUSCAR PARA I PARA CASA
> E NO OUTRO DIA ELA NÃO QUI FALAR COMIGO
> EU OLHEI PARA ELA E FALEI PORQUE NÃO FALA COMIGO
> A SIM FUI INBORA PARA MINHA CASA

Figura 3.1 Texto produzido por Camila, 3º ano, para completar a história "Chegou uma colega nova na minha classe", uma coleta de dados já mencionada nas Figuras 1.2 e 2.1.

Um aspecto interessante ilustrado pelo texto é o fato de que não se marca sistematicamente a diferença entre o /ê/ e /é/ bem como entre o /ô/ e /ó/ na ortografia do português. Essa diferença torna-se mais importante nas sílabas fortes (ou tônicas), mas somente quando há necessidade de acentuação. Portanto, a distinção entre essas vogais, embora importante, não tem consequências para a ortografia a não ser que a vogal seja acentuada.

O erro por não marcar a nasalização da vogal já foi descrito por diferentes autores em português.* Erros como "oça" em vez de "onça", "aida" em vez de "ainda" e "iquieto" em vez de "inquieto" exemplificam que as crianças algumas vezes deixam de marcar a nasalização da vogal na escrita. A Figura 3.2 mostra um texto escrito por uma criança que algumas vezes marca a nasalização, outras não. Nas palavras "mãe" e "mãdo" (mandou) a nasalização está marcada e nas palavras "catano" (cantando), "ecotrou" (encontrou), "logi" (longe) e "eigoli" (engoliu) falta a marcação.

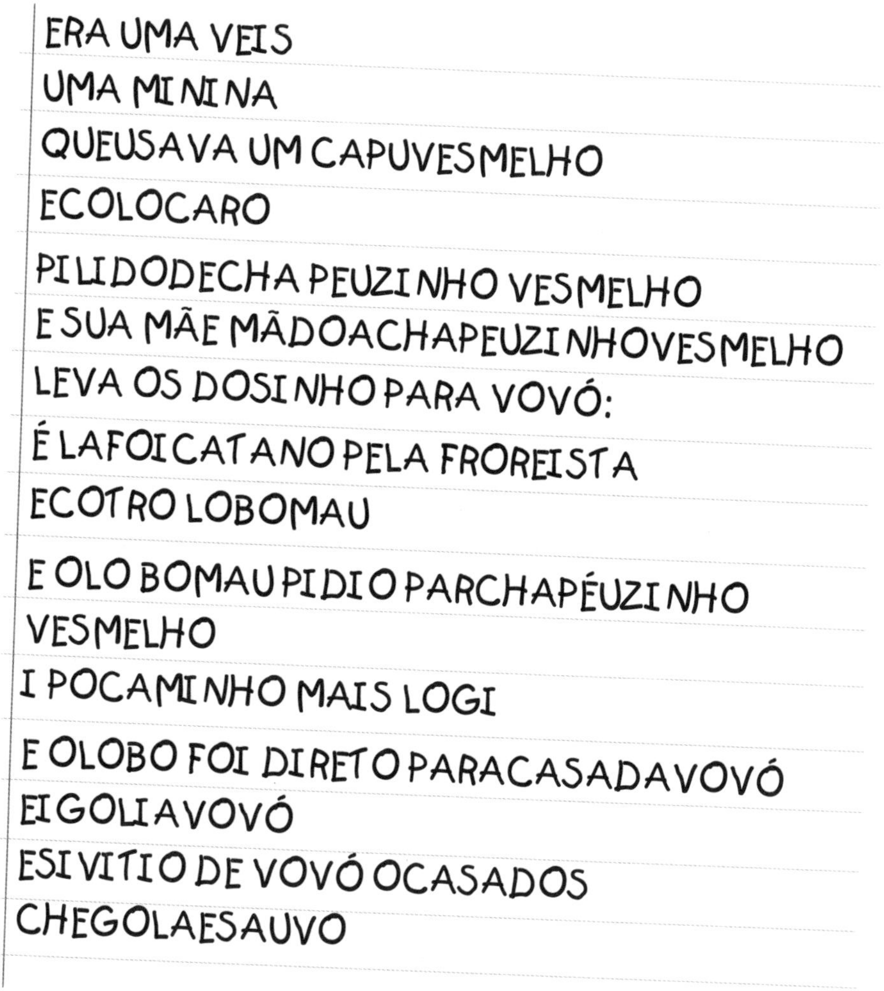

```
ERA UMA VEIS
UMA MININA
QUEUSAVA UM CAPUVESMELHO
ECOLOCARO
PILIDODECHA PEUZINHO VESMELHO
E SUA MÃE MÃDOACHAPEUZINHOVESMELHO
LEVA OS DOSINHO PARA VOVÓ:
É LAFOI CATANO PELA FROREISTA
ECOTRO LOBOMAU
E OLO BOMAU PIDIO PARCHAPÉUZINHO
VESMELHO
I POCAMINHO MAIS LOGI
E OLOBO FOI DIRETO PARACASADAVOVÓ
EIGOLIAVOVÓ
ESI VITIO DE VOVÓ OCASADOS
CHEGOLAESAUVO
```

Figura 3.2 Texto ilustrando a presença bem como ausência de marcação de nasalização de vogais na escrita da mesma criança.

---

* Ver, por exemplo, Carraher (1985), Nunes, Buarque e Bryant (1992).

Fizemos uma análise dos erros na marcação da nasal em uma amostra de 24 alunos do 3º ano de uma escola pública em Porto Alegre que participaram da investigação em que completavam uma história sobre o que aconteceu quando chegou uma aluna surda na classe. A fim de analisar a escrita dos alunos, primeiramente contamos o número de palavras contendo uma vogal nasal que deveria ser explicitamente marcada, pelo uso do til ou pelo uso do "n" ou "m" na mesma sílaba. Por exemplo, palavras como "convidei", "também" (que contém duas vogais marcadas por "m", ou "não" foram incluídas na análise. Não incluímos, no entanto, palavras como "minha" pois, embora o "i" seja nasalizado, o "n" que o segue faz parte da sílaba seguinte.

A escolha da forma de marcar a nasalização é relativamente simples em português, sendo que as regras são, em sua maioria, de forma e não de função.

- Em sílabas no meio da palavra, a marcação se faz tipicamente com a letra "n"; no entanto, não se usa "n" antes de "p" ou "b", usando-se "m" nesses casos.
- Raramente se usa o "n" para marcar a nasalização no final das palavras.
- A marcação da nasalização das vogais "e", "i" e "u" não se faz com o til, que só pode ser usado com as vogais "a" e "o".
- Em sílabas no final das palavras, nas quais se pode usar o til, o uso do til tem como consequência o deslocamento da sílaba tônica; portanto, o til é, via de regra, usado em palavras oxítonas, nas quais a sílaba forte é a última sílaba (havendo porém exceções, quando a palavra acaba levando dois acentos). Essa é a única regra de função no uso do til, pois ele tem a dupla função de marcar a nasal e a sílaba forte.
- Finalmente, o til se conserva quando a uma palavra com til se acrescenta um sufixo: por exemplo, "leão" e "leãozinho".

A contagem de palavras que requeriam a marcação explícita da nasalização gerou um total de 258 palavras que continham vogais nasais. Dessas palavras, as crianças haviam marcado 247 e somente em 11 palavras a nasalização não tinha sido marcada. Em 28 palavras a marcação da nasal não tinha sido feita da maneira correta: por exemplo, apareceram grafias como "tanbem" em vez de "também", "pergumtou" em vez de "perguntou" e "balãço" em vez "balanço". Se usarmos um critério rigoroso e considerarmos como erradas tanto as palavras em que a nasalização não foi marcada quanto aquelas em que foi marcada com o recurso não previsto na ortografia (violando uma regra de forma), a percentagem total de erros foi aproximadamente 11%. Por outro lado, apenas uma palavra em que não se marca a vogal como nasalizada foi escrita como nasalizada: "muinto" em vez de "muito", uma grafia que apareceu em dois textos distintos.

As diferenças individuais na marcação da vogal nasal foram acentuadas: 14 alunos marcaram a nasalização pelo menos 90% das vezes em que ela era necessária. A maioria dos alunos marcou a nasalização na maioria das palavras: o índice mais baixo de marcação da nasal foi de 75%. Portanto, criança com o menor nível de acerto deixou de marcar a nasalização em média em uma dentre quatro palavras que continham vogais nasais. Portanto, para algumas crianças a marcação da nasal não causa problemas enquanto que outras continuam enfrentando dificuldades mesmo no 3º ano. As dificuldades de forma parecem mais graves do que as dificuldades de reconhecimento da necessidade de marcar a nasalização.

Apenas para fazer uma comparação, anotamos nos mesmos textos o número de oportunidades de uso do "nh" e "lh", que são dígrafos consonantais obrigatórios. Coincidentemente, apareceram 15 palavras que deveriam ser escritas com "nh" e também 15 que deveriam ser escritas com "lh"; também, coincidentemente, em apenas dois casos, em ambos os dígrafos, as crianças usaram uma só letra. O uso desnecessário do "nh" apareceu duas vezes, quando crianças diferentes escreveram "venho" para "veio" e o "lh" apareceu no lugar do "nh" em "milha", em vez de "minha".

Portanto, nessa pequena amostra, os dígrafos "nh" e "lh" são bem menos frequentes que as vogais nasais que precisam ser marcadas. A não marcação da nasal causa uma impressão negativa da escrita da criança em virtude da frequência de vogais nasais. A questão para os educadores é saber quando e como esse aspecto da ortografia deveria ser abordado para auxiliar os alunos que encontram dificuldades na marcação correta da nasal.

OS LEITORES FRACOS E OS DÍGRAFOS VOCÁLICOS

Estudos em inglês

No Capítulo 2, mencionamos um estudo (NUNES; AIDINIS, 1999) que mostrou que os leitores fracos tinham um desempenho bem abaixo da performance de bons leitores no uso de dígrafos consonantais obrigatórios, mesmo quando eles eram comparados a alunos mais jovens e que tinham a mesma idade de leitura que os leitores fracos.

Fizemos uma comparação semelhante em outro estudo, focalizando os estudos dos dígrafos vocálicos separados. Participaram do estudo 59 leitores fracos (NUNES; BRYANT; OLSSON, 2003) que haviam sido selecionados para um estudo de intervenção por terem idade de leitura e escrita inferior à sua idade cronológica, apesar de terem demonstrado um desempenho médio no teste de inteligência. A idade cronológica média desses leitores era de 10,9 anos, variando entre 8,10 e 11,1 anos. Sua idade de leitura (avaliada por um teste padronizado de leitura) estava na faixa de 6 a 9,6 anos; sua idade de escrita (também avaliada por um teste padronizado) ia de 7,3 a 8,9 anos. A média de atraso de leitura em relação à idade cronológica era de 2,3 anos e de atraso em escrita de 2,5 anos.

O desempenho dos leitores fracos foi comparado ao de 236 leitores normais que haviam participado em outro estudo, no qual utilizamos os mesmos testes padronizados e as mesmas tarefas para avaliar a leitura e escrita de dígrafos vocálicos separados.*

Os resultados da comparação entre leitores normais e fracos podem ser resumidos facilmente. O desempenho dos leitores normais nas atividades que envolviam dígrafos separados não diferiu do desempenho esperado a partir de seu nível básico em leitura e escrita. O mesmo ocorreu com os resultados dos leitores fracos na leitura de palavras com dígrafos separados. Porém, seu desempenho na escrita de palavras com dígrafos separados foi significativamente inferior ao esperado. Isso significa que leitores fracos realmente têm mais dificuldade do que leitores normais na escrita de palavras com dígrafos separados, mesmo quando os leitores normais são mais jovens e têm uma habilidade geral de escrita comparável. No entanto, os leitores fracos são capazes de usar a informação gráfica para ler corretamente palavras com dígrafos vocálicos separados.

Uma hipótese pertinente para o português seria de que as crianças com dificuldades específicas em leitura e escrita também mostrem problemas mais graves com os dígrafos – no caso do português, com a marcação da nasalização das vogais. Infelizmente, não existem estudos paralelos em português; fica aqui, pois, o incentivo para que essas compara-

---
* N. de T.: O original dá mais detalhes sobre esse estudo e deveria ser consultado pelos leitores interessados na aprendizagem do inglês.

ções sejam feitas no futuro. Um resultado positivo, mostrando ser essa uma dificuldade considerável para crianças com problemas de leitura e escrita, poderia contribuir para a busca de formas de ajudá-las.

Resumo

1 Em inglês, as crianças aprendem a representar sons vocálicos com uma única letra antes de aprenderem a usar dígrafos.
2 O sistema do uso de dígrafos para representar as vogais é relativamente complexo em inglês. Além disso, existem dígrafos extras para representar os mesmos sons vocálicos. Pesquisas feitas com pseudopalavras revelam que as crianças aprendem a usar os dígrafos usando três estratégias diferentes: elas aprendem (1) palavras inteiras de memória, para saber que dígrafos usar; (2) sequências de letras frequentes; e (3) regras que auxiliam no uso do dígrafo correto. Em inglês, essas regras são, muitas vezes, formais, como não se usa "ai" no final da palavra, usando-se "ay" nesses casos.
3 Há uma relação surpreendentemente forte entre o progresso geral das crianças em termos de leitura e escrita e sua compreensão e uso correto dos dígrafos vocálicos separados. Isso indica que o passo que as crianças nativas da língua inglesa dão quando aprendem a dominar o uso desses dígrafos marca uma mudança crucial no processo de alfabetização.
4 As crianças que mostram um atraso específico no aprendizado da leitura e escrita têm uma dificuldade especial com os dígrafos separados: cometem mais erros ao escrever palavras com dígrafos separados do que se poderia esperar a partir de seu conhecimento da ortografia de palavras sem dígrafos. Essa dificuldade especial é motivo de preocupação, além de reforçar nossa conclusão a respeito da importância do dígrafo separado no desenvolvimento da alfabetização em inglês.
5 Em português, como em inglês, existem mais sons vocálicos do que letras para escrever esses sons. As diferenças entre o /ê/ e /é/ bem como entre o /ô/ e /ó/ são importantes na fala, pois existem pares de palavras que se diferenciam porque esses sons são diferentes. No entanto, essa diferença não é sistematicamente marcada na ortografia do português brasileiro, a não ser quando a palavra tem acento nessas vogais.

6 Além disso, existem cinco vogais orais e cinco nasais correspondentes. A nasalização das vogais é explicitamente marcada em português quando a sílaba que segue a vogal não começa por "n" ou "m". Os recursos para marcar a nasalização são três, o til, o "n" ou o "m". A posição da vogal nasal na palavra – ou seja, regras de forma – indica, na maioria das vezes, que recurso deve ser utilizado.

7 Há diferenças individuais marcantes entre alunos do 3º ano, o que justifica a necessidade de mais pesquisas tanto para se conhecer as consequências dessas dificuldades quanto para se encontrar o melhor caminho para lidar com elas na escola.

4

COMO AS CRIANÇAS APRENDEM REGRAS FONOLÓGICAS CONDICIONAIS E COMO ELAS PODEM SER ENSINADAS

No capítulo anterior, vimos que as crianças levam algum tempo para aprender a interpretar o papel dos dígrafos na leitura e a usá-los quando escrevem textos. A aprendizagem dos dígrafos resulta da mistura de conhecimento específico de palavras e sequência de letras, mas também de um conhecimento bastante abstrato, que pode ser caracterizado como um conhecimento de regras, mesmo que seja implícito, e só se torne explícito quando a criança precisa explicar como sabe que uma grafia é correta e outra não.

Essas observações levantam uma questão óbvia, mas importante. Precisamos saber como as crianças aprendem com esse conhecimento misto. Que experiências formam a base dessa aprendizagem? Como conseguem dar esse grande passo no desenvolvimento? Se conseguirmos responder essas perguntas, será mais fácil ensinarmos grafemas e fonemas às crianças e, por extensão, ajudá-las ao longo de uma caminhada que, para muitas, é bastante árdua.

Começamos este capítulo comentando pesquisas anteriores sobre como as crianças passam das correspondências entre letras e sons para as correspondências entre grafemas e fonemas. Na segunda parte do capítulo, descreveremos trabalhos que dão algumas ideias a respeito do processo que fundamenta a habilidade das crianças para vencer esta importante etapa do desenvolvimento. Ao final, relataremos alguns trabalhos sobre ensino e apresentaremos um estudo recente que realizamos em parceria com professores visando responder questões sobre o ensino da ortografia e melhorar a compreensão teórica dos processos do desenvolvimento ortográfico.

NOÇÕES QUE AS CRIANÇAS PRECISAM APRENDER PARA DOMINAR A LEITURA E ESCRITA DAS PALAVRAS

Há mais de um século, professores e pesquisadores têm demonstrado interesse em compreender como as crianças aprendem a ler e escrever palavras. Entretanto, como frequentemente ocorre na educação, por muitos anos os professores ensinaram a leitura e a escrita antes da existência de teorias explícitas sobre como as crianças aprendem a ler e escrever, e sobre a conexão entre leitura e ortografia. Só é possível desenvolver tal conhecimento sistemático quando se tem medidas para descrever o progresso das crianças – e estas medidas não estavam disponíveis até que Fred Schonell (SCHONELL; SCHONELL, 1950), um pioneiro no estudo da ortografia da língua inglesa, desenvolveu pela primeira vez testes padronizados para a leitura e escrita de palavras. Cada um de seus testes continha 100 palavras, organizadas por nível de dificuldade a partir de suas observações na época. Quando as crianças cometem 10 erros consecutivos, interrompemos o teste porque é provável que não obtenham mais nenhum outro acerto.

Uma análise da escolha de palavras feita por Schonell (SCHONELL; SCHONELL, 1950), sugere que seu modelo implícito sobre as razões para as dificuldades na escrita e leitura de palavras são o tamanho e a familiaridade da palavra. Tanto o teste ortográfico quanto o de leitura iniciam-se por palavras curtas e frequentes; o tamanho das palavras aumenta e a familiaridade diminui à medida que o nível de dificuldade do teste aumenta. Pesquisas subsequentes revelam que esses aspectos são importantes para determinar a dificuldade de leitura e escrita de um determinado item. Portanto, há fundamentação empírica para a noção de que itens menos familiares são mais difíceis do que os mais familiares. Há também resultados de pesquisa que apoiam a hipótese de que o tamanho da palavra influencia o desempenho dos alunos na escrita na língua inglesa: observamos (NUNES; AIDINIS, 1999) que crianças com diferentes níveis de proficiência em escrita cometem mais erros em palavras longas, mesmo que a ortografia destas seja completamente previsível a partir das correspondências entre letras e sons. Portanto, a medida elaborada por Schonell (SCHONELL; SCHONELL, 1950) continua sendo válida para avaliarmos a habilidade geral de leitura e escrita das crianças. Entretanto, atualmente, há diferentes modelos para medir o progresso no desenvolvimento da ortografia e da leitura que levam outros fatores em consideração e se baseiam no domínio de regularidades de diferentes tipos na ortografia do inglês.

Alguns pesquisadores – como Linnea Ehri, George Marsh e Uta Frith – propuseram que as primeiras palavras que as crianças aprendem a ler e escrever talvez sejam aprendidas como unidades inteiras. A maioria de nós conhece crianças que conseguem, por exemplo, escrever seus próprios nomes corretamente e reconhecer algumas outras palavras escritas, como "Feliz Natal" sem saber muito a respeito da escrita e leitura de outras palavras. Esse tipo de conhecimento é descrito como conhecimento "logográfico", indicando que as palavras são aprendidas como unidades inteiras, sem a ajuda de processos analíticos que facilitem a transferência do conhecimento destas palavras para outras semelhantes. Há muita controvérsia sobre esse conhecimento, especialmente quanto a hipótese de que exista uma fase logográfica, pela qual todas as crianças passam antes de começarem a analisar as palavras em unidades fonológicas menores. Não precisamos nos preocupar com essa controvérsia no momento, já que estamos focando a leitura e a escrita de palavras por parte das crianças para além dos passos iniciais.

Na verdade, é indiscutível que as crianças não podem vencer o aprendizado da leitura e escrita somente pela repetição e memorização de cada palavra, embora algumas abordagens ao ensino da ortografia estejam baseadas na ideia da aprendizagem por repetição.* Argumentos e pesquisas diversas convergem no sentido de apoiar a ideia de que não se pode aprender a ler e escrever todas as palavras de uma língua, uma por uma, pela repetição. Claiborne (1989), por exemplo, argumentou que há aproximadamente 450 mil palavras em uso corrente na língua inglesa, e que seria uma tarefa monumental aprender cada uma delas pela repetição. Este é um argumento convincente, mas há também pesquisas empíricas que mostram que as crianças aprendem que existem consistências nas correspondências entre letras e sons, e usam este conhecimento para ler e escrever palavras que nunca viram escritas antes – e, portanto, não poderiam tê-las aprendido por repetição. Conforme mostramos nos Capítulos 2 e 3, as crianças podem ler e escrever corretamente pseudopalavras, sequências de sons inventadas que não existem na língua, o que significa que elas são capazes de usar correspondências entre grafemas e fonemas. Ademais, embora a familiaridade seja importante, como indicado anteriormente, a regularidade entre letra e som é mais importante do que a familiaridade.

Marsh et al. (1980) mostraram que as crianças no 2º (7 anos) e 4º (aproximadamente 9 anos) anos tiveram um desempenho melhor na leitura e escrita de pseudopalavras com correspondências regulares entre

---

* Para ver comentário a respeito, consultar Nunes e Bryant (2006).

letras e sons do que em palavras reais vistas anteriormente, mas que possuíam padrões de correspondências mais difíceis ou irregulares. Portanto, é também indiscutível o fato de que elas formulam conceitos básicos sobre como palavras faladas e escritas estão relacionadas entre si e usam este conhecimento para ler e escrever palavras reais e pseudopalavras. Há tantas resenhas sobre a importância da aprendizagem de correspondências entre letras e sons que não nos ocuparemos desta questão aqui.*

Todavia, há controvérsias no que concerne à natureza dos conceitos formulados pelas crianças e sobre se as mudanças na leitura e escrita devem ser descritas como "estágios do desenvolvimento". Nesta seção, consideraremos primeiramente os diferentes tipos de conceitos que as crianças precisam formular para dominar a leitura e escrita de palavras no inglês; somente depois, discutiremos se essas mudanças deveriam ser vistas como estágios no desenvolvimento.

Nos Capítulos 2 e 3, sugerimos que há dois tipos de unidades que as crianças usam para ler e escrever: correspondências unívocas entre letra-som e correspondências formadas por mais de uma letra entre grafemas e fonemas. Nossa hipótese é que esses dois tipos de correspondências são conceitos diferentes sobre a relação entre as palavras escritas e faladas. A concepção de correspondência unívoca é definida como "concepção alfabética" para refletir a ideia de que as letras representam sons de uma maneira simples.

Diferentes termos têm sido utilizados na literatura para descrever as situações em que as crianças usam conceitos que ultrapassam essa correspondência simples, por exemplo: "estágio ortográfico" ou "regras condicionais", sendo esse último termo o que usamos nesse livro. Nos capítulos anteriores, nos concentramos nas letras duplas e nos dígrafos – em inglês, vimos exemplos como "sh", "ch" e os dígrafos separados, e em português vimos exemplos como "nh", "ch", "rr", a marcação das vogais nasais e o uso das letras "e", "i", "o" e "u" no final das palavras. Todos esses casos ilustram a necessidade de ultrapassar a concepção alfabética em que as letras são processadas sempre da esquerda para a direita, uma por uma, ignorando o contexto em que elas se encontram. Para pronunciar adequadamente a vogal nasal em "banco", temos de ver que letra vem depois do "a". Lembramos que existem diferentes tipos de regras condicionais – algumas delas relacionadas aos sons das palavras e outras aos morfemas – mas, neste capítulo, consideraremos

---

* Ver, por exemplo, Ehri (2005); National Reading Panel (2000) e Torgerson, Brooks e Hall (2006).

apenas as regras condicionais fonológicas, isto é, relacionadas aos sons. A partir da análise da leitura e da escrita das crianças nos capítulos anteriores, concluímos que as crianças mais novas usam predominantemente a concepção alfabética para ler e escrever, embora sejam capazes de usar também regras condicionais. No 2º ano, elas já reconhecem, por exemplo, que certos sons não podem ser representados por uma única letra e usam dígrafos muito mais frequentemente do que letras isoladas para representar estes sons. Entretanto, elas cometem mais erros em palavras que exigem o uso de grafemas com mais de uma letra do que em palavras que podem ser escritas alfabeticamente. Portanto, o uso de regras condicionais realmente representa um obstáculo para as crianças. Consideramos a seguir outros exemplos de regras condicionais e sua dificuldade para as crianças. Alguns desse obstáculos são comuns ao inglês e ao português.

Marsh et al. investigaram se as crianças conseguiam ou não usar a "regra condicional do c" para ler (1977) e escrever (1980) pseudopavras. Conforme essa regra, quando a letra "c" for seguida por "e" ou "i", será pronunciada como /s/; quando for seguida por "a", "o", "u" ou por uma consoante, ela será pronunciada como /k/. A mesma regra se aplica ao português: essa semelhança pode ser ilustrada pela leitura de palavras como "canal", "cego", "cinto", "copo", "curioso", "cravo" e "claro".

Os participantes dos dois estudos de Marsh estavam no 2º ano (com aproximadamente 7 anos), 5º (mais ou menos 10 anos) ou cursando o ensino superior. Os alunos do 2º ano tiveram um desempenho significativamente inferior àquele dos demais participantes no uso de correspondências alfabéticas simples tanto na leitura quanto na escrita; os alunos que estavam no 5º ano ou cursando faculdade não apresentaram diferenças em seu desempenho no uso de correspondências alfabéticas. As crianças do 2º ano também tiveram um desempenho significativamente inferior na leitura e escrita de palavras que envolviam a "regra condicional do c" em comparação à leitura e à escrita de palavras que envolviam somente correspondências alfabéticas simples. Em contraste, os alunos do 5º ano e os do ensino superior utilizaram a "regra condicional do c" com a mesma eficiência que as regras alfabéticas simples.

Marsh et al. (1977, 1980) também mostraram que as crianças mais novas tendem a pronunciar a letra "c" como /k/: houve pouca diferença no número de respostas corretas dadas pelos participantes mais jovens e os mais velhos quando a letra "c" deveria ser pronunciada como /k/. Entretanto, as crianças mais novas mostraram um alto índice de erros quando o "c" deveria ser pronunciado como /s/. As crianças mais novas aparentemente trabalhavam com a concepção alfabética quando liam as pseudopalavras e atribuíam o som /k/ à letra "c". Esta preferência pelo uso do "c" com o som de /k/ pode ser resultado da familiaridade, uma vez que a letra "c" aparece muito mais vezes antes de "a", "o" e "u", quando é pronunciada como /k/, do que antes de "e" e "i", quando é pronunciada como /s/. Na base de dados MRC, encontramos mais de 3 mil e trezentas palavras em que a letra "c" aparecia antes de "a", "o" ou "u" e menos de 2 mil em que a letra "c" antecedia "e" ou "i". Se lembrarmos que o "c" também é pronunciado como /k/ antes de consoantes e ao final de palavras, fica claro que ele é pronunciado muito mais vezes como /k/ do que como /s/. A preferência das crianças em relação ao som /k/ é, portanto, justificada pela sua maior familiaridade. Entretanto, nem sempre as crianças leram errado pseudopalavras com "ce" e "ci". Os alunos mais velhos usaram esse conceito condicional com maior sucesso e, portanto, conseguiram ler corretamente mais pseudopalavras em que a letra "c" era seguida por "e" ou "i".

Portanto, o trabalho de Marsh et al. (1977, 1980) sobre um tipo diferente de regra que exige que se vá além das correspondências simples confirma a ideia de que as crianças mais jovens tendem a usar a concepção alfabética na leitura e, à medida que avançam na escola, tornam-se aptos a ultrapassar essa concepção alfabética rígida.

A "regra do c" é mais complicada na escrita do que na leitura. Quase todas as palavras que possuem o som /k/ seguido por "e" ou "i" são escritas com a letra "k" (com raras exceções, por exemplo, "scheme" [esquema]), mas se o som /k/ for seguido pelas vogais ou por consoantes, é possível representá-lo com "c" ou "k". Não focalizaremos aqui a representação escrita do inglês, mas em português, a partir de um estudo de Rego e Buarque (2010).* Em português, não usamos o "k" para representar o som /k/ antes de "e" ou "i", mas usamos o dígrafo "qu". Similarmente, a letra "g" antes de "e" ou "i" tem o som /j/, e não seu som habitual de /g/, que aparece antes das outras vogais, como em "gato", "goma" e "gula", e antes de consoantes, como em "grupo" e "global". Quando precisamos representar o som /g/ antes de "e" ou "i", usamos o dígrafo "gu".

Rego e Buarque (2010) analisaram a representação dos sons /k/ e /g/ num trabalho com crianças dos quatro primeiros anos do ensino bá-

---
* N. de T.: O leitor interessado deve consultar o original.

sico em Recife, um trabalho já mencionado quando relatamos seus resultados no uso do "r" e "rr". Como no caso da investigação sobre o "r" e o "rr", as pesquisadoras usaram o método tradicional de pedir à criança que escreva palavras e pseudopalavras, para poderem avaliar o conhecimento das regras de contexto, além da memorização de palavra isoladas.

Para avaliar a representação do som /k/ diante de "e" e "i", as pesquisadoras utilizaram as palavras e pseudopalavras "requeijão", "esquina", "quecimbiu" e "quibasso". A escrita dessas palavras foi comparada à escrita de "maracujá", "coruja", "carimã", "bissoca" e "colensar", nas quais o uso do dígrafo "qu" não seria correto. Para analisar a representação do som /g/diante de "e" e "i", as pesquisadoras usaram as palavras e pseudopalavras "gagueja", "guitarrista", "guirompa", "guenra", e compararam sua escrita à escrita de "garimpam", "garram", "verguntou".

Rego e Buarque (2010) classificaram o desempenho das crianças em categorias descritivas, sendo que as que surgiram na análise dos dois dígrafos são muito semelhantes. Assim, resumimos a seguir as categorias para os dois dígrafos, unindo nessa descrição duas categorias descritas por Rego e Buarque (3 e 4, no original) que mostravam bastante semelhança e que foram pouco frequentes.

- **Categoria 1** – A criança grafa todas as palavras com "q" ou "g", desconsiderando os dígrafos "qu" e "gu", embora use os dígrafos ocasionalmente, talvez por conhecer a ortografia da palavra de memória. Isto resulta em escritas como "receijão" para "requeijão" e "cegeira" para "cegueira".
- **Categoria 2** – A criança representa os sons /k/ e /g/ diante de "e" e "i" usando os dígrafos, mas não o faz de forma consistente e ocasionalmente troca os dígrafos, usando "gu" em vez de "qu" ou vice-versa.
- **Categoria 3** – A criança representa os sons /k/ e /g/ diante de "e" e "i" usando os dígrafos de forma consistente, porém estende os dígrafos aos contextos de "ga", "go", "gu", escrevendo palavras como "guarimpam" para "garimpam" e "canguuru" para "canguru".
- **Categoria 4** – A criança compreende as restrições contextuais sem troca de letras.

As Figuras 4.1 e 4.2 apresentam a porcentagem de crianças nos diferentes anos cuja ortografia foi classificada dentro desses níveis. Os dados apresentados nas figuras foram coletados no início do ano escolar.

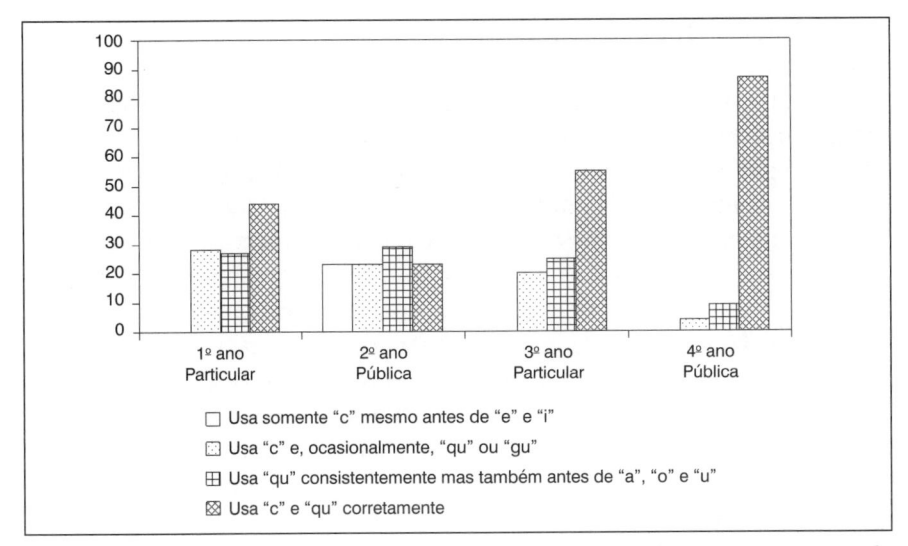

Figura 4.1 Porcentagem de crianças por ano e escola com desempenho classificado nas diferentes categorias referentes ao uso do dígrafo "qu" para representar o som /k/.
Fonte: com dados de Rego e Buarque (1999).

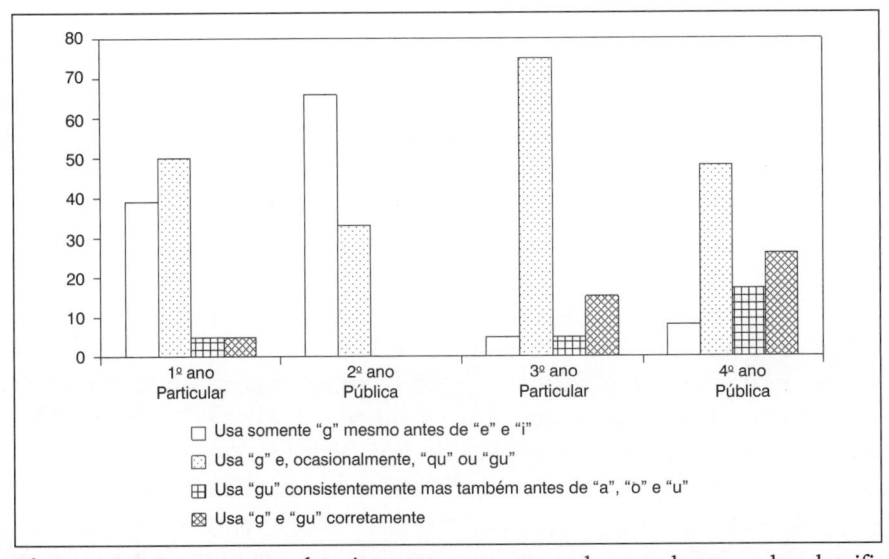

Figura 4.2 Porcentagem de crianças por ano e escola com desempenho classificado nas diferentes categorias referentes ao uso do dígrafo "gu" para representar o som /g/.
Fonte: com dados de Rego e Buarque (1999).

Algumas observações interessantes podem ser feitas a partir dessas figuras.

Primeiramente, somente o uso da letra "c" e ausência do dígrafo "qu" foi muito pouco comum, aparecendo em apenas 23% dos alunos do 2º ano da escola pública. Em contraste, a ausência do dígrafo "gu" na ortografia das crianças é muito mais frequente, não desaparecendo completamente nem entre os alunos do 3º ano na escola particular ou do 4º ano na escola pública. Essa diferença entre os dois dígrafos, cujas regras de aplicação são muito semelhantes, talvez resulte de diferenças em frequência ou na ordem em que os dígrafos são apresentados às crianças durante o processo de alfabetização. No entanto, o que se pode inferir, dado o progresso dos alunos no uso do dígrafo "qu", é que, após um ano de alfabetização na escola, as crianças já utilizam a ideia de grafemas com mais de uma letra na escrita.

Em segundo lugar, deve-se notar também que o domínio no uso dos dígrafos é precedido de uma fase em que a criança se dá conta de que as duas grafias existem, as letras "c" e "g" e os dígrafos "qu" e "gu", mas ainda não sabe como escolher entre a letra simples e o dígrafo em função do contexto.

Finalmente, observa-se que a mesma defasagem que existe no início da utilização do dígrafo, quando se compara o "qu" com o "gu", surge na conquista do uso correto: enquanto os percentuais de crianças que usaram o "gu" corretamente no 3º e no 4º anos das escolas particular e pública foram 15 e 26%, respectivamente, os percentuais de uso correto do dígrafo "qu" para os mesmos grupos foram de 55 e 87%. Portanto, observe-se que as crianças atingiram um nível elevado de compreensão de regras de contexto no caso do "qu" sem uma compreensão correspondente do uso do "gu". Esse resultado sugere que a instrução poderia ser muito efetiva para as crianças que já compreendem a ideia de regras de contexto, mas ainda não aplicaram esse conhecimento ao uso do "gu".

Rego e Buarque (2010) analisaram, nessa mesma amostra de alunos, o uso correto do "m" e do "n" para marcar a nasal. O interesse dessa regra de contexto é que ela se aplica na junção de duas sílabas, e não dentro da mesma unidade silábica, como o uso dos dígrafos "qu" e "gu". Portanto, essa é uma regra que, de certa forma, diverge mais ainda da concepção alfabética do que o uso de dígrafos. No caso dos dígrafos, a criança deve usar uma nova concepção de grafemas, e usá-la na mesma sílaba, mesmo sendo a escolha entre a letra simples e o dígrafo uma regra de contexto. Em contraste, para saber se a nasalização de uma vogal no meio da palavra deve ser feita com "m" ou "n", as crianças precisam olhar para a sílaba seguinte. Por exemplo, na palavra "bomba" a nasalização do "o" é feita com "m" porque a sílaba seguinte começa com "b", e na palavra "conde" a marcação da nasal é feita com "n" porque a sílaba seguinte começa com "d", e não com "b" ou "p".

Usando o mesmo tipo de análise descrito acima, em que as pesquisadoras buscavam identificar diferentes tipos de desempenho a partir de uma visão geral da escrita das crianças, Rego e Buarque (2010) identificaram quatro categorias de escrita.

- **Categoria 1** – Predomina a falta de nasalização (como já observado no Capítulo 3).
- **Categoria 2** – Predomina a nasalização, mas a criança se utiliza de um único marcador (preferencialmente "m" ou "n") podendo usar também o til, que normalmente não é usado em sílabas que estão no meio das palavras; por exemplo, "cãpo" em vez de "campo".
- **Categoria 3** – A criança só usa os marcadores convencionais "m" e "n" para sílabas no meio das palavras, mas não observa as restrições contextuais.
- **Categoria 4** – A criança observa todas as restrições contextuais.

A Figura 4.3 mostra os percentuais de crianças cuja escrita foi classificada como pertencente a essas categorias no início do ano letivo.

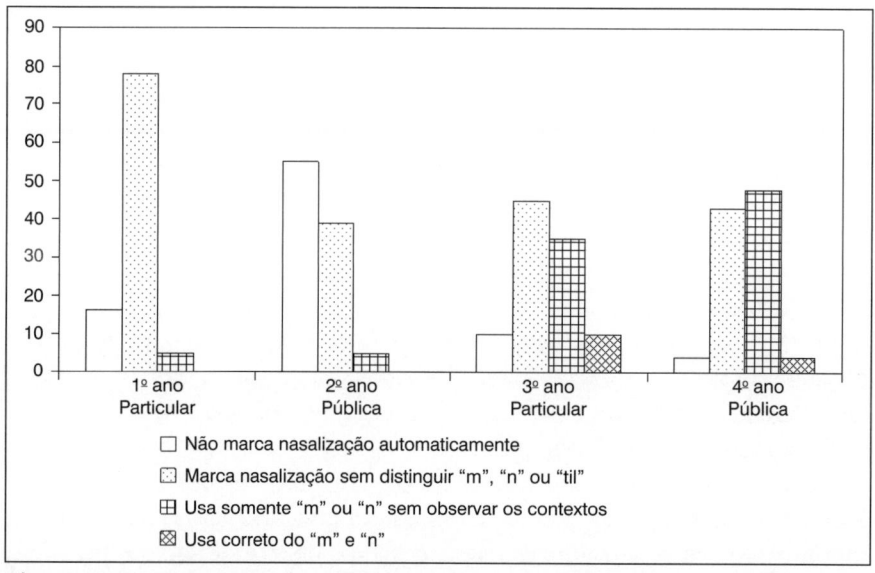

Figura 4.3 Porcentagem de crianças por ano e tipo de escola cujo desempenho foi classificado nas diferentes categorias quanto à marcação da nasalização no estudo de Rego e Buarque.
Fonte: com base em Rego e Buarque (2010).

O estudo de Rego e Buarque (2010) confirma os resultados mencionados no Capítulo 3: a marcação da nasal não é um problema para muitas crianças, mas as diferenças individuais são consideráveis; após um ano de instrução em leitura e escrita na escola, 83% dos alunos da escola particular (que estão no 1º ano, mas iniciaram o processo de alfabetização na pré-escola) e 44% das crianças da escola pública já marcam a nasalização sistematicamente. Entretanto, um percentual considerável – 16% na escola particular e 55% na escola pública – continuam deixando de marcar a nasalização das vogais. Essas diferenças individuais não desaparecem completamente, pois após dois anos de instrução ainda existe um pequeno percentual de crianças que não marca a nasalização de modo sistemático. O significado dessa omissão pode ser importante, pois esse pode ser um sinal de que essas crianças têm dificuldades maiores no processo de alfabetização e que necessitariam de ajuda. Infelizmente, não existem estudos no Brasil que esclareçam esse ponto.

O estudo de Rego e Buarque (2010), no entanto, vai além da análise que apresentamos anteriormente, pois considera se a escolha da marcação da nasal foi sistematicamente correta. Observa-se que o domínio na escolha da marcação da nasal pode ser considerado relativamente tardio: apenas 10% das crianças na escola particular e 4% na escola pública demonstram esse desempenho após três anos de alfabetização.

O contraste com o uso dos dígrafos "qu" e "gu" é interessante, pois a escolha da marcação correta para a nasalização parece ser significativamente mais difícil, dado o percentual de respostas corretas nos três casos. Essa comparação é particularmente interessante porque em todos os três casos a quantidade de informação que a criança precisa considerar é semelhante: tanto a condição para o uso dos dígrafos "qu" e "gu" como para o uso do "m" ou do "n" é definida pela presença de uma dentre duas letras, "e" ou "i" no caso dos dígrafos e "p" ou "b" no caso da marcação da nasal. Pode-se levantar diferentes hipóteses para explicar esse maior nível de dificuldade. Uma delas seria que a letra que define o uso dos dígrafos está na mesma sílaba, enquanto a letra que define a marca para a nasalização está na sílaba seguinte. Outra possibilidade é que a regra para a escolha da marcação da nasal é ensinada depois da regra para o uso dos dígrafos, portanto, as crianças tiveram menos oportunidade de utilizar as regras de marcação da nasal. Embora não se possa saber ao certo qual a explicação, essa questão pode ser investigada, pois não seria difícil alterar a sequência no ensino dessas regras e analisar se os resultados se alteram quando as regras são ensinadas em diferentes sequências. A hipótese de que a regra de escolha da marca para a nasal talvez seja mais difícil porque exige que a criança preste atenção à sílaba subsequente nos parece uma hipótese plausível, que merece maiores investigações. Certamente existem exemplos semelhantes na ortografia do inglês, chamados de regras de junção silábica, e essas regras mostram-se bastante difíceis para as crianças.*

A MARCAÇÃO DA SÍLABA FORTE: UMA QUESTÃO ORTOGRÁFICA NO PORTUGUÊS E NÃO NO INGLÊS

Tanto em português como em inglês, quando uma palavra tem mais de uma sílaba, uma das sílabas é chamada forte em comparação às outras; tecnicamente, usa-se o termo sílaba tônica. Por exemplo, na palavra "bomba" a primeira sílaba é mais forte do que a segunda, e na palavra "caju" a segunda sílaba é mais forte. Em ambas as línguas, duas palavras com a mesma sequência de sons podem diferir apenas com relação à sílaba forte. Exemplos em português são "esta" e "está"; "sai" e "saí"; "encontraram" e "encontrarão". Existem exemplos também em inglês: "refuse" (*recusar-se*) tem a segunda sílaba mais forte e "refuse" (*lixo*) tem a primeira sílaba mais forte.

Em inglês, não existem acentos e não se faz a marcação da sílaba tônica. O leitor precisa usar seu conhecimento léxico para saber qual a sílaba mais forte da palavra. Em outras línguas, como português, espanhol e grego, a sílaba mais forte é marcada, considerando-se algumas regras na sua marcação. É importante salientar que a marcação da sílaba tônica é um conceito que não está compreendido na ideia de correspondências entre letras e sons; os sons nas palavras "pais" e "país", por exemplo, são os mesmos, mas como a tônica recai sobre o "a" na primeira palavra e sobre o "i" na segunda, as palavras são diferentes e essa diferença é marcada pelo acento. Tecnicamente, diz-se que a marcação da sílaba é um aspecto suprassegmental, ou seja, além da análise da palavra em segmentos sonoros.

Em português, a contagem de que sílaba é mais forte precisa ser feita do final da palavra para o começo; dizemos que as palavras podem ter a última, penúltima ou antepenúltima sílaba como a mais forte. Na maioria

---
* N. de T.: O leitor interessado nas regras de junção silábica no inglês deve consultar o original.

das palavras, a sílaba mais forte é a penúltima; essas palavras são chamadas paroxítonas. Nas palavras paroxítonas não há necessidade de se indicar qual das sílabas é a mais forte. Esse padrão é o padrão não marcado, por ser o padrão predominante.

Quando a sílaba mais forte da palavra é a antepenúltima, usa-se um acento, agudo como na palavra "sílaba", ou circunflexo, como na palavra "tônica". Uma regra que tipicamente se ensina na escola é: toda palavra proparoxítona (ou seja, na qual a sílaba forte é a antepenúltima) é acentuada. Esta é uma regra sem exceções.

A ortografia sinaliza que a sílaba forte é a última sílaba – ou seja, que a palavra é oxítona – de várias maneiras.

- Palavras terminadas em "i" ou "u" são oxítonas, a não ser que exista um acento em outra sílaba. Por exemplo, "caju", "urubu", "jaboti" e "abacaxi" são palavras oxítonas, mas "júri" é paroxítona e tem um acento para mostrar que essa palavra não é oxítona.
- Palavras terminadas em "l", "r", "x" e "z" também são oxítonas, a não ser que exista um acento em outra sílaba. Por exemplo, "avental", "pomar", "Ajax" e "raiz" são oxítonas e não são acentuadas. Em contraste, as palavras paroxítonas terminadas com essas letras são acentuadas: por exemplo, "difícil" e "agradável" terminam em "l" mas são paroxítonas, portanto são acentuadas.
- Palavras oxítonas terminadas com "a", "e" e "o" são acentuadas. O acento usado sobre o "e" e o "o" indicam se a vogal é aberta. Por exemplo, as palavras oxítonas "maracujá", "café", "você", "cipó" e "avô" são todas acentuadas.
- Duas vogais seguidas na mesma sílaba recebem em português o nome de ditongo. Existem dois tipos de ditongos, os ascendentes, em que a segunda vogal é mais forte que a primeira, e os descendentes, em que a primeira vogal é mais forte. Os ditongos ascendentes no final das palavras são sempre acentuados, mesmo que a segunda vogal seja "i" ou "u", ainda que as vogais sejam seguidas de "s". Por exemplo, "pau" tem um ditongo descendente e não é acentuada, mas "baú" tem um ditongo ascendente e, portanto, é acentuada. O mesmo se observa no contraste entre "pais" e "país".

Embora essas regras não cubram todos os usos da acentuação em português, elas são suficientes para a análise do processo de desenvolvimento da compreensão da marcação da sílaba forte no português brasileiro.

Existem poucos estudos sobre a marcação da sílaba forte, mas fizemos um trabalho inicial sobre esse assunto há alguns anos (NUNES; ROAZZI; BUARQUE, 2003).* Nosso trabalho foi motivado pelo fato de que os sons /i/ e /u/ fracos no final das palavras, que representaremos aqui por /y/ e /w/, respectivamente, geram muitos erros ortográficos nas fases iniciais da alfabetização. As Figuras 3.1 e 3.2 (ver Capítulo 3) mostram vários exemplos de palavras paroxítonas, em que as letras "i" e "u" são utilizadas em vez do "e" e "o" no final.

Em nossos estudos iniciais, nos referimos às grafias desse tipo como "transcrições da fala",** pois de fato a criança representa a qualidade da vogal pronunciada sem atender à sílaba mais forte da palavra. Os erros por transcrição da fala começam a desaparecer relativamente cedo durante o processo de alfabetização, pois as crianças percebem que muitas vezes dizemos /y/ mas escrevemos "e" e dizemos /w/ mas escrevemos "o". Na realidade, o "e" e "o" são letras muito mais frequentes no final das palavras do que "i" e "u". Sem ter ainda uma estratégia para saber quando usar "e" e "o" e quando usar "i" e "u", as crianças começam a usar as letras "e" e "o" no final da palavra, corretamente em algumas palavras, mas incorretamente em outras. Na história apresentada na Figura 3.2, por exemplo, coexistem grafias como "logi" (longe) e "si" (se), em que o "i" aparece no lugar do "e", e grafias como "pidio" (pediu) e "vistio" (vestiu), em que o "o" aparece no lugar do "u".

Inicialmente interpretamos o uso das letras "e" e "o" no lugar do "i" e "u" finais como uma tentativa da criança de corrigir erros de transcrição da fala; denominamos grafias como "pidio" e "vistio" erros de supercorreção. Essa interpretação atribui à criança uma consciência, mesmo que vaga, de que existem diferenças entre a variedade linguística usada pela criança e a variedade linguística de prestígio, que forma o modelo para a ortografia. Atualmente, não estamos tão seguros dessa interpretação. Essa é uma interpretação plausível, mas também é plausível a ideia de que a criança possa ter apenas consciência de que "e" e "o" são usados para representar os sons "i" e "u", sem saber ainda como escolher a forma correta de usar as vogais para representar esses sons. A criança eventualmente resolveria esse problema não por reconhecer a diferença entre as variedades linguísticas, mas por começar a tomar consciência da importância dos aspectos

---
* N. de T.: Os dados obtidos nesse estudo fazem parte de um projeto financiado pelo CNPq. Somos gratos ao CNPq por esse apoio, sem o qual o estudo não poderia ter sido realizado.
** Ver Nunes Carraher (1985).

suprassegmentais na ortografia do português – ou, para dizer de modo mais simples, por tomar consciência de que alguns aspectos da marcação da tônica estão relacionados à escolha das vogais no final das palavras.

Morais (1999), por exemplo, entrevistou uma aluna do 3º ano que tinha ótima ortografia e lhe perguntou por que não se escreve "gozado" com "u". Apesar de inicialmente responder que não sabia, que sua professora nunca havia ensinado, finalmente a criança explicou: "[...] é gozadu (pronunciando mais forte a sílaba /za/). Não é gozadú." (MORAIS, 1999, p. 77). Portanto, não se observa aqui simplesmente uma tentativa de correção das transcrições da fala, mas uma correção explicitamente associada às regras de marcação da sílaba forte em português.

Nosso estudo sobre o uso do "i" ou "u" e do "e" ou "o" no final das palavras envolveu a participação de 128 alunos, que estavam entre o 1º e o 4º anos do ensino fundamental, todos frequentando uma escola particular no Recife. A opção de trabalhar com alunos de uma só escola resultou de nosso interesse em observar os efeitos imediatos do ensino de regras de acentuação: os alunos dessa escola receberam instrução sobre a acentuação em português no 2º ano, sendo a instrução essencialmente o ensino das regras descritas acima, seguida de exercícios.

A fim de avaliar a contribuição da memorização de palavras e o conhecimento gerativo da marcação da sílaba forte, usamos no estudo palavras e pseudopalavras. Pedimos às crianças que escrevessem ou lessem as palavras e pseudopalavras, usando duas listas distintas, A e B. Metade das crianças lia a lista A e escrevia a lista B, enquanto a outra metade lia a lista B e escrevia a lista A. As listas continham exemplos variados de palavras, mas nos concentramos aqui na análise do uso do "e", "o", "i" ou "u" no final das palavras.

Nossas previsões a respeito do nível de sucesso das crianças nessas tarefas de escrita e leitura foram baseadas nas hipóteses que desenvolvemos sobre que palavras são não marcadas por serem o padrão básico da língua, que letras são mais frequentes, e também sobre a diferença entre palavras e pseudopalavras. Cada uma dessas hipóteses é explicada a seguir.

Em primeiro lugar, devemos lembrar que a maioria das palavras em português é paroxítona: portanto, podemos prever que as crianças vão ler palavras e pseudopalavras predominantemente como paroxítonas, desviando sua pronúncia desse padrão somente quando têm uma boa razão para fazê-lo. Isso significa que seu nível de acerto na leitura de palavras e pseudopalavras paroxítonas deve ser muito elevado. Essa hipótese mostrou adequar-se bem aos dados. As Figuras 4.4 e 4.5 mostram a percentagem de palavras e pseudopalavras lidas corretamente por crianças em cada um dos níveis de escolaridade. Em todas as comparações, o nível de acerto é maior nos estímulos paroxítonos do que nos oxítonos. A diferença entre os dois tipos de item foi estatisticamente significativa.

A segunda previsão que fizemos sobre a leitura relaciona-se à diferença entre palavras e pseudopalavras. Como discutido anteriormente, quando a criança lê algo que deveria ser uma palavra, mas não a reconhece, ela pode modificar sua pronúncia antes mesmo de enunciar a palavra, e pode produzir a palavra certa usando não só sua habilidade de decodificar o que está escrito, mas também seu conhecimento léxico. Portanto, o nível de acerto em leitura de palavras deve ser mais alto do que o nível de acerto em pseudopalavras. Essa previsão também é confirmada pelos dados.

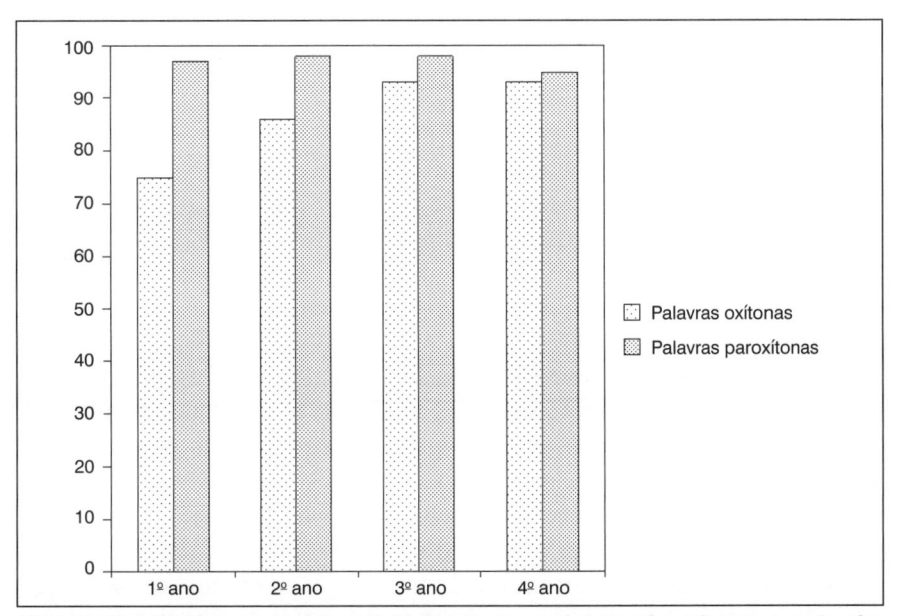

Figura 4.4 Porcentagem de respostas corretas na leitura de palavras terminadas em "i" ou "u" (oxítonas) ou terminadas em "e" ou "o" (paroxítonas) por nível de escolaridade.

Finalmente, esperávamos uma melhora no desempenho em função do nível de escolaridade, o que se verifica nas palavras oxítonas, mas não nas paroxítonas, devido ao fato de serem as palavras paroxítonas o padrão básico da língua. A fim de ler a palavra como oxítona, as crianças precisam saber algo específico sobre como as letras "i" e "u" influenciam a pronúncia das palavras no que diz respeito ao aspecto suprassegmental.

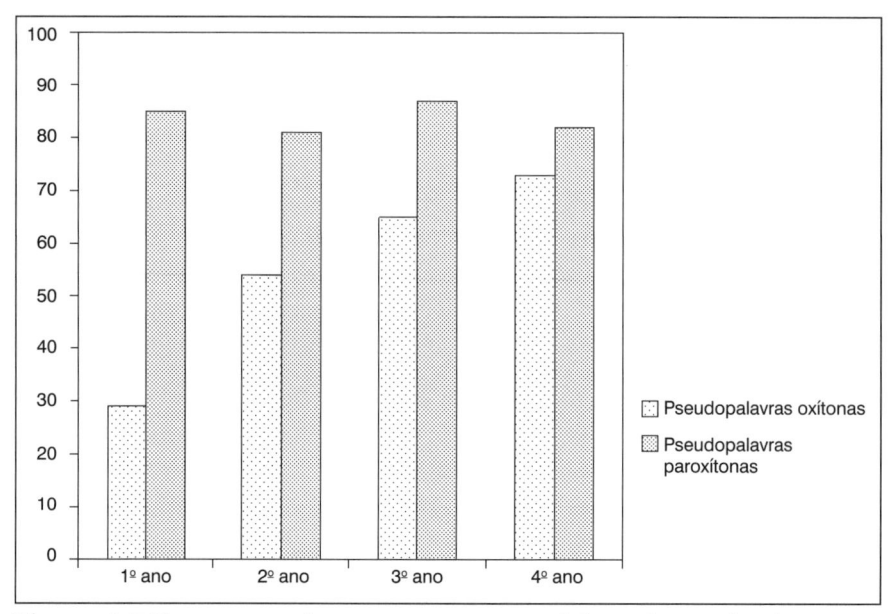

Figura 4.5 Porcentagem de respostas corretas na leitura de pseudopalavras terminadas em "i" ou "u" (oxítonas) ou terminadas em "e" ou "o" (paroxítonas) por nível de escolaridade.

Nossa quarta previsão relacionou-se aos dados de ortografia. Primeiramente, esperamos na ortografia uma tendência entre os alunos no início da alfabetização de usar "i" e "u" com maior frequência do que "e" e "o", pois muitas dessas crianças ainda não teriam descoberto que a ortografia nem sempre transcreve as vogais fracas /y/ e /w/ como "i" e "u". Assim, entre os alunos do 1º ano, o nível de acerto na escrita das palavras e pseudopalavras oxítonas terminadas com "i" e "u" deve ser maior do que o nível de acerto nas palavras e pseudopalavras paroxítonas, que deveriam ser escritas com "e" e "o" no final. Paradoxalmente, à medida que as crianças tomam consciência de que nem todas as palavras que têm os sons /y/ e /w/ no final são escritas como se fala, com "i" e "u", elas podem cometer mais erros no final das palavras – ou seja, à medida que elas aprendem, mas ainda não encontraram uma forma de escolher as vogais finais, elas parecem piorar a escrita em vez de melhorá-la. As Figuras 4.6 e 4.7 mostram exatamente esse resultado: o nível de acerto nas palavras oxítonas cai de 86% no 1º ano para 76% no 4º ano e nas pseudopalavras cai de 91% no 1º ano para 69% no 4º ano.

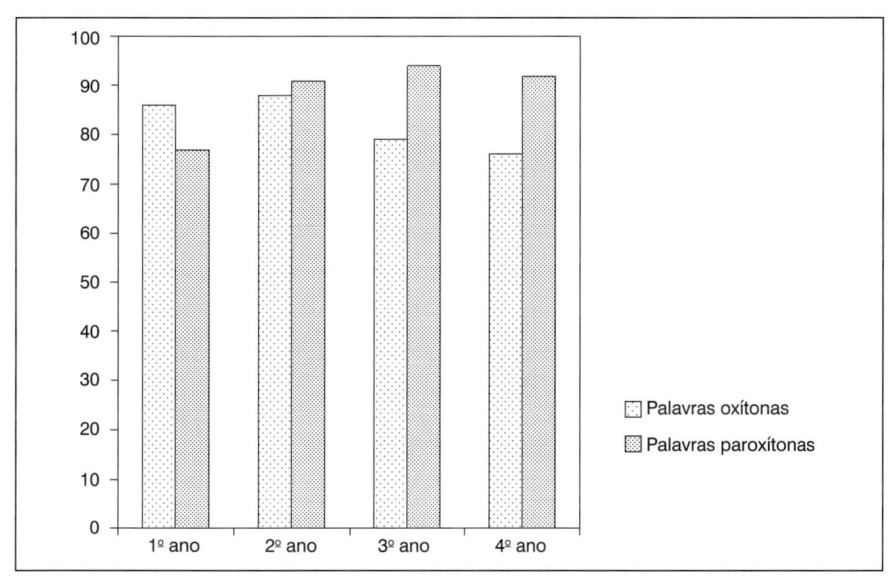

Figura 4.6 Porcentagem de respostas corretas na escrita de palavras terminadas em "i" ou "u" (oxítonas) ou terminadas em "e" ou "o" (paroxítonas) por nível de escolaridade.

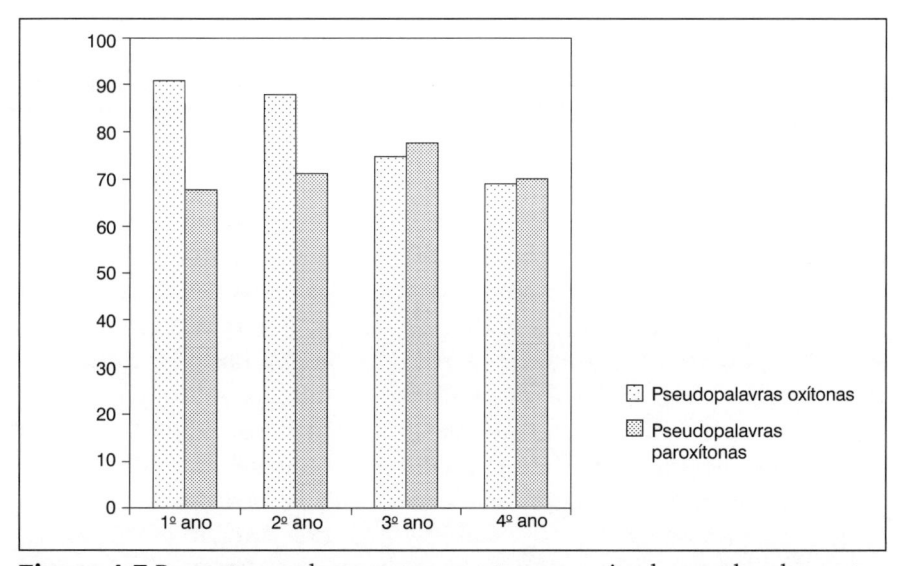

Figura 4.7 Porcentagem de respostas corretas na escrita de pseudopalavras terminadas em "i" ou "u" (oxítonas) ou terminadas em "e" ou "o" (paroxítonas) por nível de escolaridade.

No entanto, nem tudo é regressão na escrita dessas palavras. À medida que as crianças tomam consciência de que o "e" e "o" são opções para representar os sons fracos /y/ e /w/ no final das palavras, elas mostram uma melhora na ortografia das palavras paroxítonas. O índice de acerto nas palavras paroxítonas melhora de 77% no 1º ano para 92% no 2º ano, permanecendo estável até o 4º ano.

A melhora observada na escrita de palavras não se reflete na escrita de pseudopalavras, pois o índice de acerto no 1º ano é de 66% e no 4º ano é de 70%. Isso sugere que é inteiramente possível que as crianças estejam usando a memorização mais do que sua capacidade gerativa na ortografia de palavras terminadas com essas vogais. Quando as crianças são capazes de gerar as grafias corretas, independentemente de serem palavras conhecidas ou não, a diferença entre o nível de acerto em palavras e pseudopalavras tende a desaparecer, mas esse não é o caso no uso dessas vogais no final das palavras.

Analisamos com grande interesse o que aconteceu no 2º ano, uma vez que nesse ano as crianças receberam instrução sobre a acentuação. Infelizmente, os dados não demonstram que a instrução oferecida tenha sido eficaz, pois há um aumento de respostas corretas na grafia de palavras paroxítonas, mas não na grafia de palavras oxítonas.

Uma análise das diferenças individuais entre os alunos do 4º ano mostra que, para algumas crianças, a escrita de pseudopalavras, distinguindo entre as oxítonas e paroxítonas pelo uso da vogal final, continua sendo extremamente difícil. Podemos considerar que 50% das palavras poderiam ser escritas corretamente se as crianças não estivessem usando nenhuma estratégia para decidir entre as vogais "i" ou "e" e "u" ou "o". Portanto, para evidenciar uma capacidade de gerar a escrita de palavras desconhecidas corretamente, a criança deveria mostrar mais do que 50% de respostas corretas nas pseudopalavras. Observamos que no 4º ano 20% dos alunos não escreviam 50% das pseudopalavras corretamente, enquanto os outros 80% escreveram pelo menos 62% das pseudopalavras corretamente. Na verdade, a distribuição de resultados mostrou que existem dois grupos, pois o grupo que não atingiu 50% de respostas corretas acertou, no máximo, 25%. Essas crianças certamente não tinham uma hipótese sobre a escrita que as auxiliasse a escolher a vogal correta para marcar a tônica da palavra, e se saíram muito mal, embora tenham recebido instrução quando estavam no 2º ano.

Esse quadro de resultados pode ser interpretado de duas maneiras. Uma possibilidade seria concluir que a instrução deu-se muito cedo, e as crianças não tinham condições de aprender como tratar os aspectos suprassegmentais da ortografia nesse momento. Outra interpretação possível levaria à conclusão de que, embora as crianças pudessem aprender a considerar os aspectos suprassegmentais da ortografia, a forma de instrução utilizada não foi adequada. Não se pode inferir desses resultados por que a instrução não foi eficaz, somente se pode saber que não o foi. No entanto, seria muito importante descobrirmos mais a respeito desse processo de alfabetização, pois uma minoria significativa de crianças do 4º ano, que estimamos ser em torno de 20% nessa escola particular, não consegue passar do nível de acerto por acaso na escolha das vogais finais "i" ou "e" e "o" ou "u". Estudos em português, além de beneficiarem as crianças brasileiras pela possibilidade de levarem a melhores formas de ensino, ofereceriam uma contribuição importante à pesquisa, pois se sabe muito pouco sobre a compreensão que os alunos têm da importância dos aspectos suprassegmentais para a ortografia.

Resumo

1 O desenvolvimento da leitura e escrita não deveria ser descrito simplesmente como um domínio progressivo de palavras mais longas e menos familiares. A fim de se tornarem mais competentes em leitura e escrita, as crianças precisam aprender ideias novas sobre como abordar a leitura e a escrita de palavras.

2 Três concepções distintas são necessárias para a leitura e a escrita de palavras. A mais simples delas, a alfabética, envolve considerar as letras uma a uma, da esquerda para a direita, e sua correspondência com os sons. A segunda concepção requer pensar além das correspondências unívocas usando um conceito mais amplo de grafema, e aprender a usar regras condicionais, que podem depender de considerar a letra seguinte na mesma sílaba, a sílaba seguinte ou mesmo aspectos suprassegmentais. A terceira concepção envolve pensar em morfemas; essa ideia não foi discutida nesse capítulo e é objetivo de análise nos capítulos seguintes.

3 As crianças mais novas tendem a usar a concepção alfabética para ler e escrever palavras. Entretanto, elas já sabem ir além da concepção alfabética: desde o segundo ano de instrução em leitura e escrita, elas percebem que alguns sons não podem ser represen-

tados por uma letra apenas e usam dígrafos e, até certo ponto, também usam regras de contexto. Todavia, esta tarefa é significativamente mais difícil do que trabalhar apenas com a concepção alfabética.

Essas concepções diferentes da leitura e escrita são estágios no desenvolvimento? Trataremos agora dessa questão. O que se discute é se entendemos melhor o processo de desenvolvimento na aprendizagem da leitura e da escrita se organizarmos nossas ideias usando estágios para descrever este processo. Não se pode duvidar que a aprendizagem das regras condicionais na leitura e escrita é uma parte importante de seu desenvolvimento intelectual. Devemos, portanto, tentar entender como ocorre essa mudança na concepção de leitura e escrita, e correspondências simples entre letras e sons para correspondências mais complexas.

Ao longo dos anos, muitos psicólogos e pedagogos têm respondido a este desafio teórico, e muitas das teorias sobre o conhecimento das regras de relações entre grafemas e fonemas tomaram a forma de teorias dos estágios de desenvolvimento. A noção de estágios pressupõe que a maioria das crianças passa por uma sequência ordenada de mudanças na concepção de leitura e escrita até atingir seu domínio.

A noção geral de estágios no desenvolvimento era muito comum e aceita na época em que a maioria dessas teorias surgiu. Esta ideia ainda se mantém bastante forte hoje, mas é menos popular e parece já não agradar muitos psicólogos, que argumentam que a noção de estágios leva a uma percepção errônea sobre o desenvolvimento da criança. Portanto, vale a pena considerarmos as vantagens e desvantagens da noção de estágios a fim de analisar o que uma teoria dos estágios contribui para a compreensão do aprendizado da leitura e da escrita.

Jean Piaget foi, sem dúvida, o teórico mais persuasivo e de maior sucesso no que concerne à noção de que o desenvolvimento humano consiste em uma sequência ordenada de estágios. O objeto de estudo de Piaget era o desenvolvimento da lógica, e seu interesse era investigar se as crianças pensam logicamente desde o nascimento, ou se esse pensamento lógico é desenvolvido posteriormente. A partir de um dos estudos mais famosos de Piaget, consideraremos brevemente a capacidade das crianças de fazer inferências sobre equivalência numérica sem depender da contagem. Quando dois grupos de objetos se encontram em correspondência unívoca, para cada item em um grupo há um item correspondente no outro e vice-versa: quando este é o caso, os dois grupos, obviamente, têm a mesma quantidade de itens e continuarão sendo equivalentes independentemente de sua organização especial. A equivalência só se altera se algum item foi acrescentado ou retirado de um dos grupos. Piaget afirmava que as crianças levam muitos anos para compreender que existe uma relação necessária entre correspondências unívocas e equivalências numéricas – uma afirmação que gera controvérsia ainda hoje. Entretanto, o importante para a compreensão do processo de desenvolvimento é que há uma contradição entre acreditar que grupos univocamente correspondentes deixem de ser numericamente equivalentes quando os elementos são organizados sem que se acrescente ou retire item algum, e compreender a equivalência necessária entre os grupos. Passar do estágio em que não se percebe essa equivalência para outro em que se acredita que ela é necessária é uma mudança qualitativa. É uma mudança de crença no não A para a crença no A. Essa noção de mudança qualitativa é central à teoria de Piaget sobre o desenvolvimento intelectual, e também de suas explicações teóricas sobre desenvolvimento: as crianças se desenvolvem como resultado da percepção de contradições ou conflitos entre duas ideias diferentes.

A concepção de Piaget sobre estágios do desenvolvimento para a análise no desenvolvimento da lógica não pode ser aplicada diretamente à análise do desenvolvimento da leitura e escrita. Vimos na seção anterior que as crianças precisam levar em consideração tanto as correspondências unívocas entre letras e sons como as regras condicionais. Essas regras condicionais não contradizem a concepção alfabética da escrita, mas a refinam. Quando as crianças se sentem mais à vontade com as regras condicionais, elas não abandonam correspondências entre letras e sons aprendidas previamente, mas as inserem num sistema mais abrangente. Se reconhecermos essa diferença, uma teoria dos estágios de desenvolvimento da leitura e escrita poderia indicar, de um modo simples, que a maioria das crianças acham as correspondências alfabéticas mais fáceis do que regras condicionais e dominam correspondências alfabéticas antes de pensar na possibilidade de regras condicionais. Consequentemente, no início do processo de aprendizagem, as crianças mostrariam uma tendência a tratar a leitura e a escrita de palavras a partir de uma concepção alfabética.

Uma segunda questão sobre as teorias de estágios no contexto da aprendizagem da leitura e da escrita relaciona-se à natureza da teoria. Algumas teorias são simplesmente descritivas, enquanto outras buscam explicar também o que as crianças passaram de um estágio para outro –

ou seja, as causas do desenvolvimento. Apresentaremos um exemplo de cada tipo de teoria.

Um bom exemplo de uma teoria ortográfica não causal foi uma das primeiras a aparecer em cena: a hipótese apresentada por Gentry de que as crianças passam por cinco estágios ao aprenderem a escrever. A Tabela 4.1 mostra exemplos de escritas de crianças brasileiras que seriam classificadas nos diferentes estágios de Gentry, usando grafias que aparecem nas figuras nesse livro ou em estudos mencionados aqui.* O primeiro estágio, chamado de pré-comunicativo, não se refere à nossa discussão, pois nosso interesse é analisar as aquisições posteriores. No estágio pré-comunicativo,** a criança simplesmente escreve letras desordenadamente sem relação alguma com os sons das palavras. Nos dois estágios seguintes, a criança parece fazer uma transcrição fonética. Inicialmente (no estágio semifonético), ela o faz de forma incompleta, representando alguns dos sons com letras apropriadas, mas deixando alguns sons sem representação. Posteriormente, no estágio fonético, ela utiliza letras para todos os sons, geralmente uma letra para cada fonema. Nesse estágio, a criança não sabe usar os dígrafos e regras ortográficas mais complexas. Esse padrão ortográfico funciona bem com palavras simples como "bola", mas não com dígrafos e regras de contexto.

Gentry, em sua teoria, chamou o quarto estágio de intermediário. A criança que alcança esse estágio começa a usar dígrafos (aos quais ele se refere como convenções ortográficas), mas não necessariamente os dígrafos corretos nem em posição adequada.

No estágio final, chamado de ortográfico, a criança alcança a perfeição, ou pelo menos chega muito próximo. A essa altura, as crianças já usam regras e convenções ortográficas, aplicando-as corretamente às palavras. Embora Gentry não deixe claro, a diferença entre os dois últimos estágios depende muito do conhecimento adquirido a partir da aprendizagem de palavras específicas. Por exemplo, para saber que a palavra "hospital" é escrita com "h" no início, a criança precisa aprender essa palavra de memória, uma vez que ela não tem como usar uma regra para chegar a essa produção.

---

* N. de T.: Os exemplos no original são em inglês. Nessa versão, adaptamos o texto e usamos exemplos em português. A teoria de Gentry é discutida aqui, e não a teoria mais difundida no Brasil, de Ferreiro e Teberosky, porque a última termina na hipótese alfabética, e não inclui a análise do tema que nos interessa nesse livro, o progresso da criança na leitura e escrita além dos primeiros passos.

** Mais conhecido no Brasil como pré-silábico, em virtude dos trabalhos de Ferreiro e Teberosky (1983).

Tabela 4.1 Os cinco estágios da hipótese de Gentry para a ortografia

1. Pré-comunicativo	Símbolos escritos semelhantes a letras representando palavras	—
2. Semi-fonético	Representação fonética parcial	"ecotro" para "encontrou" "sivitio" para "se vestiu"
3. Fonético	Representação fonética adequada	"logi" em vez de "longe" "dice" em vez de "disse" "tristi" em vez de "triste"
4. Intermediário	Utilização, nem sempre correta, de algumas convenções morfêmicas e ortográficas	"deichar" para "deixar" "falol" em vez de "falou" "com vidol" em vez de "convidou" "ospital" em vez de "hospital"
5. Ortográfico	Compreensão coerente de regras ortográficas de morfemas e fonemas, e de convenções ortográficas	—

A contribuição dessa teoria é a ideia de que as crianças aprendem, antes de mais nada, a usar as relações convencionais entre letras e sons, pensando nessas relações como unívocas, ou seja, uma letra para cada som. Até que consigam representar cada fonema da palavra com uma letra razoavelmente apropriada, as crianças não dão atenção aos dígrafos, à memorização da ortografia de palavras específicas ou às regras ortográficas convencionais.

Alguns dos resultados de estudos que mencionamos anteriormente sugerem que essa parte da teoria de Gentry não oferece uma descrição adequada das produções ortográficas das crianças brasileiras. Vimos, por exemplo, que há uma defasagem entre o uso dos dígrafos "qu" e "gu", embora existam semelhanças importantes no uso dos dois dígrafos. Portanto, a aprendizagem dos dígrafos não se faz inteiramente de um momento para outro; uns parecem ser usados sistematicamente antes de outros. O estudo da marcação da nasalização apresenta outra fonte de contradição à teoria de Gentry, pois algumas crianças que não marcam a vogal nasal sistematicamente em palavras diferentes, marcam a nasal sempre que escrevem certas palavras específicas, como "mãe" e "não". Portanto, não se pode dizer que no estágio fonético as crianças não tenham qualquer conhecimento de palavras específicas e gerem todas as grafias usando correspondências letra-som.

As teorias de estágios no desenvolvimento da leitura e escrita focalizam o conhecimento mais abstrato que as crianças adquirem, mas diversos estudos mostram que ao lado deste conhecimento existe também um conhecimento específico de sequências de letras familiares e itens frequentes, mesmo que estes conhecimentos específicos ainda não estejam conectados a um conhecimento mais abstrato, que pode ser descrito em termos de regras.

Algumas críticas têm sido feitas sobre a teoria dos cinco estágios de Gentry. Varnhagen, McCallan e Burstow (1997) analisaram histórias escritas por crianças canadenses com idade média entre 6 e 11 anos e relataram que não conseguiram encontrar evidências de um estágio intermediário – o estágio no qual Gentry afirmou que as crianças começam a produzir sequências ortográficas como dígrafos, embora frequentemente utilizem uma sequência errada. No estudo canadense, entretanto, quando as crianças de fato usavam dígrafos para representar uma vogal, elas geralmente utilizavam o dígrafo correto. Varnhagen, McCallan e Burstow (1997) também criticaram a teoria dos estágios de Gentry, (e, por extensão, outras teorias de estágios) com base no fato de que as palavras escritas que coletaram das histórias das crianças eram frequentemente inconsistentes. Com bastante frequência, a mesma criança escrevia algumas palavras corretamente em um momento, mas usava outra grafia, incorreta, em outro momento. Estes pesquisadores defendiam que, do ponto de vista da teoria de Gentry, essas crianças não têm características definidas, já que demonstram sinais de estarem em dois estágios diferentes ao mesmo tempo.

Entretanto, as teorias dos estágios sempre lidaram muito facilmente com evidências de que muitas crianças operam em diferentes níveis num mesmo momento. De acordo com Piaget, a primeira pessoa a falar da noção de estágios no desenvolvimento cognitivo, algumas crianças são consistentes, outras não. Piaget relatou que, quando as crianças adquirem pela primeira vez uma capacidade intelectual (como entender correspondências e equivalências numéricas, por exemplo), elas a utilizam apenas intermitente e inconsistentemente, além de serem facilmente dissuadidas por argumentos frágeis e ilógicos. Até mesmo mais tarde, quando parecem terem acomodado o novo conhecimento e terem confiança no novo nível intelectual, elas ocasionalmente voltarão às velhas formas de pensar. Uma criança que tenha demonstrado entender e ser capaz de usar, com sucesso, correspondências unívocas entre dois grupos para comparar números, eventualmente fará tais comparações com base na área ocupada pelos dois grupos, especialmente quando essa dica espacial incorreta é saliente na situação. Assim, os estágios são separados e bem definidos, mas as crianças operam, com frequência, em mais de um nível. Em todos seus trabalhos de pesquisa, Piaget apresentou uma grande quantidade de evidências para mostrar inconsistências. Este ponto é importante porque a escrita infantil é quase sempre inconsistente, mas não o suficiente para invalidar as teorias dos estágios do desenvolvimento ortográfico. As crianças conseguem usar o conhecimento de palavras específicas e o conhecimento de sequências de letras familiares, mesmo quando não compreendem regras condicionais de um modo mais abstrato.

Nossa conclusão é que a teoria de Gentry capta muito bem algumas das mudanças no desenvolvimento da escrita, mas a descrição que faz destes desenvolvimentos é superficial. Como já vimos, por exemplo, o progresso das crianças em relação à ortografia correta envolve conhecimento de palavras específicas, como também abstrações que permitem escrever palavras inteiramente novas. Em um nível mais profundo, a questão é se as crianças aprendem somente as correspondências simples, e todas as palavras que não são escritas dessa forma são tratadas como exceções, devendo ser aprendidas em termos de suas ortografias específicas, ou se as crianças aprendem também padrões mais abstratos – por exemplo, que a representação adequada do som /w/ no final das palavras paroxítonas é feita com "o". Não há resposta para esta pergunta na teoria de Gentry.

Resumo

1 Existem diferentes tipos de teorias de estágio do desenvolvimento cognitivo. Diferenças semelhantes também se observam em relação a teorias de estágios no desenvolvimento da escrita e leitura. Alguns pesquisadores entendem que uma teoria de estágios significa que, a cada estágio do desenvolvimento, a escrita das crianças é regida por um único princípio. Esse tipo de teoria não parece se encaixar aos dados disponíveis hoje. Entretanto, tal rigidez não é necessária a uma teoria de estágios. Uma teoria de estágio pode simplesmente afirmar que as crianças têm preferências no tratamento que dão à leitura e à escrita, e para conquistar a leitura e a escrita além dos primeiros passos, precisam mudar sua abordagem. Esse tipo de teoria é mais comum hoje, sugerindo que as crianças tendem a preferir, inicialmente, as correspondências simples entre letras e sons, mas precisam refinar sua abordagem para ler e escrever melhor.
2 Outros pesquisadores entendem que a questão principal no desenvolvimento é se as crianças podem ou não usar uma determinada maneira de pensar em determinados estágios do desenvolvimento.

Acreditamos que esse tipo de teoria deveria ir além da superfície e olhar para conexões causais entre diferentes aspectos da aprendizagem da leitura e da escrita.

UMA VISÃO DIFERENTE SOBRE OS ESTÁGIOS DE DESENVOLVIMENTO DA LEITURA E ESCRITA

As teorias que tratam das causas das mudanças no desenvolvimento têm mais probabilidade de ir além da superfície, porque muitos fatores causais, como o conhecimento fonológico, não são diretamente observáveis. Trataremos agora de uma teoria de estágio que propõe uma série de estágios ordenados e uma explicação sobre o que leva as crianças a passarem de um estágio para outro. Essa é a teoria do desenvolvimento da leitura e escrita elaborada por Frith (1985).

Frith (1985) argumentou que as crianças passam por três estágios gerais na aprendizagem da leitura e escrita. O primeiro é um estágio *logográfico*, o segundo é o estágio *alfabético* e o terceiro, o *ortográfico*. O estágio logográfico se refere aos primeiros contatos que a criança tem com a escrita antes de dominar o alfabeto, e não é diretamente relevante para a discussão no momento. Trataremos aqui mais exclusivamente dos estágios alfabético e ortográfico.

O estágio alfabético corresponde ao período em que as crianças aprendem a base fonológica da escrita e leitura. Durante esse estágio, de acordo com Frith (1985), as crianças se tornam mais sensíveis aos sons das palavras faladas e, ao mesmo tempo, aprendem como representá-los alfabeticamente. Esse estágio se parece, até certo ponto, com o estágio fonético de Gentry, mas é mais abrangente, pois Frith inclui tanto a aprendizagem das conexões individuais entre letras e sons como a dos dígrafos no período alfabético. Frith também propôs uma hipótese sobre as causas do desenvolvimento nesse estágio.

O estágio alfabético, argumenta Frith (1985), inicia-se com a escrita. No início desse estágio, as crianças começam a escrever as palavras letra por letra, embora na leitura usem conhecimentos diferentes, particularmente pelo reconhecimento de palavras que não são regulares, mas são muito comuns. Em inglês, esse reconhecimento é possível porque existem muitos monossílabos, ou seja, muitas palavras curtas, com três ou quatro letras, que podem ser reconhecidas de uma maneira global. A palavra "little" (*pequeno*), por exemplo, não seria pronunciada corretamente se a criança tentasse ler cada uma das letras separadamente, mas "little" é uma palavra muito frequente em histórias infantis, e as crianças a reconhecem sem saber ainda como se pronuncia a sequência de letras "tle". Portanto, na leitura as crianças podem usar um processo de reconhecimento geral, enquanto na escrita já usam as correspondências alfabéticas para gerar a grafia de palavras.

A teoria de Frith (1985), na verdade, envolve duas hipóteses. A primeira é que as crianças usam correspondências fonológicas para escrever antes de as usarem para ler, e a segunda é a de que sua experiência de uso das correspondências entre grafemas e fonemas na escrita acaba levando-as a confiar no uso dessas correspondências para ler também. A evidência para essas duas afirmações ainda é bastante tênue. De acordo com a primeira delas, deveria haver um momento em que a habilidade da criança para analisar os sons das palavras pode ser observada na escrita, mas não na leitura. No entanto, as pesquisas não apoiam essa hipótese. Os estudos preditivos sempre indicam uma conexão forte entre o conhecimento fonológico das crianças e seu sucesso tanto na escrita como na leitura.

Há, entretanto, evidências que sugerem a existência de um momento em que as crianças utilizam o alfabeto mais para escrever do que para ler palavras em inglês. Bryant e Bradley (1980) deram a crianças de 5 e 6 anos as mesmas palavras para ler e escrever em momentos distintos, e depois analisaram quais palavras elas liam e escreviam corretamente. Os pesquisadores descobriram que a maioria das crianças conseguiu ler e escrever corretamente um determinado conjunto de palavras, e também que a maioria não conseguiu escrever ou ler corretamente os itens restantes.

Bryant e Bradley (1980) também descobriram que a maioria das crianças lia corretamente algumas palavras que não sabia escrever. Essa discrepância entre leitura e escrita não é surpreendente: adultos e crianças têm bastante familiaridade com a experiência de não ter certeza sobre como escrever determinadas palavras que conseguem reconhecer sem dificuldade quando as leem.

Entretanto, o estudo revelou outra discrepância que nos parece surpreendente. Aproximadamente 1/4 das crianças escreveu corretamente palavras que não eram capazes de ler. Essa discrepância demonstra uma certa independência entre a leitura e a escrita no início do processo de alfabetização. Uma questão interessante é se as palavras que as crianças escrevem corretamente, mas não conseguem ler, são aquelas que podem ser escritas a partir da concepção alfabética, e se aquelas que as crianças leem, mas não conseguem escrever, são palavras cuja leitura não é feita com base na concepção alfabética. Se esse for o caso, podemos encontrar algum apoio para as hipóteses de Frith.

As palavras que as crianças liam, mas não conseguiam escrever corretamente, quase nunca encaixavam no padrão das correspondências simples entre letras e sons. Essas palavras eram: "school" (/sku:l/, *escola*), "light" (/laɪt/, *luz*) e "egg" (/eg/, *ovo*). Nenhuma dessas palavras tem uma correspondência simples, uma letra para cada som, uma vez que possuem dígrafos (como "oo" em "school") e consoantes duplas ("gg" em "egg"). Em contraste, as palavras que muitas crianças escreveram, mas não leram corretamente, foram "bun" (/bʌn/, *pãozinho*), "mat" (/mæt/, *esteira*), "leg" (/leg/, *perna*) e "pat" (/pæt/, *tapinha*), todas elas com conexões simples entre letras e sons. Esse resultado sugere que a primeira parte da afirmação de Frith, que aprendizes mais novos usam correspondências entre letras e sons mais consistentemente na escrita do que na leitura, se aplica ao inglês. A discrepância entre o número de palavras que as crianças escreviam, mas não conseguiam ler, diminuiu à medida que seu nível de proficiência aumentou, fato este que também está de acordo com a hipótese de Frith.

Embora essa discussão seja teoricamente interessante, ela não será examinada aqui, por ser talvez uma discussão com menos consequências para a aprendizagem do português, que não tem tantos monossílabos com grafias altamente irregulares.*

Segundo nossa análise, a teoria de Frith (1985) compreende duas hipóteses:

1. No início da alfabetização, as crianças usam estratégias diferentes para ler e escrever (e, como vimos, essa afirmação não se sustentaria nessa forma radical).
2. As experiências das crianças com correspondências entre grafemas e fonemas na escrita, após um certo tempo, promovem também o uso dessas correspondências na leitura.

Essa segunda afirmação ainda não foi testada. Não seria difícil testar essa ideia num estudo longitudinal, mas até o momento ninguém o fez.

Segundo a teoria de Frith (1985) durante o estágio seguinte, o ortográfico, as crianças adquirem diversos tipos de informação sobre a leitura e a escrita de palavras que as levam muito além de correspondências alfabéticas. Elas aprendem palavras inteiramente irregulares como (a palavra "Gloucester", em inglês britânico, que é pronunciada /gloster/), bem

---

* N. de T.: Uma vez mais, o leitor interessado deve buscar as informações no original.

como sequências ortográficas comuns, como "-ight" (pronunciada /ait/, se usarmos os sons que essas letras representam em português), que também transcendem correspondências simples. Além disso, nesse estágio, as crianças compreendem e aplicam regras condicionais, sistematicamente.

Nesse estágio, segundo Frith (1985), as relações causais são opostas ao que acontece no estágio anterior: inicialmente, as crianças se familiarizam com sequências ortográficas e regras que aparecem nos textos que leem, e mais tarde aplicam esse conhecimento na escrita. Assim, nesse estágio, as experiências de leitura das crianças acabam determinando seu desempenho ortográfico.

Essa afirmação sobre o estágio ortográfico foi testada recentemente. Em um estudo longitudinal sobre a compreensão do dígrafo separado, Davis e Bryant (2006) coletaram dados sobre o nível de acerto no uso da regra do dígrafo separado na leitura e na escrita (lembramos que o dígrafo separado diferencia a pronúncia de palavras como "hop" e "hope", que tem o mesmo número de fonemas, mas nas quais a pronúncia do "o" é diferente). Esse estudo longitudinal foi realizado ao longo de dois anos, com crianças entre 7 e 11 anos, permitindo aos pesquisadores traçarem o progresso na escrita e na leitura de palavras e pseudopalavras com ou sem o dígrafo separado.

Davis e Bryant (2006) coletaram dados em três diferentes ocasiões, com um intervalo médio de um ano entre uma coleta e outra. Em cada uma das sessões, eles pediram às crianças que escrevessem e lessem palavras reais e pseudopalavras com vogais longas e breves. A representação correta para as vogais longas nas palavras reais era um dígrafo separado. Nos exercícios de leitura, todas as palavras com vogais longas continham dígrafos separados.

Nos exercícios de leitura, os pesquisadores descobriram que as crianças liam as palavras com vogais breves melhor do que aquelas com vogais longas, o que indica que era relativamente difícil ler dígrafos separados, como já vimos acontecer em outros estudos. Note que as vogais breves em inglês são o padrão não marcado; pode-se aqui fazer uma analogia às palavras paroxítonas em português, que são mais frequentes e também são o padrão não marcado.

A diferença no nível de acerto era muito maior no caso de pseudopalavras do que de palavras reais. As crianças, portanto, tiveram muito mais dificuldade em ler e escrever corretamente o dígrafo separado em palavras totalmente desconhecidas do que naquelas mais familiares. Esse resultado sugere que as crianças estavam usando seu conhecimento de palavras específicas na leitura e na escrita. Elas aprendem, por exemplo, a escrever "lake", uma palavra que podem memorizar, mas têm dificuldade em escrever "nake", uma pseudopalavra com a mesma sequência final de sons e a mesma representação ortográfica.

Entretanto, mesmo as crianças de 7 anos tinham certo nível de conhecimento abstrato da regra dos dígrafos separados. Nesta sessão, e nas posteriores, ambos os grupos etários leram consistentemente palavras e pseudopalavras com vogais longas quando estas continham dígrafos separados. Note que essas vogais são menos frequentes, e as crianças devem ter reconhecido uma boa razão para fugir ao padrão mais frequente, não marcado. Portanto, em torno dos 7 anos, o conhecimento dos dígrafos separados já vai além da memorização de palavras específicas. Este conhecimento é incompleto, uma vez que as crianças certamente não leram todas as pseudopalavras com dígrafos separados como palavras com vogais longas.

As tarefas ortográficas do estudo de Davis e Bryant (2006) revelaram resultados semelhantes. As crianças apresentaram um desempenho melhor na escrita de palavras com vogais breves, cometendo poucos erros ao escreverem palavras reais e pseudopalavras. Como esse é o padrão não marcado, que pode ser representado usando-se a concepção alfabética simples, o nível de acerto entre crianças das faixas etárias diferentes são pequenas.

Podemos agora analisar a hipótese causal investigada no estudo de Davis e Bryant (2006). O estudo produziu dois resultados que apoiam claramente a hipótese causal de Frith, de que a leitura tem um papel primordial na fase ortográfica. Ilustramos o primeiro destes resultados nas Figuras 4.8 e 4.9, que contrastam o desempenho das crianças na leitura de pseudopalavras com vogais curtas ou longas nas três sessões de coleta de dados. Entre as idades de 7 e 8 anos, o desempenho na leitura aumentou mais rapidamente do que sua performance na escrita. Entre os 8 e 9 anos, o aumento do desempenho ortográfico e de leitura de dígrafos separados foi basicamente o mesmo. Dos 9 aos 10 anos, a melhora na leitura diminuiu, mas o desempenho ortográfico continuou crescendo como no ano anterior. Portanto, as crianças aprenderam a lidar com a regra dos dígrafos primeiramente na leitura e depois na escrita. Esse resultado é consistente com a hipótese de que suas experiências em leitura fornecem a base para o aprendizado da escrita de palavras com vogais longas.

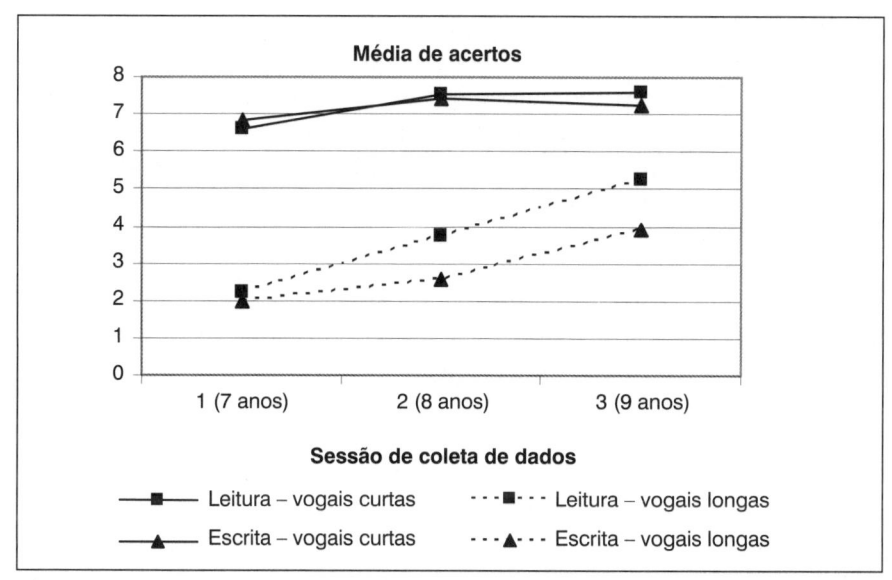

Figura 4.8 Média de acertos (escore máximo: 8) na leitura e escrita de pseudopalavras em cada sessão de coleta de dados para as crianças que estavam no 2º ano, no início do estudo.

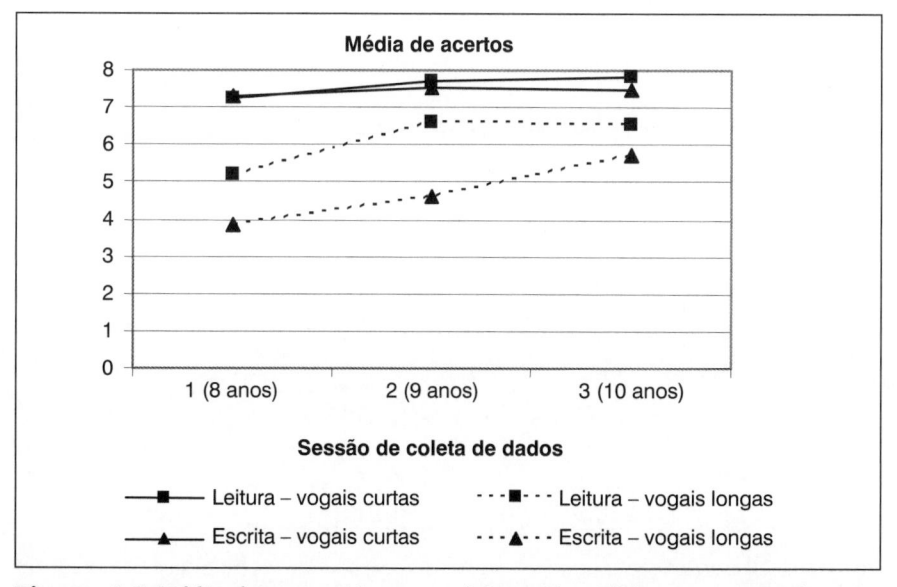

Figura 4.9 Média de acertos (escore máximo: 8) na leitura e escrita de pseudopalavras em cada sessão de coleta de dados para as crianças que estavam no 3º ano, no início do estudo.

O outro resultado observado por Davis e Bryant (2006) fornece evidências ainda mais fortes para a hipótese de que as crianças aprendem as regras ortográficas quando leem e, posteriormente, usam esses conhecimentos como base para o domínio dessas regras na escrita. Por se tratar de um estudo longitudinal, Davis e Bryant (2006) puderam correlacionar os resultados obtidos pelas crianças nas atividades de leitura e escrita. As correlações longitudinais são muito úteis no teste de hipóteses causais. Se as experiências das crianças na leitura realmente promovem o desenvolvimento como afirma Frith, os resultados nos exercícios de leitura no início do estudo devem prever seus resultados nas tarefas de escrita na sessão de coleta de dados subsequentes: inversamente, os resultados iniciais das crianças nos exercícios de escrita não deveriam prever tão fortemente seu sucesso na leitura nas sessões posteriores.

O estudo de Davis e Bryant (2006) mostrou exatamente o resultado antecipado pela hipótese de Frith. A Figura 4.10 mostra que os resultados das crianças nos exercícios de leitura tem uma correlação parcial mais forte (isto é, predizem melhor) com seu desempenho na escrita um ano depois, do que o inverso. Os resultados para os alunos que estavam no 3º ano no início do estudo são muito semelhantes, portanto, não são repetidos aqui. A única diferença a ser ressaltada é que, a partir dos 9 anos, a relação entre escrita e leitura torna-se mais fraca do que as relações entre as tarefas do mesmo tipo, de escrita ou de leitura, de uma sessão para outra.

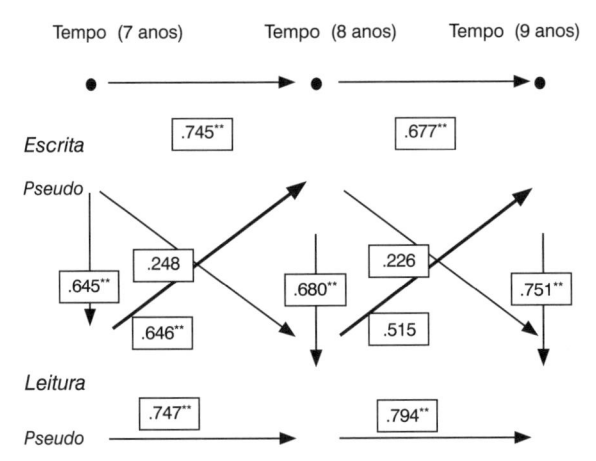

Figura 4.10 Correlações parciais (controlando-se a idade e a medida da variável dependente na ocasião antecedente) observadas para as crianças do 2º ano entre leitura e escrita de palavras com vogais longas e breves ($**p < 0{,}001$, $*p < 0{,}01$).
Fonte: Davis e Bryant (2006).

Resumo

1 Uma análise detalhada do desempenho das crianças em leitura e escrita de palavras evidencia que seu conhecimento muda qualitativa e quantitativamente ao longo do tempo. A aprendizagem de palavras específicas é quantitativa: as crianças passam a conhecer mais itens à medida que progridem na escola.
2 Aprender a lidar com diferentes tipos de regularidade – correspondências entre letras e sons, dígrafos, regras de contexto – diz respeito ao progresso qualitativo, porque se trata de aprender a lidar com categorias distintas de regras ortográficas, não simplesmente outros exemplos de regularidades do mesmo tipo.
3 Algumas interpretações da noção de estágios do desenvolvimento consideram apenas se a criança é capaz de lidar com um tipo de regularidade – por exemplo, lidar com dígrafos e regras de contexto. Essa visão é menos útil do que as análises que investigam se as crianças mudam sua abordagem à leitura e escrita das palavras qualitativamente, usando novos conceitos para entender a ortografia de sua língua. Análises mais sofisticadas consideram também se um tipo de experiência fornece a base para outras noções ainda mais sofisticadas sobre a escrita das palavras.
4 Quando as crianças estão começando a aprender a ler e escrever, elas demonstram forte preferência pelo uso de correspondências unívocas entre letras e sons. Entretanto, quando não há uma única letra para representar um som, elas não têm dificuldade de ir além dessas correspondências simples.
5 Funções mais complexas – como aquelas referentes às regras de contexto – são aprendidas exatamente porque a leitura de palavras em que essas regras são importantes resulta em leituras incorretas, se a criança ignorar a regra.
6 As pesquisas mostram que, no inglês, a aprendizagem de dígrafos separados pela leitura fornece a base para as crianças aprenderem a escrever posteriormente usando os dígrafos separados. Em português, é possível que a leitura de palavras terminadas em "e" e "o", mas que tem o som final de /y/ e /w/, ajude as crianças a representar ortograficamente esses sons. No entanto, não existem pesquisas em português para esclarecer essa questão.

Finalmente, é importante tecer alguns comentários a respeito da noção dos estágios ou fases de desenvolvimento da leitura e escrita e sua utilidade teórica e prática. Para chegarmos a uma conclusão sobre essa questão, é necessário afirmar que uma teoria dos estágios não implica que as crianças escrevam e leiam usando uma única ideia sobre como funciona a ortografia de sua língua. As crianças podem usar diferentes tipos de conhecimento ao mesmo tempo – como afirmamos anteriormente, alguns conhecimentos mais concretos e específicos, mas também outros mais abstratos e gerais – e, portanto, apresentam variação no comportamento. Apesar dessa variação, uma teoria que nos permita reconhecer mudanças qualitativas na concepção das crianças sobre a ortografia de sua língua é uma teoria útil, tanto para compreender a criança quanto para desenvolver um método de ensino apropriado que promova o seu progresso.

Imaginemos que um professor peça a seus alunos para escrever diversas palavras – como Rego e Buarque (2010) fizeram em seu estudo – e utilize uma visão geral das grafias produzidas pelas crianças para entender sua concepção da ortografia do português. Se uma criança escrever a palavra "ferro" como "fero" e a palavra "fera" corretamente, o professor poderia pensar que a criança não distingue os dois sons, /r/ fraco e /R/ forte. No entanto, se o professor tem conhecimento de que, no início da aprendizagem, muitas crianças utilizam somente o "r", e nunca o "rr", embora sejam perfeitamente capazes de discriminar os dois sons, o professor testará a hipótese de que a criança simplesmente tem uma preferência marcada pelas correspondências simples entre letra e som. A instrução que o professor oferecerá a essa criança será bastante diferente de treinamento na discriminação entre o /r/ fraco e o /R/ forte. O professor poderá tentar vencer a convicção da criança de que se usa somente uma letra para cada som trabalhando com os dígrafos obrigatórios primeiro, pois será mais fácil para a criança perceber a necessidade de suas letras para um só som. O uso do "r" e do "rr" depende de regras mais complexas, pois o "r" no início da palavra representa o /R/ forte, e seria mais fácil começar o ensino com os dígrafos obrigatórios.

Infelizmente, não existem estudos em português sobre o impacto que as sequências de ensino podem ter sobre a aprendizagem das crianças. Em nossas pesquisas, investigamos se o ensino de duas regras semelhantes, uma em seguida à outra, facilita o aprendizado de ambas as regras, porque uma reforça a outra. Nossos estudos mostraram que, de fato, o ensino de regras baseadas no mesmo princípio ajuda a criança a desenvolver um conceito mais abstrato das regras. Seria importante replicar esses estudos em português.*

---

* N. de T.: O leitor interessado deve consultar o original em inglês, que descreve o modelo experimental e a análise do ensino de dígrafos separados como um conjunto de regras relacionadas, embora os exemplos específicos sejam bastante diferentes.

CONCLUSÃO: APRENDENDO REGRAS FONOLÓGICAS CONDICIONAIS

Neste capítulo, consideramos a noção complexa, porém necessária, das regras fonológicas condicionais na leitura e escrita. Uma regra condicional exige que o leitor verifique quais são as letras que aparecem depois de uma determinada letra para saber como ler uma palavra ou como representar um determinado som na escrita. Regras condicionais, ou regras de contexto, podem ser descritas como regras que têm a formulação "se..., então...": por exemplo, se a letra "c" for seguida por "a", "o", "u", ou por uma consoante (que não seja "h"), então será pronunciada como /k/; se for seguida por "e" ou "i", será então pronunciada como /s/.

No Capítulo 2, argumentamos que as crianças começam a ler e escrever dando uma certa preferência ao uso de uma concepção unívoca sobre a relação entre letras e sons. Também argumentamos que há algumas palavras que levam as crianças a modificar esta concepção porque elas contêm sons que não podem ser representados por uma única letra; no caso do inglês, "sh", "th" e "ch" não podem ser representados por uma só letra e, no caso do português, "nh" e "lh" também não podem ser representados por uma só letra. Assim, as crianças precisam modificar a regra rígida das correspondências unívocas entre letras e sons e passar a usar mais de uma letra para representar alguns sons: precisam, por exemplo, prestar atenção na letra que segue o "n" para saber se ele deve ser lido como é lido na palavra "cassino" ou como é lido na palavra "caminho". Como vimos no Capítulo 2, as crianças compreendem o uso dos dígrafos consonantais obrigatórios sem muita dificuldade: 70% dos alunos do 1º ano escolar no estudo de Treiman (1993) representaram estes dígrafos corretamente. Este é um avanço em relação à visão estritamente alfabética da escrita. Mas este pode ser um progresso limitado. Há uma grande diferença entre dígrafos consonantais obrigatórios e a regra de contexto (ou condicional) do "c", cuja pronúncia muda em função da letra que o segue.

As consoantes duplas em inglês não precisam de regras específicas para sua própria pronúncia: elas são pronunciadas como se houvesse uma apenas consoante. Porém, elas podem influenciar a pronúncia da vogal que as precede. Portanto, ensinar consoantes duplas às crianças como se fossem dígrafos é, de certa forma, omitir uma informação importante. A fim de que a criança compreenda sua função, ela precisa dar-se conta de que as consoantes duplas envolvem regras de contexto.

Os estudos que apresentamos sobre o português mostram que, como no inglês, as regras de contexto são mais complicadas do que os dígrafos. Diante, porém, da quantidade limitada de informação em português sobre as aprendizagens relativas à ortografia após a fase alfabética, salientamos a necessidade de mais investigações. Esperamos que a discussão apresentada nesse capítulo e nos anteriores motivem os pesquisadores e ilustrem métodos de investigação que podem ser facilmente usados no contexto do português.

5
ORTOGRAFIA E MORFEMAS

Os morfemas são unidades de significado que formam palavras e, portanto, existem em todas as línguas, mas há grandes variações entre as línguas no número de morfemas que são tipicamente necessários para formar uma palavra. Por exemplo, no inglês, muitas palavras têm um só morfema: a palavra "cat", por exemplo, tem um só morfema, mas em português tem dois, o radical, "gat" e a terminação "o", que indica que se trata de um só gato (senão teríamos dito "gatos") e que se trata de um macho (senão teríamos dito "gata"). Em inglês, não se faz a distinção entre "gato" e "gata", há uma palavra só para a forma feminina e a masculina; consequentemente a palavra "cat" tem somente um morfema, e é uma palavra considerada gramaticalmente invariável. Em contraste, em português há duas palavras, "gato" e "gata", pois elas são variáveis: cada uma é formada por dois morfemas, o radical, "gat", comum às duas palavras, e o afixo "o" ou "a", respectivamente.[*] Se desejássemos nos referir a mais de um gato, teríamos de dizer "gatos" ou "gatas", e teríamos três morfemas: o radical "gat", o morfema que indica o gênero, "o" ou "a", e o morfema que indica pluralidade, "s". Nas línguas chamadas de "aglutinativas", vários morfemas são combinados para formar uma só palavra. Por exemplo, em finlandês usa-se uma só palavra para se dizer "em nossa casa", "talossamme": "talo" é a raiz da palavra e significa "casa"; "ssa" e "mme" são dois afixos que significam, respectivamente, "em" e "nossa".

---

[*] N. de T.: Embora exista uma distinção formal entre vocábulo e palavra, na linguagem corrente, essa distinção não se aplica e usaremos, como Cunha (2008), as duas palavras como equivalentes.

Existem dois tipos de **morfema**, chamados "afixos", que podem ser adicionados aos radicais. O primeiro é conhecido como "desinência" (em inglês, "inflection"), e indica o valor gramatical da palavra (CUNHA, 2008). Para continuar usando o exemplo das palavras "gato" e "gata", vemos que o radical não aparece em português independentemente da desinência que indica o gênero, masculino ou feminino. Em contraste, a marcação do número, singular ou plural é diferente: o singular tem desinência zero, o que significa que não é marcado por um morfema, e o plural recebe a desinência "s". O segundo tipo de afixo é usado na **derivação** de palavras e recebe o nome de "derivacional" (RIO-TORTO, 1998).

As desinências indicam o valor gramatical das palavras: por exemplo, nos substantivos e adjetivos indicam o gênero e número, e nos verbos indicam a pessoa, o número e o tempo (por exemplo, "escrevo" e "escreve" são o mesmo verbo com pessoas diferentes [eu, ele], o mesmo número [singular] e o mesmo tempo [presente]; "escrevi" e "escreverão" diferem em pessoa [1ª e 3ª], número [singular e plural] e tempo [passado e futuro]. Embora algumas gramáticas se refiram às desinências como indicando apenas o valor gramatical das palavras, não se pode ignorar que o mesmo radical com desinências diferentes forma palavras diferentes, que tem significado também diferente. Uma característica das desinências é que elas não alteram a categoria gramatical das palavras: os substantivos continuam sendo substantivos e os verbos continuam sendo verbos quando recebem desinências diferentes.

O segundo tipo de morfema, chamados de derivacionais, são unidades de significado usadas para criar outras palavras que têm a mesma raiz, mas significados diferentes, podendo gerar palavras de outra categoria gramatical. Por exemplo, em português temos sufixos nominais, formadores de substantivos (como "eiro", usado para formar agentes, como em porta-porteiro; cozinha-cozinheiro) e sufixos formadores de adjetivos (como "udo", em ponta-pontudo; cabelo-cabeludo). Temos também sufixos verbais, formadores de verbos ("izar", como suave-suavizar; capital-capitalizar) e sufixos adverbiais, formadores de advérbios (como "mente", vagarosa-vagarosamente; calma-calmamente). Falta ainda mencionar que os afixos derivacionais podem ser colocados no início da palavra, e nesse caso são chamados prefixos, ou no final da palavra, sendo chamados sufixos. A palavra "inesquecível" é formada pelo prefixo "in", que indica uma negação, seguida do radical "esquec" (usado no verbo "esquecer") e do sufixo "ível", que forma adjetivos.

Os morfemas derivacionais influenciam o significado das palavras de modo previsível. Quando acrescentamos os prefixos "des" ou "in/im" a uma palavra, por exemplo, criamos uma palavra com o significado oposto: por exemplo, "conhecido" e "desconhecido"; "possível" e "impossível"; "flexível" e "inflexível". Quando acrescentamos certos sufixos a uma forma básica – por exemplo, "agem", "eza" ou "oso" – formamos palavras de uma categoria gramatical específica: "eza" e "ice" são usados para formar substantivos abstratos, como em "beleza", "certeza", "tolice" ou "velhice", enquanto que "oso" é um sufixo usado para formar adjetivos, como "bondoso" e "carinhoso".

Finalmente, é importante observar que frequentemente existem morfemas diferentes que levam à formação de palavras de uma mesma classe de significado. Muitas palavras na língua inglesa que se referem a ocupações de pessoas são formadas com um dos afixos derivacionais "er/or", "ist" ou "ian". Esses afixos não são usados arbitrariamente: em geral, pode-se notar um padrão consistente em seu uso. Os sufixos "ian" e "ist" são usados para formar agentes a partir de substantivos: por exemplo, "music" e "musician", "mathematics" e "mathematician", "art" e "artist", "anthropology" e "anthropologist". Em contraste, os sufixos "er" e "or" são usados para formar agentes a partir de verbos: por exemplo, "sing" e "singer", "direct" e "director". Padrões semelhantes são observados também em português: o sufixo "ista" é usado para formar agentes a partir de substantivos, como em "arte" e "artista", "dermatologia" e "dermatologista", "dente" e "dentista", "piano" e "pianista". O sufixo "or" e suas variações são usados para formar agentes a partir de verbos, como em "cantar" e "cantor", "pintar" e "pintor", "ler" e "leitor", "escrever" e "escritor". Mas há ainda outras maneiras de formar agentes em português: as palavras "matemático", "farmacêutico", "costureiro", "padeiro", "engenheiro", "sapateiro", "marceneiro" ilustram outros padrões para a formação de agentes em português. Esses exemplos mostram que podemos aprender algo sobre nossa própria língua a partir de estudos feitos em outras línguas. Embora a morfologia do português seja considerada mais rica do que a morfologia do inglês (temos mais desinências e também uma maior variedade de sufixos derivacionais), podemos aprender a usar padrões investigados na leitura e escrita em inglês para estudar a leitura e escrita em português.

O PAPEL DOS MORFEMAS NA ORTOGRAFIA

A importância da estrutura morfológica na leitura e escrita é imensa. Por exemplo, a consciência morfológica pode ajudar muito as crianças quando, na leitura de um texto, encontram uma palavra que nunca ouviram antes, mas que é formada por morfemas conhecidos. Uma criança que sabe ler a palavra "contar" e que tem um bom nível de consciência dos morfemas pode nunca ter ouvido a palavra "incontável", que não é comum no vocabulário cotidiano; no entanto, ao encontrar essa palavra em um livro, ela tem uma boa chance de deduzir seu significado, a partir de seu conhecimento do prefixo "in" e do sufixo "avel". Discutiremos mais tarde a relevância do conhecimento de morfemas para a leitura em maiores detalhes. Primeiramente vamos nos concentrar no papel dos morfemas na ortografia.

A conexão entre morfemas e ortografia é extremamente importante e pode ser resumida facilmente: os morfemas são escritos da mesma forma em palavras diferentes e tornam a ortografia mais previsível em português, assim como em inglês e muitas outras línguas. Os radicais são preservados na escrita de palavras derivadas, mesmo que sua pronúncia mude. Por exemplo, na pronúncia mineira, a vogal E no radical das palavras "cabelo" e "cabeludo" é pronunciada de maneira diferente, sendo pronunciada como /ê/ em "cabelo" e como /i/ em "cabeludo". Essa mudança na pronúncia, conhecida como a redução de vogais em palavras derivadas, é observada em muitas línguas. No entanto, a ortografia preserva a escrita do radical na palavra derivada.

Esse fenômeno, que denominaremos a conservação do radical, foi estudado no português europeu, em que a redução de vogais se observa frequentemente quando a tônica (ou seja, a sílaba mais forte) está no radical da palavra primitiva (como em "cabelo"), mas está no afixo na palavra derivada (com em "cabeludo"). Rosa e Nunes (2010) utilizaram uma técnica muito interessante, conhecida como sensibilização (em inglês, *priming*), para investigar a partir de que idade as crianças portuguesas começam a reconhecer os morfemas como unidades ortográficas. A sensibilização é usada tanto em pesquisas sobre leitura quanto sobre escrita, e visa obter indícios de que o aluno percebe a relação entre duas palavras, mesmo quando não está consciente dessa relação e não consegue explicar verbalmente por que escreveu uma palavra de determinada maneira. O procedimento usado por Rosa e Nunes (2010) é bastante simples. A fim de sensibilizar a criança para a relação entre duas palavras, eles apresentaram duas frases; na primeira, aparecia a palavra primitiva e na segunda aparecia a palavra derivada.* A tarefa das crianças era escrever a palavra derivada. Por exemplo, apresentava-se às crianças as frases "Paulo

---

* N. de T.: Os exemplos usados em português europeu diferem dos usados nesse capítulo, uma vez que a redução das vogais nas palavras derivadas ocorre no português europeu com mais frequência do que no português brasileiro.

não gostava de cortar o cabelo. Terminou recebendo o apelido de Paulo cabeludo". As frases eram pronunciadas como são em português corrente, usando a redução da vogal e, portanto, pronunciando a palavra derivada como /cabiludo/; a tarefa da criança era escrever a palavra cabeludo.

Os alunos que participaram do estudo foram distribuídos aleatoriamente em três grupos. No grupo de sensibilização escrita e oral, os alunos ouviam as frases, que também apareciam escritas em sua folha de respostas, com exceção da palavra-alvo (cabeludo, no exemplo), a qual eles deveriam escrever. No grupo de sensibilização oral, os alunos apenas ouviam as frases e deveriam escrever a palavra alvo. No grupo de comparação, não havia a sensibilização, e os alunos ouviam duas frases, mas a primeira não continha a palavra primitiva: por exemplo, eles poderiam ouvir "Paulo não gostava de ir ao barbeiro. Terminou recebendo o apelido de Paulo cabeludo". Ao todo, os alunos em cada condição experimental escreveram 24 palavras. A Tabela 5.1 explica as diferenças de procedimento na apresentação da tarefa e o número de participantes em cada grupo.

Tabela 5.1 As condições experimentais usadas no estudo sobre a influência da sensibilização morfológica sobre a ortografia

Ausência de sensibilização (n=132)	Sensibilização apenas oral (n=133)	Sensibilização oral e escrita (n=131)
Apresentação oral: "Paulo não gostava de ir ao barbeiro. Terminou recebendo o apelido de Paulo cabeludo." Na folha de respostas aparece apenas o número do item.	Apresentação oral: "Paulo não gostava de cortar cabelo. Terminou recebendo o apelido de Paulo cabeludo." Na folha de respostas aparece apenas o número do item.	Apresentação oral e escrita: As crianças ouvem as frases "Paulo não gostava de cortar cabelo. Terminou recebendo o apelido de Paulo cabeludo", que estão escritas na folha de respostas, mas a palavra "cabeludo" não está escrita e é substituída por uma linha indicando onde os alunos devem escrever a palavra-alvo.

Nossa hipótese era que os alunos dos primeiros anos não teriam sequer um conhecimento implícito dos morfemas como unidades escritas e, portanto, não mostrariam um maior nível de acerto na escolha das vogais nas palavras derivadas quando as escreviam nas condições de sensibilização. Em outras palavras, a porcentagem de escolhas da vogal I para representar a vogal reduzida, em vez da vogal E, na palavra derivada, não aumenta nas condições de sensibilização, apesar da criança ter ouvido ou visto a palavra cabelo, em que o E aparece pronunciado claramente por estar na sílaba tônica. À medida que os alunos avançam no ano escolar, esperamos que tenham melhor conhecimento dos morfemas como unidades gráficas e, portanto, seu sucesso ao escrever as palavras derivadas nas condições de sensibilização deve aumentar, em comparação ao nível de acerto dos alunos no grupo em que não foi usado o processo de sensibilização. Note que a análise não considera outros erros possíveis na palavra, como a troca do B e do D (por exemplo, escrevendo "cadeludo" ou "cadiludo"), uma vez que apenas a representação correta da vogal reduzida é de interesse no caso. Se o aluno trocasse o B e o D, mas escrevesse a vogal correta, sua resposta era considerada certa.

A Tabela 5.2 mostra a porcentagem de acertos na escolha da vogal na palavra derivada por ano e por condição experimental. Pode-se observar que o nível de acerto dos alunos dos dois primeiros anos, na verdade, reflete o que se pode chamar de acerto por acaso em todas as três condições. Há apenas duas vogais que poderiam ser escolhidas, E e I, resultando nas grafias "cabeludo" ou "cabiludo", pois as grafias com A, O, ou U ("cabaludo", "cabeludo" ou "cabuludo") não são fonologicamente plausíveis. Portanto, um nível de acerto em torno de 50% reflete o acerto por acaso, e não uma escolha deliberada da vogal correta.

Tabela 5.2 Porcentagem de acerto na escolha da vogal reduzida na palavra derivada (por exemplo, uso do E na palavra "cabeludo")

Ano	Níveis de sensibilização		
	Ausência de sensibilização	Sensibilização apenas oral	Sensibilização oral e escrita
1º	43	46	46
2º	51	50	48
3º	53	62	66
4º	61	68	72

Observe que os alunos do 3º ano ainda apresentam basicamente um nível de acerto que pode ser interpretado como acerto por acaso quando fazem a tarefa na condição sem sensibilização. Em contraste, seu nível de acerto aumenta significativamente quando escrevem as palavras nas condições de sensibilização. Os alunos do 4º ano, que já demonstram certa capacidade de escolher a vogal correta na palavra derivada, mesmo na condição sem sensibilização, com 61% de acerto, demonstram um nível de acerto significativamente mais elevado quando escrevem a palavra derivada na condição de sensibilização oral e escrita, atingindo 72% de escritas corretas.

Em português, seria interessante analisar a conservação da grafia dos radicais quando a variante do português falada pela criança envolve modificações fonológicas. Por exemplo, no final das palavras "difícil", "banal" e "mal" a letra "l" soa como a semivogal /w/ (FARACO, 1992), mas nas palavras derivadas "dificílimo", "banalidade" e "maléfico" a letra "l" tem o seu som habitual de /l/. A grafia do radical das palavras é conservada embora sua pronúncia seja diferente na forma básica e na forma derivada. Nesses exemplos, a grafia do radical na palavra básica pode ser antecipada a partir da palavra derivada, o que pode oferecer um contraste interessante com os casos opostos, em que a grafia da palavra derivada é antecipada a partir da palavra básica. Seria um desses processos mais difícil do que o outro ou teriam os dois o mesmo nível de dificuldade? Temos, portanto, nesses exemplos, um caso interessante para pesquisar a conservação da grafia das raízes, mas, ao que nos consta, tais estudos ainda não foram realizados no Brasil.

Além da conservação da ortografia da raiz de uma palavra, existe a questão da diferenciação na escrita de elementos que são fonologicamente iguais, mas representam sufixos diferentes. Tanto em inglês como em português, existem palavras cuja grafia é previsível a partir de seus morfemas, embora existam duas maneiras diferentes de se representar seus sons. Um exemplo em inglês envolve os sufixos derivacionais "ion" e "ian". Na pronúncia de um falante nativo do inglês, as sílabas finais das palavras "confession" (*confissão*) e "magician" (*mágico*) são pronunciadas exatamente da mesma maneira: podemos representar sua pronúncia mais ou menos como /chan/na palavra "chance", embora a vogal em inglês seja uma vogal mal articulada ("schwa"). Essa semelhança na pronúncia do final de palavras como "confession" e "magician" causa dificuldades ortográficas para as crianças inglesas. Em um de nossos estudos, pedimos a mais de 7 mil crianças que escrevessem palavras como essas, terminadas em "ion" ou "ian". As palavras terminadas em "ion" são substantivos abstratos, e as terminadas em "ian" referem-se a pessoas, incluindo agentes, como "magician" e "musician", e pessoas identificadas por sua origem pátria, como "Brazilian" ou "Italian". Observe que, quando consideramos os morfemas que formam essas palavras, vemos que elas são completamente regulares: a palavra "confession" é formada pela raiz, "confess" (*confessar*), mais o sufixo "ion", e a palavra "magician" é formada pela raiz, "magic" (*mágica*), mais o sufixo "ian". A ortografia dessas palavras é, pois, inteiramente previsível. No entanto, a maioria das 7 mil crianças não escreveu corretamente as palavras "magician" e "electrician", usando terminações como "shion", "shan", "shun" ou "shn" (sem uma vogal entre as consoantes). Essas crianças estavam na faixa etária de 9 a 10 anos, e, portanto, já estavam aprendendo a ler e escrever há aproximadamente 4 anos, uma vez que a alfabetização começa aos 5 anos na Inglaterra.

Em português também existem exemplos de regras ortográficas consistentes, que nos auxiliam a escolher a ortografia correta quando existe mais de uma forma adequada de se representar um som. Por exemplo, o "s" entre vogais tem o som de /z/; portanto, quando o som /z/ aparece entre duas vogais, como podemos saber se devemos usar "s" ou "z"? Existem algumas regras morfológicas que podem nos auxiliar. Por exemplo, existem dois sufixos em português, "esa" e "eza", que tem exatamente o mesmo som, mas funções distintas. O sufixo "eza" é usado para formar substantivos abstratos, como "beleza", "pureza" e "certeza", enquanto o sufixo "esa" é a forma feminina de adjetivos pátrios e títulos de nobreza, como em "inglesa", "francesa", "princesa" e "duquesa".

Outro exemplo interessante é o caso do som /s/ entre duas vogais, que pode ser escrito como "ss", "ç" ou "c". Como vimos anteriormente, se esse som estiver diante das vogais "e" ou "i", há apenas duas opções, "ss" ou "c", pois não se usa "ç" antes de "e" ou "i" (uma regra de contexto). Existem em português dois sufixos, "isse" e "ice" que tem a mesma pronúncia, mas funções e grafias distintas: "ice" é usado para formar substantivos abstratos, como "velhice" e "meninice" e "isse" marca o condicional de verbos da terceira conjugação, com em "fugisse" e "sentisse". Regras morfológicas como essas são exemplos da conexão indireta entre a língua falada e escrita, por meio da representação gramatical abstrata, que discutimos no Capítulo 1.

Rosa (2004) examinou a capacidade de crianças portuguesas dos 1º, 2º e 3º anos de discriminar o uso do S ou Z em palavras terminadas em "esa" ou "eza" como também de discriminar o uso dos sufixos "ice" ou "isse" na ortografia. Como só existem duas maneiras de se escrever as consoantes nesses sufixos, as crianças poderiam ter 50% de acerto por acaso nessas grafias. Elas poderiam também demonstrar uma preferência, por exemplo, de usar sempre o Z na grafia de palavras terminadas em "esa" ou "eza" e usar sempre SS na grafia de palavras terminadas em "ice" ou "isse". Nesse caso, as crianças escreveriam corretamente 100% das palavras terminadas em "eza" e das terminadas em "isse". A fim de lidar com a possibilidade de acerto por acaso ou de acertos por ignorar a grafia alternativa, Rosa (2004) escolheu as palavras a serem escritas de tal forma que metade delas terminavam em "eza" e a outra metade em "esa" e metade terminam em "isse" e a outra metade em "ice". Aos índices de acerto observados, ele aplicou uma fórmula de correção de acertos pelo acaso, de tal forma que, se a criança escrevesse todas as palavras com Z no caso dos sufixos "eza" e "esa" e todas as palavra com SS no caso dos sufixos "isse" e "ice", seu índice de acerto seria igual a zero. Essa fórmula, originalmente desenvolvida por Guilford, em 1954, envolve subtrair do número de respostas corretas o número de respostas erradas, quando há duas alternativas de resposta. Rosa (2004) observou que as crianças do 1º ano terminavam com uma média de acerto abaixo de zero, pois cometiam mais erros do que acertos. As do 2º e 3º anos já mostravam alguma capacidade de discriminar o uso dos dois sufixos, porém sua média de respostas corretas ainda era bastante baixa. De um total de 10 palavras escritas com "eza" ou "esa", a média de respostas corretas para o 2º ano foi 1,02 e para o 3º ano a média foi 3,56. O desempenho dos alunos foi bastante semelhante no caso dos sufixos "isse" e "ice", sendo a média para o 2º ano igual a 1,25 e do 3º ano igual a 2,36.

Existem alguns estudos no Brasil em que se examinou a escrita de sufixo, como por exemplo, um estudo feito por Meireles e Correa (2005). No entanto, sua análise foi inadequada, pois considerou separadamente os sufixos com Z ou com S, levando a conclusões que não podem ser justificadas, pois a análise não investigou a possibilidade do acerto por acaso ou de uma tendência a usar somente uma das grafias possíveis. Meireles e Correa (2005) concluíram que as crianças mostravam maior facilidade na aprendizagem do sufixo "esa" do que do sufixo "eza", um conclusão não justificada porque o que as pesquisadoras observaram poderia ser explicado simplesmente pela preferência pela letra S, que é muito mais frequente em português do que a letra Z. O estudo da aquisição de morfemas precisa considerar o conhecimento de quando usar a grafia específica, como também quando não usá-la. Portanto, ainda faltam informações necessárias para compreendermos o desenvolvimento das grafias que representam esses morfemas em português.

Finalmente, uma das questões de grande interesse no Brasil é como as diferenças entre as variedades linguísticas usadas em regiões distintas ou por diferentes classes sociais afetam a ortografia. É comum algumas dessas variedades não usar sistematicamente todas as desinências para substantivos, adjetivos ou verbos. Por exemplo, /os mininosairocorreno/ exemplifica uma forma oral usada em Minas, na qual o plural do substantivo não está marcado, o plural do verbo está marcado, mas a desinência pode ser descrita como reduzida ("saíram" reduzida para "sairo") assim como a desinência que marca o gerúndio ("correndo" reduzida para "correno"). Muitas formas verbais são reduzidas na linguagem oral. Por exemplo, o "r" no final do verbo no infinitivo e em formas compostas é frequentemente omitido, restando como indício de sua existência uma sílaba tônica: por exemplo, "ele vai sair" é pronunciado como /ele vai saí/ em algumas variedades linguísticas no Brasil. Outra forma verbal frequentemente reduzida é a terceira pessoa do singular do pretérito perfeito: "falou" é pronunciado /falô/, sendo o ditongo "ou" marcado pela sílaba tônica. Portanto, as crianças brasileiras devem conquistar a difícil tarefa de usar morfemas que podem não aparecer na escrita, ou aparecem de modo reduzido, na linguagem oral em seu ambiente familiar. Esse fenômeno não é particular ao português brasileiro: em francês, as frases no singular "le garçon chante" e no plural "les garçons chantent" não diferem quanto à pronúncia do substantivo e do verbo, mas a ortografia diferencia o singular do plural.

A importância de se compreender a diferença entre a forma da língua representada na escrita e a variedade linguística falada pela criança deveria contribuir significativamente para o desenvolvimento de métodos de instrução apropriados. Como salientado por Faraco (1992), não se trata de corrigir a fala da criança, mas de desenvolver métodos de instrução apropriados para que ela tome consciência da existência de variedades linguísticas diferentes. As diferenças são, com frequência, sintáticas e morfológicas. Bagno (1999) enfatiza em sua análise do preconceito linguístico a recusa de reconhecer que existem diferentes variedades faladas no português brasileiro. Essas diferenças provavelmente geram preconceitos na vida cotidiana, como também na escola e no trabalho, quando a ortografia revela a origem social da escritora como sendo de uma classe social de menor prestígio. Esse assunto será retomado na discussão final das implicações de pesquisas sobre a ortografia para o ensino do português na escola.

Resumo

A morfologia afeta a ortografia de muitas línguas, há três tipos diferentes de representação da morfologia na escrita:

1 Quando há representações alternativas para um mesmo som, a morfologia frequentemente determina a grafia correta. Em português, o som /z/ entre vogais pode ser escrito com "s" ou com "z", mas se pode prever a grafia de palavras como "princesa" e "beleza" a partir dos morfemas "esa" e "eza", que são pronunciados da mesma forma, mas têm funções e grafias distintas.

2 Quando o mesmo morfema é pronunciado de forma diferente em palavras distintas, sua representação permanece constante apesar da variação na pronúncia. Em algumas das variantes do português faladas no Brasil, esse fenômeno é facilmente observável no radical de certas palavras: a letra "l" representa um som diferente quando aparece no final da palavra, como em "mal", "banal" e "difícil", e quando aparece antes de uma vogal no meio de uma palavra derivada, como em "maléfico", "banalidade" e "dificílimo", mas a grafia do radical é conservada e pode ser prevista a partir de sua pronúncia nas palavras derivadas.

3 Em alguns casos, a ortografia representa diferenças morfológicas que não são marcadas na língua oral. Algumas variedades do português falado no Brasil deixam de marcar, ou marcam de modo reduzido, algumas desinências de substantivos e verbos, mas essas são marcadas na escrita. Portanto, é essencial que os professores compreendam a conexão indireta entre língua oral e escrita, por meio da representação morfológica, para que possam desenvolver formas apropriadas de instrução.

USO DE REGRAS ORTOGRÁFICAS BASEADAS EM MORFEMAS

Os exemplos acima demonstram que as ortografias do inglês e do português não deveriam ser tratadas como uma simples questão de correspondências entre grafemas e fonemas. Ambas as ortografias representam morfemas, distinguindo na escrita a representação de sequências sonoras que, na fala, são idênticas. Além disso, sons diferentes podem ser escritos com a mesma letra: o final das palavras "difícil" e "fugiu" é fonologicamente igual, e ambas terminam com o ditongo decrescente/ iu/. No entanto, uma é escrita com "il" e a outra com "iu". A importância das relações entre morfemas e ortografia parece tão óbvia que a hipótese de que existe uma relação causal entre a capacidade que a criança tem de se tornar consciente dos morfemas e sua competência ortográfica nos parece bastante plausível. Essa é uma ideia que deve ser tratada como uma hipótese e não como uma conclusão inevitável a partir da análise linguística. Embora possamos formular regras ortográficas baseadas em morfemas, não podemos concluir, sem fazer os estudos relevantes, que as crianças aprendem a escrever porque têm consciência dos morfemas e de regras morfológicas. Nessa seção, analisamos os processos relacionados à aprendizagem de regras morfológicas em inglês e descrevemos algumas pesquisas sobre o português.

Há pelo menos dois caminhos para a aprendizagem da ortografia de palavras como "confession" e "magician", ou "kissed" e "killed" em inglês e "princesa" e "beleza" ou "meninice" e "fugisse", cuja escrita não pode ser inteiramente prevista por correspondências entre grafemas e fonemas. Uma delas é a hipótese de que, quando as crianças compreendem a importância dos morfemas para a ortografia, elas aprendem como gerar a ortografia dessas palavras. A outra hipótese é de que, ao longo do processo de alfabetização, as crianças memorizam a ortografia de cada uma dessas palavras, sem na realidade usar seu conhecimento morfológico. De acordo com essa segunda hipótese, as crianças saberiam escrever apenas as palavras que memorizaram – portanto, o uso de pseudopalavras torna-se, uma vez mais, um instrumento importante para analisar a viabilidade dessa explicação baseada na memória.

A fim de examinarmos essas possibilidades, precisamos analisar duas questões. A primeira refere-se ao progresso na aquisição dessas ortografias: a partir de que ano ou idade podemos observar um progresso na aprendizagem dessas grafias e que tipos de erro são cometidos pelas crianças antes da aquisição da ortografia correta? A segunda questão refere-se ao processo de aquisição: como podemos saber se as crianças utilizam essas regras ortográficas, e não a memorização, para aprender a escrever palavras cuja grafia envolve a representação de morfemas?

A resposta para a primeira pergunta, relativa ao progresso na aprendizagem do uso de morfemas na escrita, já foi analisada em vários estudos em inglês, e também em outras línguas, como o grego e o português europeu. O progresso na aprendizagem dessas grafias é bastante lento, embora isso não signifique que as crianças não tenham qualquer conhecimento morfológico. De fato, é possível que elas tenham conhecimentos morfológicos que poderiam usar para aprender a ortografia de palavras que representam a morfologia, mas deixam de usá-lo porque ele entra em conflito com sua concepção alfabética de ortografia, que as leva a usarem principalmente correspondências entre grafemas e fonemas ao escrever. Consideremos primeiro alguns exemplos de pesquisas em inglês e, posteriormente, exemplos em português.

O progresso das crianças na escrita de palavras que representam a morfologia e contradizem a expectativa gerada por correspondência entre grafemas e fonemas pode ser ilustrado pela aquisição da ortografia de verbos regulares no passado, em inglês. Em um estudo longitudinal (NUNES; BRYANT; BINDMAN, 1997a), acompanhamos um grupo de aproximadamente 100 crianças ao longo de três anos, e avaliamos o progresso que elas fizeram na ortografia do sufixo "ed", usado no final de verbos regulares. Observe que, como os verbos no passado não têm desinência relativa à pessoa, sua forma é a mesma quando se escreve, por exemplo, "I stopped" (*eu parei*), "he stopped" (*ele parou*), "we stopped" (*nós paramos*), e "they stopped" (*eles pararam*). Portanto, o sufixo "-ed" é bastante comum na ortografia em inglês.

Quando começamos nosso estudo, as crianças que participaram tinham entre 6 e 7 anos; elas estavam ou no 2º ou no 3º ano do ensino fundamental. Durante três anos, acompanhamos o seu progresso na ortografia de verbos regulares no passado, e também de outras palavras que não eram verbos e que tinham os mesmos sons no final que os verbos utilizados no estudo. Exemplificando: usamos verbos regulares como "kissed", que são pronunciados como se terminassem em /t/, precedido por uma consoante, e também palavras que não são verbos e terminam com o som /t/, precedido por uma consoante, como "soft". Além de verbos regulares e palavras de outras categorias gramaticais, usamos ainda no estudo verbos irregulares, como "kept", que também termina com o som /t/, precedido por uma consoante, e não é escrito com a desinência "ed". A importância de usarmos palavras que terminam com os mesmos sons, mas não são escritas com o sufixo "ed" deve-se ao fato de que, para dominar uma regra ortográfica morfológica, necessitamos saber quando usar o morfema e também quando não usá-lo. Tínhamos, pois, nesse estudo, três grupos de palavras:

- verbos regulares no passado, que devem ser escritos com o sufixo "ed", embora sejam pronunciados como se terminassem em /t/ ou /d/, mas nunca são pronunciados como /ed/ (contrastar, por exemplo, com a palavra "bed");
- verbos irregulares que terminam com os mesmos sons, mas não são escritos com o sufixo "ed", sendo representados por correspondências habituais entre grafemas e fonemas;
- palavras de outras categorias gramaticais, que são representadas por correspondências habituais entre grafemas e fonemas.

Portanto, os sons das terminações das palavras eram os mesmos em todos os três grupos, mas apenas o primeiro grupo é escrito com o sufixo "ed". A frequência média das palavras utilizadas era muito semelhante nos três grupos de palavras, de modo que, se as crianças estivessem escrevendo as palavras corretamente porque tinham memorizado sua grafia, a probabilidade de acerto deveria ser, em média, muito semelhante nos três grupos. Nossa hipótese, no entanto, não nos levava a esperar que a média de acertos fosse semelhante nos três grupos de palavras. Como as crianças começam a aprender a escrever pela correspondência entre grafemas e fonemas, nossa previsão era que os dois grupos de palavras escritas de acordo com correspondências entre grafemas e fonemas levariam a uma média significativamente mais alta de acertos. Em contraste, os verbos regulares no passado, apesar de serem escritos usando uma regra muito simples, porém baseada em morfemas e não em fonemas, deveriam causar maiores dificuldades para as crianças.

Durante os três anos em que acompanhamos a aprendizagem das crianças, avaliamos sua ortografia em quatro ocasiões diferentes. A pontuação dada à elas refere-se apenas à representação dos sons finais da palavra, não sendo considerados erros ou acertos em outras partes das palavras. A Figura 5.1 mostra as médias de acerto em cada ocasião ao longo dos três anos. No início do estudo, as crianças cujos dados aparecem nessa figura estavam na faixa etária de 6 a 7 anos, com uma média inferior a 7 anos. No final do estudo, sua idade estava na faixa de 9 a 10 anos, com uma média inferior a 10 anos.

A figura mostra claramente que o índice de acerto nos verbos regulares é significativamente inferior ao índice de acerto nos outros dois grupos, e que nem mesmo as crianças de 9 anos, que já vinham sendo alfabetizadas há 4 anos, mostram o mesmo índice de acerto em verbos

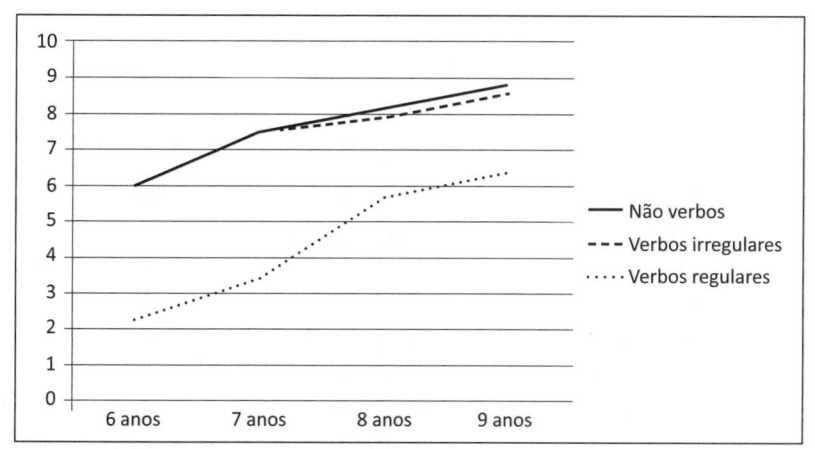

Figura 5.1 Média de acertos por idade e por grupo de palavras.
Fonte: Nunes, Bryant e Bindman (1997).

regulares e nas palavras que são escritas com base em correspondências entre grafemas e fonemas. Portanto, o progresso na aquisição de grafias baseadas em morfemas mostra-se bastante lento em comparação à ortografia de palavras que representam correspondências grafema-fonema.

Quanto à análise de erros, dois resultados aparecem como mais significativos. Primeiro, a maioria dos erros cometidos pelas crianças em relação à terminação dos verbos regulares foram erros "fonéticos"; quando erravam, tendiam a escrever "kissed" como "kist" ou "kisst", por exemplo, e "killed" como "kild" ou "killd". Seus erros confirmaram que não estavam usando seus conhecimentos morfológicos para gerar a ortografia dessas palavras. Além disso, os erros mostram que a memorização de palavras específicas não pode explicar os erros observados, pois as crianças nunca teriam visto palavras como "killed" e "kissed" escritas como "kild" e "kist".

A Figura 5.2 apresenta as palavras escritas por duas crianças. A análise dos erros cometidos por elas é bastante interessante e sugestiva. Tom já descobriu que o "ed" no final das palavras é uma possibilidade de grafia. No entanto, ele não parece saber muito bem quando usar, e quando não usá-lo no final das palavras. Notam-se erros de omissão, como em "laughed" e "covered", que são verbos regulares, mas foram escritos sem o "ed" final, assim como erros de intrusão, como "soft" e "next", que não são verbos e foram escritos com "ed" no final. A ortografia de Lucy ofere-

Escrita correta e categoria da palavra		TOM	Lucy
Opened	verbo regular	Opened	opened
Laughed	verbo regular	Lughft	laughted
Soft	não verbo	Sofmed	soft
Next	não verbo	nexed	nexst
Except	não verbo	exepct	exsept
Dressed	verbo regular	Dressed	dressed
Slept	verbo irregular	sleptet	slepled
Held	verbo irregular	heled	hedled
Covered	verbo regular	cuver	coverd
Felt	verbo irregular	Felt	felt
Kissed	verbo regular	Kised	kissed
Killed	verbo regular	Kiler	killed
Sold	verbo irregular	Soled	Sold
Left	verbo irregular	lefed	left
Lost	verbo irregular	losed	lost

Figura 5.2 A ortografia de algumas palavras produzidas por duas crianças.

ce um contraste interessante. Ela também sabe que o "ed" é uma opção ortográfica para o final das palavras que terminam com os sons de /t/ ou /d/, e também mostra erros de intrusão, mas seus erros são restritos ao verbos irregulares: ela não usou o "ed" no final das palavras de outras categorias gramaticais.

O sufixo que marca o passado dos verbos regulares no inglês oferece um exemplo claríssimo dos problemas que as crianças têm inicialmente com a representação de desinências na ortografia, mas devemos salientar que esse não é um caso especial. Outros estudos mostram a dificuldade no uso de sufixos como o "s" final para marcar o plural de substantivos, quando o "s" soa como /z/*, bem como as dificuldades que os alunos têm em usar corretamente os sufixos "ion" e "ian", que são pronunciados da mesma maneira, com uma vogal "schwa" (fraca, pouco distinta).**

---

* Ver Kemp e Bryant (2003).
** N. de T.: O leitor interessado em pesquisas sobre outros morfemas em inglês deve consultar a obra original, em que outros exemplos são apresentados em detalhe.

As desinências são, em geral, compreendidas mais facilmente pelas crianças do que os sufixos derivacionais. A ligação, por exemplo, entre "abro" e "abri" (um verbo no presente e no passado) e entre "gato" e "gatos" (um substantivo no singular e no plural) não exige que pensemos em categorias gramaticais diferentes. No caso de morfemas derivacionais, a palavra derivada frequentemente difere da palavra base em categoria gramatical, como, por exemplo, "cantar" e "cantor", e seu significado também é menos próximo do significado da palavra básica, podendo mesmo ser o oposto, como "desejável" e "indesejável".

Em vários estudos anteriores, resumidos por Nunes e Bryant (2006), pudemos verificar a dificuldade que a representação dos morfemas derivacionais "ion" e "ian" provocam. Ilustramos aqui essas dificuldades na Figura 5.3, que mostra o índice de acerto de alunos de 8 e 9 anos ao escreverem palavras e pseudopalavras que deveriam ser escritas com esses sufixos. Os dados são baseados em uma amostra de aproximadamente 170 crianças de 7 escolas diferentes em Oxford e Londres. Os alunos estavam no 4º ou 5º ano, e, portanto, já tinham percorrido um longo caminho no processo de alfabetização escolar.

Como mencionamos no contexto dos estudos anteriores, as pseudopalavras são importantes na análise do desenvolvimento da ortografia porque sua grafia não pode ser memorizada: a questão é, então, se as crianças são capazes de escolher a ortografia correta ao representá-las. Lembremos que o sufixo "ion" é usado em substantivos abstratos, como "confession" (*confissão*) e "ian" é usado para formar agentes, como "magician" (*mágico*). Lembremos também que as pseudopalavras são incluídas em frases, a fim de que a criança tenha algumas pistas sobre seu significado. Para dar um exemplo em português, se dissermos a frase "O juiz pronunciou a sentença com lumeza", o leitor poderá inferir que lumeza refere-se a um substantivo abstrato, embora não possa saber o significado exato dessa pseudopalavra. Similarmente, na frase "O maestro convidou a rimpesa para o concerto", o leitor intuirá que "rimpesa" indica uma mulher, embora não saiba exatamente o que essa pseudopalavra significa. Da mesma forma, fizemos frases com pseudopalavras usando-as em posições gramaticais que seriam ocupadas por substantivos abstratos, e não por uma palavra que indica uma pessoa; nesse caso, a pseudopalavra deve ser escrita com "ion". Podemos também fazer frases com pseudopalavras usando-as em posições que deveriam ser ocupadas por uma pessoa, e não por um substantivo abstrato: nesse caso, a pseudopalavra deve ser escrita com "ian".

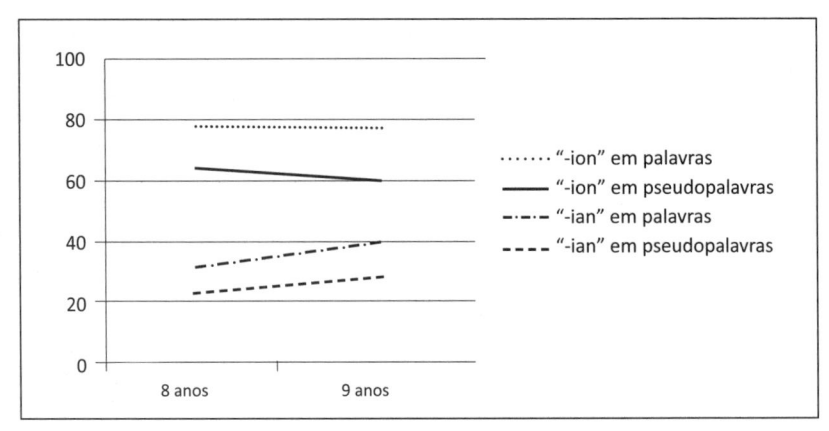

Figura 5.3 Porcentagem de uso correto do sufixo por tipo de item.

Observa-se na Figura 5.3 que há um maior índice de acerto nas palavras e pseudopalavras com "ion", o qual pode não refletir o conhecimento do uso do sufixo, mas uma preferência. No inglês, o sufixo "ion" é muito mais frequente do que "ian": na base de dados MRC (Medical Research Council) existem 2.859 palavras com "ion" e 963 com "ian". Portanto, as crianças podem ter uma preferência pelo sufixo "ion" de modo geral, por ser este mais comum. Se o acerto nas palavras com "ion" refletir somente uma preferência por essa sequência de letras, espera-se que as crianças usem o sufixo "ion" indiscriminadamente, tanto em substantivos abstratos como em substantivos que se referem a pessoas. E, de fato, foi isso que ocorreu nesse estudo, e também em outro, com mais de 7 mil alunos na faixa etária de 9 a 10 anos. Dentre as palavras que usamos nesse segundo estudo, a mais frequente nos livros infantis é a palavra "magician" (*mágico*), de acordo com uma base de dados especial, que indica a frequência de palavras em livros infantis. Entretanto, observou-se nesse estudo que 2.212 crianças escreveram "magician" com "ion" e apenas 1.876 usaram o sufixo "ian". As outras crianças usaram terminações diversas como "em", "um", "on", "an", etc. Essas últimas grafias, que não são corretas e, portanto, não poderiam ter sido memorizadas durante o processo de aprendizagem, foram mais numerosas do que cada um dos dois sufixos. Portanto, na aprendizagem do uso dos sufixos "ion" e "ian" observamos algo semelhante ao que aconteceu na aprendizagem do uso do "ed": as crianças primeiro tornam-se conscientes de que a sequência de letras pode ser usada para representar os sons finais das palavras, mas não sabem ainda quando usar, e quando não usar, os sufixos. Novamente, a questão que se coloca é como elas vão aprender a escolher o sufixo correto.

Estes dois exemplos reforçam nossa conclusão de que, pelo menos nas condições atuais de ensino na Inglaterra, as crianças não usam as correspondências entre morfemas e grafemas com facilidade, e mostram um progresso lento nessa aquisição mesmo quando as regras são relativamente simples.

O progresso na conquista do uso do sufixo "ed" para marcar o passado dos verbos regulares é bastante lento. Mesmo após quatro anos de participação no processo formal de alfabetização na escola, a média de acerto entre as crianças no uso desse sufixo fica em torno de 65%. Parte da dificuldade na representação de alguns morfemas resulta do fato de que há uma discrepância entre a grafia que seria esperada a partir dos sons da fala e a representação morfológica.

A análise dos erros cometidos pelas crianças sugere que o processo de aquisição da ortografia dessas palavras não pode ser exclusivamente a memorização da escrita de palavras isoladas, pois os erros que elas apresentam são grafias que não teriam encontrado anteriormente em sua vida escolar ou em suas leituras fora do ambiente escolar.

Os erros de omissão do sufixo "ed" não são apenas omissões: são a representação das palavras por meio de correspondências entre grafemas e fonemas ("kisst") em vez da adoção da representação do morfema ("kissed"). Os erros de intrusão, em que o sufixo "ed" aparece em palavras em que não deveria aparecer, como em "soft" escrito "sofed", reforçam a ideia de que a aprendizagem do uso do "ed" não resulta de memorização, pois novamente a criança está produzindo grafias que não teria encontrado anteriormente nem na escola nem fora dela.

A maioria das crianças também leva muitos anos para aprender a usar adequadamente os sufixos derivacionais, como "ion" e "ian", que não se enquadram nas relações entre grafemas e fonemas. Portanto, a representação de morfemas causa dificuldades à maioria delas, e essas dificuldades persistem durante uns quatro ou cinco anos.

Qual seria, então, a explicação para o processo de aprendizagem das grafias que representam a morfologia?*

---

* N. de T.: O original em inglês inclui uma revisão de pesquisas sobre a aprendizagem do uso da apóstrofe, que em inglês pode indicar o genitivo ou uma contração. Essas pesquisas não são apresentadas na tradução para o português.

QUANDO E COMO AS CRIANÇAS COMEÇAM A USAR REGRAS ORTOGRÁFICAS BASEADAS EM MORFEMAS?

Os dados que apresentamos até agora sugerem que as crianças começam a compreender e usar a representação de morfemas na ortografia relativamente tarde no longo processo de aprender a ler e escrever. Os dados sugerem que a maioria dos leitores no início da alfabetização não tem muita consciência da importância dos morfemas.* Os estudos sugerem também que aqueles alunos que têm um nível mais elevado de consciência dos morfemas aprendem mais rapidamente a usá-los de modo correto na grafia das palavras.

Nossa pesquisa sobre a língua inglesa (NUNES; BRYANT; BINDMAN, 2006) foi realizada com crianças de três grupos etários: as mais novas tinham uma idade média de 7,6 anos e as mais velhas, 9,6 anos. Pedimos a elas que escrevessem, em duas ocasiões diferentes, palavras e pseudopalavras que continham a mesma raiz. As pseudopalavras eram nomes de dinossauros. Apresentávamos gravuras com dinossauros que indicavam muito claramente a origem de seu nome. O *knotosaurus*, por exemplo, tinha um nó ("knot", em inglês) no pescoço; o corpo do *halfosaurus* estava cortado pela metade ("half"); e o *swordosaurus* tinha uma enorme espada ("sword"). Todas as raízes dos nomes dos dinossauros continham uma letra muda – como "k" em *knotosaurus* (/nɑt/), "l" em *halfosaurus* (/hæf/), e "w" em *wordosaurus* (/sord/). A Figura 5.4 mostra as ilustrações correspondentes.

Figura 5.4 Ilustrações usadas no ditado de pseudopalavras que eram nomes de dinossauros.

O objetivo de nosso estudo era investigar se as crianças que usavam as letras mudas ao escrever palavras também usariam essas letras para escrever os nomes dos dinossauros.

---
* Ver, por exemplo, Notenboom e Reitsma (2007).

Em outras palavras, a probabilidade de que as crianças escrevam a raiz corretamente aumenta à medida que elas adotam a mesma grafia para a raiz da palavra e da pseudopalavra? Ou as duas coisas são independentes, e as crianças usam uma grafia consistente para a palavra e pseudopalavra mesmo que estejam gerando as grafias fonologicamente e, portanto, não escrevem as raízes corretamente?

A fim de respondermos a essas questões, dividimos as representações ortográficas das raízes feitas pelas crianças em três categorias:

1 representações corretas, aquelas que incluíam a letra muda;
2 representações fonologicamente aceitáveis, porém incorretas, sem a presença da letra muda;
3 representações fonologicamente inaceitáveis, isto é, aquelas que não seriam pronunciadas da mesma maneira que a palavra ditada.

Tabela 5.3 Número de grafias dos diferentes tipos nas raízes das palavras e pseudopalavras por tipo e ano; os valores entre parênteses indicam a porcentagem de grafias consistentes na palavra e na pseudopalavra a ela associada

Tipo de representação ortográfica	3º ano (N=51)	4º ano (N=50)	5º ano (N=46)
Correta	94 (87)	123 (89)	202 (85)
Incorreta mas fonologicamente aceitável	144 (54)	116 (53)	79 (39)
Não apropriada fonologicamente	14 (14)	26 (26)	18 (18)

A Tabela 5.3 mostra o número de respostas observadas nessas categorias por ano; os valores entre parênteses indicam a porcentagem de respostas em que a grafia da raiz da palavra e da pseudopalavra foi consistente. É possível observar claramente que o número de grafias corretas aumenta significativamente ao longo dos anos, com uma redução concomitante no número de representações fonológicas e de representações não fonológicas. O resultado mais interessante, porém, é que fica evidente a existência de uma associação entre escrever as raízes consistentemente e conhecer a ortografia correta, incluindo a letra muda. Essa associação indica que o conhecimento de palavras específicas e o uso de informações morfológicas se desenvolvem par e passo – mas, obviamente, a partir deste conjunto de dados não podemos saber se existe uma relação causal entre conhecimento específico de palavras e conhecimento morfológico. Essa é uma ideia que exploraremos mais adiante neste capítulo.

Um segundo aspecto saliente na Tabela 5.3 é que a conexão entre conhecimento de palavras específicas e a consistência na representação de raízes não parece depender da idade das crianças: até mesmo as mais novas, no 3º ano, mostraram um nível alto de consistência nos casos em que conseguiam escrever a raiz da palavra corretamente. Em comparação às mais velhas, um número menor de crianças mais novas conseguiu escrever as raízes corretamente, mas aquelas que eram capazes de escrever as palavras reais corretamente, geralmente, também escreviam corretamente a raiz do nome do dinossauro.

Finalmente, também é fácil ver a partir da Tabela 5.3 que representações fonologicamente precisas não são garantia de que as crianças usarão a mesma grafia para a mesma raiz em palavras básicas e pseudopalavras derivadas. A raiz "sword" (*espada*), por exemplo, poderia ser escrita como "sord", "sored", "sward" ou "sawred" – todas as quatro grafias são fonologicamente aceitáveis, porém incorretas; a criança pode utilizar uma delas em uma ocasião e outra grafia em outra ocasião, e pode-se constatar, examinando a Tabela 5.3, que a probabilidade de que elas usem a mesma grafia para a raiz da palavra e da pseudopalavra é menor quando a grafia é fonologicamente aceitável, mas não correta.

Para finalizar, mencionamos apenas brevemente que outros pesquisadores, analisando as grafias produzidas por crianças em francês, observaram resultados semelhantes quanto à importância de estabelecer relações entre as raízes de palavras quando existem letras mudas na raiz para se dominar a ortografia. Há muitas palavras em francês que contêm uma consoante final muda – por exemplo, "regard" (*um olhar*). A existência dessa consoante muda é revelada quando se acrescenta à palavra base um sufixo que leva à pronúncia da consoante, como no caso do par de palavras "regard-regarder" (o verbo *olhar*). Estudos feitos por Sénéchal e colaboradores no Canadá (SÉNÉCHAL, 2000; SÉNÉCHAL; BASQUE; LECLAIRE, 2006) mostram que, de modo semelhante ao que foi observado em inglês, as grafias se tornam corretas à medida que os alunos progridem na escola, e que a consistência entre as grafias de raízes de palavras relacionadas é importante para o processo de aprendizagem. Como enfatizamos anteriormente, uma associação não nos permite fazer inferências causais. Portanto, resta saber se a consciência morfológica explicaria esse desempenho melhor em ortografia, ou se a aprendizagem de palavras isoladas constitui uma melhor explicação para a aprendizagem de como escrever corretamente raízes que contêm letras mudas, que não podem ser antecipadas com base na pronúncia da palavra.

CONCLUSÃO

Quando as crianças começam a ler e escrever, elas tendem a prestar mais atenção ao uso de grafemas (letras ou conjunto de letras), para representar os sons das palavras, dando pouca ou nenhuma atenção à representação dos morfemas na ortografia. Para usar a terminologia de Jaffré, o conhecimento fonográfico das crianças é muito mais importante para suas produções ortográficas do que seu conhecimento semiográfico. Portanto, as palavras cuja ortografia envolve regras morfológicas, seja por contradizer as correspondências convencionais entre grafemas e fonemas ou por constituir algo que não está representado na fala, não são escritas corretamente por um número significativo de alunos, mesmo após quatro ou cinco anos do início de seu processo de alfabetização. Entretanto, gradualmente, as crianças demonstram certo conhecimento sobre a ortografia de palavras que envolvem regras morfológicas e parecem usá-lo para escrever tanto palavras como pseudopalavras.

Este desenvolvimento não é tão simples como pode parecer. Quando as crianças começam a compreender que existem grafias diferentes do que esperavam usando seus conhecimentos das relações entre grafemas e fonemas, e começam a usar essas novas grafias, elas nem sempre sabem quando usá-las e quando não usá-las. Elas usam, por exemplo, o sufixo "ed", que forma o passado dos verbos regulares em inglês, em palavras que terminam com os mesmos sons dos verbos, mas não são verbos regulares. Quando as crianças modificam sua concepção sobre o que está representado na ortografia, elas podem usar seu conhecimento específico de certas palavras para gerar a ortografia de outras palavras. Aquelas crianças que têm um melhor nível de consciência morfológica têm maior probabilidade de descobrir o uso de morfemas na ortografia do que as que têm menor consciência da morfologia.

Nossa hipótese é que existe uma conexão complexa entre o conhecimento específico que as crianças têm de determinadas palavras e sua compreensão das regras ortográficas que representam morfemas: aquelas com maior nível de consciência morfológica progridem mais rapidamente no uso de morfemas na escrita e esse progresso, reciprocamente, facilita o desenvolvimento de sua consciência morfológica.

6
A APRENDIZAGEM DO USO DE MORFEMAS NA ORTOGRAFIA

No capítulo anterior, documentamos as dificuldades das crianças com a ortografia de palavras que representam morfemas e não apenas relações entre grafemas e fonemas. Neste capítulo, analisaremos as diferenças entre alunos que progridem mais rápido ou mais lentamente no uso de morfemas na ortografia e algumas questões relacionadas ao ensino. Atualmente, em muitos países, a prática no ensino da leitura e escrita consiste primordialmente, ou mesmo exclusivamente, em promover a consciência que as crianças têm dos sons das palavras e auxiliá-las a estabelecerem relações entre letras e sons. A questão que colocamos neste capítulo é se existem razões para mudar a prática docente atual. Por que não deixar as coisas como estão, ensinar as correspondências entre grafemas e fonemas para as crianças e deixar que elas descubram por si mesmas a conexão indireta entre língua escrita e língua oral por meio da sintaxe e da morfologia?

Neste capítulo, serão consideradas as razões que nos levaram a acreditar que é importante mudar a prática docente. Na primeira parte, examinaremos a questão das diferenças individuais. Será que todas as crianças de fato conseguem descobrir sozinhas a representação dos morfemas na ortografia? A segunda parte considera a natureza da relação entre consciência morfológica e aprendizagem da leitura e escrita.

DIFERENÇAS ORTOGRÁFICAS INDIVIDUAIS E CONHECIMENTO MORFOLÓGICO

A prática atual de deixar que as crianças descubram por si mesmas a representação dos morfemas na ortografia pode ser prejudicial para muitas delas, pois é possível que nem todas cheguem a descobrir as regularidades morfológicas da ortografia. Estudos feitos em inglês (MITCHELL; KEMP; BRYANT, 2011) sugerem que a maioria dos adultos não chega a dominar as regras ortográficas baseadas em morfemas. As tarefas com pseudopalavras, que testam o uso de regras morfológicas para gerar a ortografia de palavras novas, revelaram que mais de 80% dos adultos avaliados, que não haviam seguido um curso universitário e exercitavam ocupações de nível médio, não mostravam um nível de acerto na geração dessas ortografias além do que se podia esperar por acaso. Para usar um exemplo em português, embora a pesquisa tenha sido realizada em inglês: ao escrever as pseudopalavras lumeza, que seria um substantivo abstrato de acordo com a frase (ver no capítulo anterior), e rimpesa, que seria um substantivo referente a uma mulher, o acerto na escolha do sufixo "-eza" ou "-esa" não diferia significativamente de 50% (os exemplos em inglês usavam os sufixos "-ion" e "-ian" que, como vimos, são usados para substantivos abstratos e agentes, respectivamente).

A fim de compreendermos por que existem diferenças individuais, e encontrarmos o melhor caminho para o ensino do uso da morfologia na escrita, são necessários estudos que expliquem essas diferenças individuais. Os estudos considerados no capítulo anterior sugerem que as crianças usam seu conhecimento morfológico para gerar a grafia correta de palavras, porque muitos dos resultados observados não podem ser explicados somente pela memorização da escrita de palavras, embora ela também desempenhe um papel na aprendizagem. No entanto, precisamos tratar essa ideia como uma hipótese. Para avaliar se a relação entre conhecimento morfológico e aprendizagem da ortografia pode ser considerada uma relação de causa e efeito, é necessário usar uma combinação de estudos longitudinais e de intervenção (BRADLEY; BRYANT, 1983). Os estudos longitudinais permitem demonstrar que o fator considerado como causa – nesse caso, a consciência morfológica – precede o que é considerado como efeito – nesse caso, o uso de morfemas na escrita de palavras. Os estudos de intervenção permitem demonstrar que, quando se melhora a consciência morfológica dos alunos, seu desempenho na escrita de palavras também melhora. Neste capítulo, relatamos apenas estudos longitudinais, pois o Capítulo 7 considera os estudos de intervenção.

Estudos longitudinais envolvem a avaliação dos participantes inicialmente em tarefas que medem seu desempenho em fatores que poderiam explicar sua aprendizagem posterior – nesse caso, nos interessam as medidas da consciência morfológica das crianças. Após algum tempo, mede-se o resultado da aprendizagem – nesse caso, devemos medir a habilidade das crianças de usar morfemas na ortografia. Finalmente, por meio de análises estatísticas, analisa-se o valor preditivo das medidas de consciência morfológica: em outras palavras, as análises visam esclarecer se as crianças que inicialmente mostraram um nível mais alto de desempenho nas tarefas de consciência morfológica mostram melhor rendimento na aprendizagem da escrita de palavras e pseudopalavras que representam morfemas. Os estudos longitudinais foram fundamentais para se estabelecer a importância da consciência fonológica no processo de alfabetização*, mas esses estudos não são resumidos aqui, pois o foco de nossa análise é a explicação de diferenças individuais no uso de morfemas para gerar a escrita de palavras.

Nesta seção, resumimos alguns estudos sobre a importância da consciência morfológica e sintática para o desenvolvimento da alfabetização. Como vimos anteriormente, as desinências e os morfemas derivacionais estão relacionados à sintaxe: por exemplo, os morfemas que marcam o plural dos substantivos e dos verbos são diferentes, pois somente acrescentamos um S para gerar o plural da maioria dos substantivos (por exemplo, gato-gatos), enquanto as formas de pluralização de verbos variam de acordo com a pessoa e o tempo (por exemplo, escrevo-escrevemos, escreve-escrevem; escreverei-escreveremos). Portanto, as avaliações do conhecimento morfológico deveriam ser mais rigorosamente descritas como avaliações do conhecimento sintático-morfológico, mas a tradição é usar a expressão conhecimento morfológico para algumas tarefas e conhecimento sintático para outras, dependendo da ênfase nas tarefas.

O primeiro estudo que mediu o conhecimento morfológico das crianças foi realizado por Berko (1958). Ela levantou a hipótese de que, ao aprendermos nossa língua materna, encontramos palavras que são morfologicamente relacionadas – por exemplo, ouvimos as palavras "cachorro" e "cachorros" – e estabelecemos ligações entre as formas e os significados delas. Simultaneamente, fazemos inferências sobre como as palavras rela-

---

* Ver, por exemplo, Adams (1990), Bryant e Bradley (1985), Ehri et al. (2001a), (2001b), Torgerson, Brooks e Hall (2006).

cionam-se umas com as outras de um modo mais geral – no caso, inferimos que, ao acrescentar S, a palavra passa a indicar o plural. Em seu estudo pioneiro no uso de pseudopalavras para examinar a compreensão da metodologia, Berko (1958) mostrou às crianças desenhos de criaturas parecidas com pássaros, mas que não eram pássaros de verdade, e disse: "Isto é um *wug*" – uma pseudopalavra. Em seguida, ela mostrou às crianças uma figura com dois *wugs* e disse: "Aqui, eu tenho outro *wug*. Agora temos dois deles; agora, temos dois [...]" e ela encorajou as crianças a completarem a frase. Dessa maneira, a pesquisadora testou o uso implícito do conhecimento morfológico das crianças na linguagem oral: se elas dissessem "dois *wugs*", elas demonstrariam ter algum conhecimento implícito da morfologia do plural, ainda que não pudessem explicar por que aquela era a resposta certa.

O método de Berko (1958) serviu como base para o desenvolvimento de muitas outras medidas do conhecimento morfológico, incluindo as tarefas ortográficas com pseudopalavras que descrevemos anteriormente. O estudo de Berko mostrou que o conhecimento morfológico na linguagem oral não é adquirido repentinamente, mas de modo progressivo: as crianças resolviam corretamente alguns itens, mas outros não. As crianças avaliadas por Berko (1958) estavam na educação infantil (idade entre 4 e 5 anos) ou no 1º ano (6 e 7 anos). Ambos os grupos demonstraram competência para formar o plural de algumas palavras, mas não de outras, que não seguiam a regra mais simples de acréscimo do S.

Berko (1958) também utilizou uma tarefa de definição de palavras. Apresentou às crianças 14 substantivos compostos, como "fireplace" (*lareira*), "football" (*futebol*), "newspaper" (*jornal*) e "birthday" (*aniversário*). Em todas essas palavras, o significado do substantivo composto pode ser deduzido de seus elementos, como nos exemplos "guarda-roupa", "guarda-chuva" ou "lava-louças" em português. Sua intenção era verificar se as crianças estabeleciam uma relação entre os elementos do substantivo composto e seu significado. A pesquisadora classificou as respostas em várias categorias; a que nos interessa aqui é a das explicações que ela denominou etimológicas, que consistiam no uso dos elementos da palavra composta para explicar o seu significado. Berko (1958) constatou que apenas 13% de todas as respostas foram classificadas como etimológicas, o que mostra que usar os elementos de um substantivo composto para compreender seu significado não é uma tarefa fácil. Entre as explicações não etimológicas, constavam exemplos como definir "birthday" (*aniversário*) como uma festa em que se canta parabéns e se ganha presentes. Apenas 2% das crianças se referiu ao fato de que "birthday" é um dia (*day*) e nenhuma delas mencionou o nascimento (*birth*) de uma pessoa.

Berko (1958) desenvolveu dois métodos para a avaliação do conhecimento morfológico das crianças: de completar frases com pseudopalavras e outro de definição de palavras. O contraste entre o desempenho das crianças nas duas tarefas é instrutivo: elas conseguiram usar seu conhecimento implícito para gerar respostas nas tarefas de completar frases, mas não conseguiram oferecer explicações para os significados das palavras compostas, que exigiram um conhecimento explícito. Essas discrepâncias de desempenho nas duas tarefas ressaltam a importância da exploração de métodos diferentes na avaliação do conhecimento morfológico das crianças e da tentativa de se formular conclusões a partir de uma variedade de métodos. Resumimos, a seguir, alguns estudos longitudinais sobre a relação entre conhecimento morfológico e leitura e escrita.

O conhecimento sintático e morfológico e a habilidade de leitura e escrita

A hipótese de que o conhecimento morfológico leva a uma aprendizagem mais efetiva da ortografia e da leitura já foi investigada em inúmeros estudos, sendo impossível resumir todos aqui. Discutiremos primeiro a importância do conhecimento morfológico para a ortografia e posteriormente para o desenvolvimento da leitura de palavras e compreensão de textos escritos, selecionando estudos pioneiros e incluindo os que encontramos sobre a questão no Brasil.

A consciência morfológica e o progresso na ortografia

O estudo longitudinal pioneiro sobre a relação entre consciência morfológica e ortografia foi realizado por Nunes, Bryant e Bindman (1997a, 1997b). Nesse estudo, adotamos a definição de Carlisle (1995) de consciência morfológica, segundo a qual somente se pode dizer que a criança demonstra reconhecer morfemas explicitamente se souber manipulá-los de modo intencional, não sendo suficiente o uso de morfemas corretamente na linguagem oral. Em nosso estudo, a consciência morfológica foi avaliada por duas tarefas de analogia, uma envolvendo analogias entre frases e a outra envolvendo analogias entre palavras. Na tarefa de analogia de frases, as crianças ouvem um par de frases, sendo a primeira "pronunciada" por um boneco e a segunda por outro. Por exemplo, o primeiro boneco diz "Tom helps Mary" (*Tom ajuda Maria*) e o segundo diz "Tom helped Mary" (*Tom ajudou Maria*). A seguir, o primeiro boneco diz uma nova frase, "Tom sees Mary" (*Tom vê Maria*), e o examinador convida a criança a ajudar o segundo boneco dizendo a frase que seria correta para completar o par, "Tom saw Mary" (*Tom viu Maria*). A fim de produzir a resposta correta, a criança deve alterar as desinências, nesse caso do verbo, de tal modo que as frases sejam análogas. Escolhemos algumas frases em que as mudanças nas palavras não são fonologicamente iguais (as desinências nas palavras "ajudou" e "viu" não tem a mesma forma fonológica), mas as desinências deveriam indicar a mesma pessoa, número e tempo de verbo; em outras frases, as mudanças morfológicas e fonológicas coincidiram.

A tarefa de analogia de palavras tem um formato semelhante, mas os estímulos são palavras e não frases. Usando um exemplo adaptado para o português, o primeiro boneco diz, por exemplo, "trabalhador" e o segundo diz "trabalhar"; em seguida, o primeiro boneco diz "escritor" e a criança deve dizer "escrever". Nessa tarefa também foram usados pares de palavras em que as mudanças fonológicas e morfológicas não coincidiam e outros em que as mudanças convergiam; para usar um exemplo retirado de Mota, Anibal e Lima (2008): leitor-leu; escritor-escreveu.

Em nosso estudo, do qual participaram mais de 350 alunos dos 2º e 3º anos, apresentamos a eles as duas tarefas, de analogia de frases e de palavras. A média de idade dos alunos do 1º ano era de 6 anos e 6 meses e das crianças do 2º ano era de 7 anos e 6 meses. Como medida da habilidade das crianças de usarem morfemas corretamente na ortografia, usamos duas tarefas diferentes: a habilidade de usar o sufixo "ed" corretamente, ou seja, somente nos verbos regulares, mas não nos irregulares ou em palavras de outra categoria gramatical que terminassem com os mesmos sons dos verbos regulares[*] e a habilidade de escrever correta e consistentemente as raízes de palavras e pseudopalavras. As tarefas envolvendo verbos utilizaram palavras reais como também pseudopalavras.[**]

As crianças responderam as tarefas de consciência morfológica em uma ocasião e realizaram as tarefas de escrita de palavras em três ocasiões subsequentes, que aconteceram ao longo de aproximadamente dois anos. Nossa hipótese era que aquelas que demonstravam um nível de

---
[*] Como descrito no capítulo anterior; Nunes, Bryant e Bindman (1997).
[**] Os nomes de dinossauros apresentados anteriormente; Nunes, Bryant e Bindman, (2006).

consciência morfológica mais elevado no início do estudo estariam usando o sufixo "ed" e a consistência na grafia das raízes com maior frequência nas ocasiões posteriores. Como a consciência morfológica aumenta à medida que os alunos se tornam mais velhos e também com a inteligência, nossas análises usaram uma abordagem estatística, conhecida como análise de regressão, que permite controlar o efeito da idade e da inteligência antes de avaliar a relação entre as medidas de consciência morfológica e as medidas de ortografia.

Os resultados apoiaram nossa hipótese, pois as tarefas de analogia de frases e analogia de palavras mostraram relações significativas com as medidas de ortografia mesmo após ter sido controlada sua relação com a idade e a inteligência. Esses resultados são muito importantes porque as medidas de ortografia foram apresentadas às crianças com um intervalo de mais de um ano após as avaliações da consciência morfológica.

Nossa hipótese sobre a relação entre consciência morfológica e ortografia é, porém, um pouco mais complexa. Quando as crianças conhecem apenas a língua oral, e ainda não começaram a aprender a escrever, elas têm menos informações sobre a morfologia. Por exemplo, em inglês, as palavras "confession" (*confissão*) e "magician" (*mágico*) terminam com os mesmos sons. Embora as crianças aprendam os significados destas palavras sem saber escrever, a informação morfológica que elas têm é limitada, pois a escrita mostra mais claramente que os substantivos abstratos, que terminam em "ion", pertencem a uma classe de palavras e os agentes, que terminam em "ian", pertencem a outra. A partir dessa análise, nossa hipótese é de que a relação entre consciência morfológica e ortografia é recíproca: os alunos com maior nível de consciência morfológica terão maior facilidade em estabelecer a relação entre sufixos e significados e, simultaneamente, terão mais oportunidades para observar essa relação quando estiverem lendo. Nossos estudos (NUNES; BRYANT; BINDMAN, 2006) mostraram exatamente esses resultados: tanto a consciência morfológica prediz os resultados em ortografia como a escrita de palavras usando morfemas prediz o desenvolvimento da consciência morfológica. Nossos estudos foram corroborados por outros realizados em outras línguas, como o estudo de Levin, Ravid e Rapaport (1999), em hebraico, e Fayol et al. (1999), em francês.

Embora existam no Brasil trabalhos teóricos e revisões bibliográficas sobre a consciência morfológica (CORREA, 2009; MOTA, 2009), não encontramos estudos longitudinais que pudessem esclarecer se a relação entre consciência morfológica e ortografia pode ser uma relação causal também para os aprendizes da escrita em português. No entanto, encontramos dois estudos que investigaram essa relação quando as medidas de consciência morfológica e ortografia foram administradas na mesma ocasião. Mencionamos os estudos aqui porque podem ser úteis na medida em que apresentam avaliações que poderiam ser utilizadas em estudos longitudinais.

O primeiro estudo, realizado por Queiroga, Lins e Pereira (2006), usou uma tarefa que tinha por finalidade avaliar a consciência morfológica e outra que avalia o desempenho dos alunos em ortografia. Na tarefa que media a consciência morfológica, solicitava-se às crianças que identificassem as semelhanças entre duas palavras e justificassem sua resposta; as autoras denominam a tarefa como analogia de palavras, mas sua descrição da tarefa não justifica o uso do conceito analogia. Infelizmente, os itens usados na tarefa não foram apresentados na publicação. A tarefa de avaliação da ortografia, desenvolvida por Rego e Buarque (1997), não avalia somente a ortografia de palavras em que os morfemas são cruciais para a produção da grafia correta, mas também regras de contexto relacionadas à fonologia. Apesar dessas dificuldades com as medidas, que deveriam ser sanadas caso se deseje reavaliar os resultados do estudo, as autoras observaram uma relação significativa entre a habilidade de justificar a semelhança morfológica entre duas palavras e o desempenho no teste de ortografia. Uma contribuição importante desse estudo resultou da comparação entre alunos da escola pública e da escola particular que participaram da investigação. Os alunos da escola particular mostraram desempenho significativamente melhor do que os da escola pública. Esse resultado precisaria ser discutido com cuidado, considerando os itens incluídos na tarefa, o que não podemos fazer aqui, pois os itens não foram apresentados na publicação.

Mota, Anibal e Lima (2008) também investigaram a relação entre consciência morfológica e ortografia em um estudo em que as tarefas foram apresentadas na mesma ocasião, portanto, não longitudinal. As pesquisadoras usaram medidas de consciência fonológica e morfológica, pois seu objetivo era investigar se a consciência morfológica contribui para a ortografia, após se controlar estatisticamente os efeitos da consciência fonológica. Suas medidas estão apresentadas na íntegra na publicação, o que permite que seu estudo seja replicado usando um plano longitudinal em investigações posteriores. Mota, Anibal e Lima (2008) usaram quatro medidas de consciência morfológica. Em duas delas, as crianças deveriam identificar, entre três palavras, as duas que fossem relacionadas por terem a mesma raiz ou os mesmos afixos. A terceira tarefa consistia em perguntar às crianças se duas palavras em um par eram relacionadas ou não: por exemplo, figa e fígado tem semelhança fonológica, mas não são palavras relacionadas, enquanto banho e banheiro são relacionadas.* A quarta tarefa foi inspirada em nossa tarefa de analogia de palavras (referida pelas autoras como analogia gramatical). Como medida do desempenho em escrita e leitura, foi utilizado um teste padronizado. As análises estatísticas sugerem que as duas primeiras medidas de consciência morfológica não foram eficazes em predizer nem o desempenho em leitura, nem o desempenho em escrita, após os controles estatísticos necessários, embora, a tarefa relacionada aos afixos tenha mostrado uma correlação significativa com o desempenho em escrita, antes de serem incluídos os controles. Em contraste, a tarefa de analogia de palavras e a de identificação de pares associados foram eficazes na predição do desempenho tanto em leitura como em escrita após os controles incluídos na análise.

Embora nenhum dos dois estudos tenha utilizado um plano longitudinal, eles sugerem que, também em português, é possível que a consciência morfológica facilite a aquisição da ortografia. Queiroga, Lins, e Pereira (2006), em suas considerações sobre a ortografia do português, sugerem que ela é mais transparente do que a do inglês, no sentido de que as relações entre os sons da língua falada e as letras da língua escrita são mais consistentes. No entanto, essa afirmação precisa ser examinada criticamente, pois ela pressupõe que existe apenas uma variedade linguística em uso no Brasil. Como salienta Bagno (1999) em sua análise da mitologia do preconceito linguístico, o mito de que o português do Brasil apresenta uma unidade surpreendente é o ponto de partida para o preconceito linguístico, que se amplia facilmente na passagem da linguagem oral para a escrita. Se alguém falar "nós fomo" em Minas, não se questiona necessariamente sua origem social. Porém, se alguém escrever "nós fomo", será taxado de ignorante. O português é certamente mais transparente do que o inglês quando se passa da escrita para a fala: se alguém que normalmente diria "nós fomo" encontrar na escrita a expressão "nós fomos", não terá dificuldade de pronunciar o que está escrito e provavelmente saberá também interpretar o significado dessa expressão. Portanto, no caso do português, parece existir uma assimetria entre os processos envolvidos na leitura e na escrita.

---

* N. de T.: Observe que as autoras listaram como pares de palavras não relacionadas os pares em que as palavras são relacionadas e vice-versa. Esse pequeno descuido, porém, não invalida seu trabalho.

Como indicamos anteriormente, a relação entre consciência morfológica e escrita é recíproca tanto em inglês como em francês e em hebraico: as crianças cujo nível de consciência morfológica está mais avançado, têm maior probabilidade de se dar conta de que alguns aspectos da ortografia são relacionados à morfologia. Ao mesmo tempo, muitas informações sobre a morfologia aparecem somente na escrita, não estando presentes na linguagem oral. Portanto, à medida que os alunos aprendem mais sobre a ortografia, podem tomar maior consciência da morfologia. Nossa hipótese é que essa relação no caso do português será tanto mais importante quanto mais a variedade falada pelos alunos se distanciar da chamada norma culta padrão. Como vimos, os estudos em inglês mostram que uma grande porcentagem de adultos que têm ocupações profissionais de ensino médio não chega a ser capaz de gerar ortografias para palavras novas com base na morfologia. Eles certamente teriam se beneficiado de um ensino que os ajudasse a tomar consciência da morfologia. A mesma hipótese pode ser levantada com relação a aprendizes que usem uma variedade linguística muito distinta da norma culta. Voltaremos a esse assunto posteriormente, no capítulo final, depois de termos analisado os resultados de estudos de intervenção.

PESQUISAS SOBRE O RECONHECIMENTO DE PALAVRAS

Vários pesquisadores levantaram a hipótese de que o reconhecimento de palavras não é somente o produto da decodificação pelo uso de correspondências entre grafemas e fonemas, mas resulta da coordenação de diferentes fatores que produzem uma leitura rápida e eficaz. Segundo uma das linhas dentro dessa abordagem teórica, os leitores eficazes são capazes de acessar palavras inteiras simplesmente pelo reconhecimento global, sem ter de analisá-las, e pela sua análise em grafemas. Esse tipo de teoria é conhecido como o "modelo de dois processos", porque propõe que há duas maneiras de atingir o reconhecimento das palavras, global ou analiticamente. Há muitos representantes ilustres dessa teoria na literatura sobre a leitura de palavras por adultos* e por crianças.**

---

* Por exemplo, Butterworth (1983), Colteheart et al. (2001), Howard e Best (1996), Job, Peressotti e Cusinato (1998), Morton (1979), Paap e Noel (1991), Patterson, Marshall e Coltheartt (1985).
** Como Adams e Huggins (1985), Alegria e Mousty (1992), Berninger et al. (1988), Ehri (2005), Manis et al. (1996), Share (1995) e Stanovich (1980).

Outros pesquisadores (MURRELL; MORTON, 1974; SCHREUDER; BAAYAN, 1995; TAFT, 1985, 1988, 2003; TAFT; ZHU, 1995) sugerem que, além do reconhecimento da palavras de modo global e por meio da análise em grafemas e fonemas, os leitores eficientes também utilizam a análise de palavras em morfemas, especialmente no caso de palavras polimorfêmicas. Os resultados de suas pesquisas são bastante convincentes, mas não serão analisados aqui em detalhes. O mais importante é a consequência de suas pesquisas com adultos: eles usam a decomposição em morfemas na leitura de palavras, conclui-se que aprenderam esse processo em algum momento de sua alfabetização. Resta saber quando e como as crianças aprendem a utilizar a morfologia no reconhecimento de palavras.

Muitos pesquisadores investigaram essa questão e há um conjunto de evidências que mostra que o papel da morfologia na leitura de palavras já tem início no ensino fundamental (CARLISLE, 2000; CARLISLE; STONE, 2003, 2005; MAHONY, 1994; MAHONY; SINGSON; MANN, 2000; REICHLE; PERFETTI, 2003; SINGSON; MAHONY; MANN, 2000). Carlisle e Stone (2005) elaboraram um excelente panorama dos diferentes modelos que têm sido usados para interpretar o papel que a morfologia tem no reconhecimento das palavras; não trataremos desses diferentes modelos aqui, apenas procuraremos exemplificar a natureza das evidências encontradas.*

Um dos programas mais compreensivos de pesquisa sobre o uso que as crianças fazem da morfologia no reconhecimento das palavras foi desenvolvido por Leong (1989, 1991, 1992, 2000; LEONG; PARKINSON, 1995). Leong (1989) usou um método interessante para avaliar se os morfemas participam do processo de leitura de palavras usado pelas crianças. Ele utilizou um método conhecido como tarefa de decisão léxica, no qual apresentam-se às crianças grupos de letras em uma tela de computador. A tarefa delas é decidir se as letras formam uma palavra real ou não. Os participantes pressionam uma tecla no computador se o estímulo for uma palavra e uma outra tecla se não for uma palavra. Quando a tecla é pressionada, ela indica a decisão tomada pelo participante, por isso a tarefa é chamada de decisão léxica, e o computador automaticamente registra o tempo de reação – ou seja, o tempo entre a apresentação das letras na tela e a escolha feita pelo participante. Esse tempo é medido em milésimos de segundos, pois a leitura de palavras isoladas chega a ser muito

---
*Para mais detalhes, ver também Verhoeven; Perfetti (2003).

rápida em leitores fluentes. Esse método é utilizado no lugar da pronúncia da palavra por duas razões. Em primeiro lugar, o método produz respostas rápidas, uma vez que os participantes não precisam dizer nada, o que torna o tempo de reação uma medida sensível do reconhecimento de palavras. Em segundo lugar, pressupõe-se que, quando há um fator facilitador da decisão léxica, o tempo diminui e, quando algo dificulta a decisão léxica, o tempo de reação aumenta. Por exemplo, para testar se a análise de palavras em morfemas facilita a leitura de palavras, mostra-se aos participantes da pesquisa uma palavra com a mesma raiz daquela que vai ser lida posteriormente, usando o método de sensibilização descrito anteriormente. Se a análise em morfemas de fato facilita a leitura, os participantes que foram sensibilizados pela apresentação de uma palavra com a mesma raiz tomarão a decisão léxica mais rapidamente do que os que não foram sensibilizados. Nos estudos em inglês (BURANI; SALMASO; CARAMAZZA, 1984; CARAMAZZA et al., 1985), foi usada, por exemplo, a palavra, "harm" (*dano*), como estímulo sensibilizador e a palvra "harmful" (*danoso*) como palavra-alvo no grupo de sensibilização. Para o grupo de controle apresentou-se a palavra "harm" e como palavra alvo "harmony". Como "harm" e "harmony" não são morfologicamente relacionadas, embora tenham a mesma semelhança fonológica e ortográfica que o par "harm" e "harmful", esperava-se que o efeito facilitador não ocorresse. Em uma série de estudos, Caramazza e colaboradores mostraram ser este o caso de leitores adultos (CARAMAZZA; LAUDANNA; ROMANI, 1988; CHIALANT; CARAMAZZA, 1995): a apresentação de "harm" facilitou a leitura de "harmful", diminuindo o tempo de reação, e na realidade dificultou a leitura de "harmony", pois os leitores aos quais se apresentou a palavra "harmony" mostraram um tempo de reação maior do que os que não haviam sido expostos à palavra "harm". Um exemplo semelhante em português poderia ser construído usando a palavra "leite" como estímulo sensibilizador para a palavra "leiteira" e como interferência na leitura da palavra "leitor". Os pares usados por Mota, Anibal e Lima (2008) no estudo mencionado anteriormente são exemplos excelentes de possíveis estímulos para esse tipo de tarefa.

Leong (1989) utilizou tarefas de decisão léxica de uma forma diferente para testar se a análise morfológica também facilita a leitura de palavras quando os participantes são crianças. No entanto, ele não usou a sensibilização, mas uma técnica distinta para facilitar a análise morfológica: as palavras apareciam na tela com letras maiúsculas e minúsculas misturadas. Para alguns alunos, a mescla de letras coincidia com as divisões da palavra em morfemas: por exemplo, LEITor. Para outros, a mescla não coincidia com a divisão em morfemas: por exemplo, LEitOR. Os alunos que participaram de seus estudos estavam no 4º, 5º ou 6º anos (com idades entre 10 e 12 anos). O tempo de reação dos estudantes foi significativamente mais rápido quando as letras maiúsculas e minúsculas representavam morfemas diferentes. Esse efeito facilitador foi maior entre os alunos dos anos mais avançados; quando as comparações foram feitas entre alunos do mesmo ano, os leitores mais eficientes mostraram maior efeito facilitador.

Pesquisas subsequentes mostraram que a morfologia também facilita o julgamento da correção ortográfica, ou seja, a decisão se as palavras estão escritas corretamente ou não (LEONG, 2000). Finalmente, ele também usou um estudo longitudinal em que foi constatado que os alunos que, aos 10 anos, mostravam um desempenho melhor em tarefas de consciência morfológica eram leitores mais eficientes aos 12 anos, lendo palavras mais rapidamente, e também mostrando melhor desempenho em tarefas de compreensão de leitura (LEONG, 1991, 1992).

Outros estudos, focalizando o papel da consciência sintática, acrescentam novos dados que mostram a importância da conexão indireta entre língua oral e escrita no reconhecimento das palavras. Rego e Bryant (1993) desenvolveram um novo método para testar o uso dessas conexões: eles deram a crianças do 1º ano (com idade entre 5 e 6 anos) uma tarefa de leitura na qual as palavras eram apresentadas isoladamente. Posteriormente, apresentaram a cada criança as palavras que ela não tinha conseguido ler, porém, desta vez, no contexto de uma frase. Se as crianças conseguissem utilizar o contexto da frase para facilitar o reconhecimento da palavra, elas poderiam ler palavras que antes não tinham lido corretamente. As frases foram construídas de modo a contextualizar a palavra relevante, mas sem especificá-la inteiramente: por exemplo, uma das frases era: "the girls went to the park and saw a big ..." (*as meninas foram ao parque e viram um(a) grande ...*). Várias palavras diferentes poderiam ser inseridas no final dessa frase (por exemplo, árvore, lago, flor, cisne, cão – observe que, como em inglês o artigo e o adjetivo não marcam o gênero das palavras, a variedade de palavras que podem completar a frase é maior em inglês do que em português). No caso de estudo de Rego e Bryant, a palavra que as crianças tinham que ler era "árvore".

Rego e Bryant (1993) também deram às crianças três medidas da consciência sintática. Duas eram tarefas de completar frases: as crianças ouviam uma sentença com uma palavra faltando e tinham de completá-la.* A terceira era uma tarefa com anagramas de frases: o pesquisador dizia palavras que poderiam formar uma frase, mas as palavras estavam fora de ordem, como em "John the bike rides" (*John a bicicleta anda de*). A tarefa das crianças era produzir a versão correta da frase,** Rego e Bryant (1993) formularam duas hipóteses. A primeira era se o conhecimento sintático ajuda as crianças a decodificar palavras e, portanto, elas deveriam ler no contexto das frases algumas das palavras que não tinham lido corretamente quando apresentadas sem qualquer contexto linguístico. A segunda hipótese era que essa melhora no desempenho se deve ao conhecimento sintático das crianças e, portanto, ela seria maior em crianças que tivessem melhor desempenho nas tarefas de consciência sintática. O estudo dos pesquisadores foi longitudinal: as crianças resolveram as tarefas de a consciência sintática aproximadamente seis meses antes de participarem das tarefas de leitura de palavras.

Rego e Bryant (1993) observaram que a média de palavras que as crianças liam corretamente aumentou significativamente quando elas leram as palavras depois de ouvirem uma frase, um resultado que apoia sua primeira hipótese. O resultado mais significativo, entretanto, foi o de que esta facilitação contextual de leitura de palavras estava correlacionada com o nível de desempenho das crianças nas tarefas de conhecimento sintático realizadas 6 meses antes, um resultado que apoia sua segunda hipótese. Portanto, tanto o conhecimento sintático como o conhecimento morfológico participam do processo de leitura de palavras.

Posteriormente, Rego (1993, 1995) investigou a relevância desses resultados com crianças brasileiras. Seus estudos iniciais focalizaram apenas a leitura de palavras, como o estudo de Rego e Bryant (1993), e mostraram que a consciência sintática não tinha um efeito facilitador sobre a leitura de palavras. Posteriormente, Rego e Buarque (1997) mostraram num estudo longitudinal que existe uma associação significativa entre a consciência sintática e a aprendizagem de regras ortográficas relacionadas à morfologia e, portanto, à sintaxe.

Resumo

1 Há um número considerável de estudos que demonstram que a leitura fluente de palavras não se baseia exclusivamente na cone-

---

* Este método se baseia nos trabalhos de Guthrie (1973), Tunmer e Bowey (1984) e Tunmer (1989).
** Este método se baseia no trabalho de Tunmer, Herrimen e Nesdale (1988).

xão direta entre língua oral e língua escrita baseada nas correspondências entre grafemas e fonemas. A conexão indireta, pela sintaxe e pela morfologia, também tem um papel na leitura de palavras.

2 A participação dos conhecimentos sintáticos na leitura já pode ser derivada mesmo entre os principiantes no processo de alfabetização, como mostrou o estudo de Rego e Bryant (1993).

3 Os estudos de Leong mostram que leitores dos anos mais avançados e mais experientes usam seu conhecimento morfológico com maior eficiência do que os mais jovens e menos experientes.

4 Esses resultados são particularmente importantes pois são baseados em uma variedade de métodos de avaliação da leitura, incluindo tarefas que exigiam um reconhecimento bastante rápido, como as de decisão léxica, e outras que envolviam a pronúncia de palavras.

5 Em português, não existem ainda estudos sobre a relação entre consciência morfológica e a leitura de palavras, mas existe um estudo longitudinal sobre a relação entre consciência sintática e leitura e escrita. Como o português é transparente da escrita para a pronúncia, a consciência sintática não mostrou ser importante na leitura de palavras. Em contraste, a consciência sintática é importante para a aprendizagem de regras ortográficas relacionadas à morfologia.

COMPREENSÃO DE LEITURA

A participação da conexão indireta entre língua oral e escrita nos processos que levam à decodificação de palavras mostra que os efeitos sintáticos e morfológicos na alfabetização vão além de seu impacto sobre a ortografia. Esta seção analisa a importância da conexão indireta para a compreensão da leitura.

Carlisle (1995) foi uma das primeiras pesquisadoras a investigar a relação entre conhecimento sintático-morfológico e compreensão de leitura. Para avaliar esse conhecimento, ela usou uma atividade de completar frases, na qual a palavra que as crianças deveriam produzir era restringida pela sintaxe e pela morfologia. As crianças ouviam uma palavra – "farm" (*fazenda*), por exemplo – e lhes era solicitado que usassem uma palavra derivada para completar a frase – "my uncle is a (farmer)" (*meu tio é um* ([*fazendeiro*]). Carlisle (1995) usou pares formados por palavras base e derivadas que diferiam quanto à transparência da relação entre as duas palavras. Em alguns pares, como em "farm" (*fazenda*) – "farmer" (*fazendeiro*), a conexão entre as duas formas é chamada de transparente, porque as raízes nas duas palavras têm a mesma pronúncia. Em outros pares de palavras, a relação entre as duas formas é menos transparente porque as raízes são pronunciadas de modo diferente e a escrita também mostra diferenças: por exemplo "explode" (*explodir*) e "explosion" (*explosão*). Observe-se que, como salientado antes, a medida da consciência morfológica das crianças não é independente do seu conhecimento sintático, pois elas precisam utilizá-lo para descobrir que tipo de palavra é mais apropriado para a frase.

Carlisle (1995) também testou a consciência fonológica das crianças por uma tarefa de subtração de fonema (por exemplo, o examinador diz "cabo" e a criança deve dizer "abo"). Os participantes estavam no 2º ano e seu nível de compreensão de leitura foi avaliado. A hipótese era de que a consciência morfológica das crianças medida no 1º ano revelaria uma correlação maior do que a consciência fonológica com a compreensão em leitura no 2º ano, embora a consciência fonológica de Carlisle mostrasse uma correlação mais alta com a leitura de palavras isoladas do que a consciência morfológica. Sua primeira previsão foi confirmada: a correlação entre consciência morfológica e compreensão de leitura foi igual a 0,55, e a correlação entre consciência fonológica e compreensão de leitura foi igual a 0,41. Esse resultado sugere que a consciência morfológica é mais importante para a compreensão de leitura do que a consciência fonológica. Esse resultado foi confirmado por outros autores (JARMULOWICS et al., 2008). Surpreendentemente, sua segunda hipótese não foi confirmada, pois as correlações entre consciência fonológica e leitura de palavras e entre consciência morfológica e leitura de palavras foram iguais a 0,50. Esse resultado intrigou a autora, mas pesquisas posteriores, descritas na seção anterior, ajudam a explicar por que a consciência morfológica pode facilitar a leitura de palavras em crianças.

Outro grupo de pesquisadores que vem investigando a relação entre consciência morfológica e compreensão de leitura é o grupo liderado por Berninger e Nagy. Nagy, Berninger e Abbott (2006) exploraram as conexões entre conhecimento morfológico e compreensão em leitura usando uma grande variedade de medidas de progresso na alfabetização. Sua teoria era a de que a consciência morfológica promove a compreensão de leitura de duas maneiras.

A primeira relação entre consciência morfológica e compreensão de leitura resulta do fato de que a consciência morfológica contribui para o conhecimento da ortografia e, portanto, para a fluência em leitura. Esses pesquisadores já haviam demonstrado que a consciência morfológica está relacionada à fluência em leitura (BERNINGER et al., 2001) e esperavam que estivesse relacionada também à compreensão em leitura. Conforme argumentamos nos capítulos anteriores, a ortografia de algumas palavras é uma representação morfológica que contradiz a representação fonológica. As crianças que percebem isso entenderão melhor a ortografia e serão leitores mais fluentes. Além disso, como os morfemas são unidades de significado, a sua identificação facilita a compreensão do que é lido.

A segunda conexão entre conhecimento morfológico e compreensão em leitura é indireta, mediada pelo vocabulário de leitura das crianças. Nagy e Anderson (1984) mostraram que a maioria das palavras longas do inglês são compostas por mais de um morfema. O conhecimento morfológico ajuda as crianças a compreenderem palavras morfologicamente complexas que ainda não conheçam: por exemplo, ao ver uma palavra polimorfêmica pela primeira vez em um livro, as crianças que têm uma boa consciência morfológica interpretam seu significado pela análise em morfemas. (O leitor possivelmente nunca encontrou a palavra "polimorfêmica" na linguagem oral e provavelmente a compreendeu sem dificuldade, principalmente se já conhece a palavra "polissílaba". O dicionário Novo Aurélio (FERREIRA, 1999) não lista a palavra polimorfêmica, que possivelmente é um neologismo que acabamos de criar.) Esta hipótese de que existe uma conexão entre conhecimento morfológico e vocabulário de leitura é bastante plausível, mas é uma hipótese e precisa ser verificada.

Para testá-la, Nagy, Berninger e Abbott (2006) pediram a um grande número de estudantes (aproximadamente 600) selecionados em anos escolares diferentes – do 4º (mais ou menos 10 anos) até o 9º ano – que respondessem três testes de conhecimento morfológico, os quais foram, posteriormente, transformados em uma única avaliação, por meio de técnicas estatísticas apropriadas. Os pesquisadores também deram às crianças medidas para avaliar a consciência fonológica e uma variedade de medidas para avaliar sua competência em leitura e escrita. Os testes de leitura incluíam compreensão de leitura, ortografia, vocabulário de leitura e decodificação de palavras e pseudopalavras flexionadas. Os testes de compreensão de leitura e ortografia eram testes padronizados. Na avaliação do vocabulário de leitura, as crianças tinham de ler palavras soltas e identificar dentre quatro, uma definição apropriada do significado de cada uma. Na tarefa de leitura de palavras e pseudopalavras flexionadas, a pronúncia e tonicidade eram consideradas na pontuação: por exemplo, a pseudopalavra *"betongue"* só poderia ser lida corretamente pelas crianças que identificassem *"tongue"* como sendo a raiz; do contrário, não pronunciariam a raiz em *"betongue"* apropriadamente ("tonque" pode ser considerada como uma exceção, uma vez que sua pronúncia seria apropriada para uma palavra escrita com "tong", sem as vogais finais).

Para mostrar que o conhecimento morfológico tem um efeito positivo sobre a habilidade de leitura, independentemente do papel das habilidades fonológicas, os pesquisadores utilizaram uma técnica estatística conhecida como modelagem por equação estrutural, a qual, semelhantemente à correlação parcial, nos permite testar se duas variáveis que são correlacionadas contribuem de modo independente para explicar as diferenças individuais em uma terceira variável. Não descreveremos suas análises detalhadamente aqui, mas recomendamos ao leitor interessado que se refira ao artigo original. Para nossa finalidade nesse capítulo, basta dizer que Nagy, Berninger e Abbott (2006) observaram que, depois de controlar o efeito das habilidades fonológicas, o conhecimento morfológico ainda estava significativamente correlacionado à compreensão de leitura, com o vocabulário de leitura e com a leitura de palavras e pseudopalavras que continham sufixos. Esse resultado foi observado em todos os anos escolares.

Os resultados observados por Nagy, Berninger e Abbott (2006) não são resultados isolados. Deacon e Kirby (2004) obtiveram dados semelhantes em um estudo longitudinal com estudantes canadenses, utilizando uma medida diferente da consciência morfológica – a tarefa de analogia de frases, criada por Nunes, Bryant e Bindman (1997a, 1997b), descrita anteriormente neste capítulo, e medidas diferentes do progresso em leitura e escrita.

Esses estudos esclarecem como o conhecimento morfológico participa dos processos envolvidos na compreensão de leitura e também mostram que as diferenças individuais no conhecimento morfológico explicam, pelo menos parcialmente, diferenças individuais na compreensão de leitura. Uma vez que os dois últimos estudos utilizaram controles rigorosos, eles mostram que o conhecimento morfológico é importante independentemente de sua relação com as habilidades fonológicas das crianças. Um trabalho semelhante em francês (CASALIS; LOUIS-ALEXANDRE, 2000) mostra que a importância do conhecimento morfológico para a compreensão em leitura não se restringe à aprendizagem da leitura em inglês.

Resumo

1 Tanto entre crianças como entre adultos são apresentados níveis de conhecimento de regras morfológicas diferentes.
2 O nível de conhecimento morfológico influencia:
   • a capacidade de analisar pseudopalavras a partir de raízes e afixos tanto na linguagem oral como na escrita;
   • a capacidade de usar a informação da raiz e do afixo para compreender palavras novas encontradas pela primeira vez em textos escritos;
   • a capacidade de usar a informação morfológica na leitura fluente de palavras e na compreensão de leitura.

AS INFLUÊNCIAS RECÍPROCAS ENTRE CONSCIÊNCIA MORFOLÓGICA E APRENDIZAGEM ORTOGRÁFICA

Sugerimos anteriormente que a relação entre a consciência morfológica e a aprendizagem da escrita não é unilateral: a consciência morfológica facilita a aprendizagem da língua escrita e esta, reciprocamente, cria condições para o desenvolvimento da consciência morfológica. A hipótese de que a alfabetização afeta a consciência que temos de nossa língua não é nova. O estudo pioneiro de Scribner e Cole (1981) sobre as consequências da aprendizagem da leitura mostrou que a alfabetização aumenta a consciência que os aprendizes têm dos sons da fala, mesmo quando o processo de aprendizagem foi realizado informalmente, sem instrução escolar sistemática que promovesse a consciência fonológica. Aprender a ler e escrever usando sistemas de escrita alfabéticos aumenta a consciência dos fonemas mais do que aprender a ler e escrever usando sistemas não alfabéticos, como a escrita do chinês (MANN, 1986; READ et al., 1986). Há ainda poucos estudos relativos a o efeito da ortografia sobre a consciência de morfemas, mas os resultados disponíveis são bastante convincentes.

Realizamos (NUNES; BRYANT; BINDMAN, 2006) dois estudos investigando as consequências de aprender a escrever para a consciência morfológica das crianças, usando medidas distintas da consciência morfológica e da habilidade de representar morfemas na escrita. No primeiro estudo, utilizamos como medidas da consciência morfológica das crianças as tarefas de analogia de frases e analogia de palavras; o uso correto do "ed" foi a medida da habilidade de representar morfemas na escrita. Nosso objetivo era verificar se o progresso das crianças na ortografia prediz seu progresso em consciência morfológica. O estudo foi longitudinal, como o anterior (NUNES; BRYANT; BINDMAN, 1997a, 1997b), e usamos a mesma técnica estatística de análise de regressão, controlando estatisticamente a relação entre o resultado no teste de ortografia com a idade e a inteligência antes de examinar a correlação entre ortografia e consciência morfológica. Após esses controles, a habilidade ortográfica mostrou ser um fator significativo na previsão da consciência morfológica. Esse resultado apoia a ideia de que existe uma relação recíproca entre consciência morfológica e ortografia: a consciência morfológica facilita a inferência de regras ortográficas que envolvem morfemas e, ao mesmo tempo, quanto mais os alunos aprendem sobre ortografia, mais informações adquirem sobre a morfologia, e consequentemente maior será sua consciência morfológica.

No segundo estudo, utilizamos o mesmo modelo longitudinal com um conjunto de medidas diferente. A medida de ortografia era a consistência no uso de raízes de palavras, usando pares em que a ortografia da raiz não era inteiramente previsível a partir da fonologia (como nos nomes de dinossauros apresentados no capítulo anterior): por exemplo, a palavra "know" (*conhece*) tem um K não pronunciado e essa raiz deve ser preservada na palavra "knowledge" (*conhecimento*). As crianças escreveram uma palavra do par em um dia e a segunda em uma outra ocasião, de modo que não poderiam checar como haviam escrito a raiz e copiá-la na hora de escrever a segunda palavra do par. A medida da consciência morfológica foi uma tarefa com definição de pseudopalavras. Nesta tarefa, dissemos às crianças que iríamos lhes apresentar palavras inventadas, mas que faziam sentido. A tarefa das crianças era inferir o significado dessas palavras e definir as pseudopalavras. Todas as pseudopalavras eram compostas por uma raiz e um afixo usados em inglês, para que as pseudopalavras pudessem ser interpretadas, mas a combinação da raiz com o afixo não formava uma palavra do inglês. Para usar um exemplo em português: a pseudopalavra "galinhista" não existe, mas é formada pela raiz de galinha e pelo sufixo "ista", usado para formar palavras que se referem a pessoas que têm uma habilidade ou profissão, como oculista, pianista, artista, dentista.

Usamos essas avaliações para testar a hipótese de que a ortografia das crianças poderia prever sua consciência morfológica após um intervalo de cerca de 13 meses e após o controle das variáveis de idade e habilidade verbal geral delas. Utilizamos análises de regressão múltipla diferentes, cada uma com uma medida da competência em ortografia como fator que poderia predizer o desempenho em consciência morfológica. Em todas as análises, os resultados foram significativos. Considerados em conjunto, os resultados dos dois estudos apoiam a hipótese de que a aprendizagem da ortografia tem um efeito positivo sobre consciência morfológica.

Infelizmente, ainda não parecem existir no Brasil estudos semelhantes que investiguem se há também, em português, uma influência recíproca entre consciência morfológica e aprendizagem da escrita. A importância desse resultado para a alfabetização no Brasil não pode ser subestimada, uma vez que, como salientamos anteriormente, existem variedades linguísticas que diferem da chamada normal culta por razões sintáticas e morfológicas. Como não existem pesquisas para informar conclusões, esse tema será retomado no último capítulo, quando discutiremos as implicações de estudos feitos em outros países para a necessidade de novas pesquisas e abordagem ao ensino no Brasil.

CONCLUSÃO

Este capítulo analisou estudos que investigaram explicações para as diferenças individuais no uso de morfemas para gerar novas grafias, na leitura de palavras e na compreensão de leitura. Vimos que uma maioria significativa de adultos que frequentaram a escola até o nível médio, embora possam mostrar um desempenho relativamente bom em ortografia, têm dificuldade em gerar novas grafias usando morfemas. Deve-se mencionar que esses estudos foram feitos na Inglaterra, onde não há até hoje um programa de ensino consistente para o desenvolvimento da consciência morfológica e da representação de morfemas na ortografia.

O capítulo mostrou, ainda, pela revisão de várias pesquisas, que a consciência de morfemas é importante para uma grande variedade de aspectos no progresso em leitura e escrita, como a leitura mais fluente de palavras, a capacidade de inferir o significado de palavras novas, e a compreensão de leitura. No contexto atual do ensino da Inglaterra, a consciência morfológica é habilidade invisível: ela não é discutida nos programas de ensino e não é avaliada. Na educação, as habilidades invisíveis são ignoradas, e os alunos têm de adquiri-las por si próprios, informal e independentemente da escola. Tendo em vista a importância da consciência morfológica para o progresso em ortografia, leitura fluente e compreensão de leitura, sugerimos que é urgente que a consciência morfológica deixe de ser uma habilidade invisível. O Capítulo 7 analisa os resultados de estudos que tiveram como objetivo promover o desenvolvimento da consciência morfológica de modo sistemático, por meio do ensino, e as consequências dessa aprendizagem para os alunos.

7
APRENDENDO A PENSAR SOBRE MORFEMAS POR MEIO DO ENSINO

É importante lembrar que toda pesquisa sobre leitura e escrita é realizada em um contexto educacional específico. Como o objetivo deste capítulo é investigar as consequências do ensino sistemático sobre morfemas para o progresso dos alunos em diversos aspectos da leitura e da escrita, lembramos que os estudos foram feitos na Inglaterra, onde no currículo há apenas menções isoladas aos morfemas. O foco do ensino para promover a alfabetização é o conhecimento das relações entre grafemas e fonemas que, embora importante, não é o único processo significativo para o progresso em leitura e escrita. Como vimos, tanto as crianças como os adultos de nível médio de instrução mostram dificuldades em usar morfemas para gerar a escrita correta de palavras em que eles estão representados, mas é possível que essa dificuldade não existisse, ou talvez fosse bem menor, se fosse dada maior atenção à consciência morfológica no ensino fundamental.

Porém, seria possível argumentar que o conceito de morfemas é extremamente difícil, e que tentativas de promover a consciência morfológica estão fadadas ao fracasso. Quem sabe se apenas os alunos bem dotados seriam capazes de atingir um nível de consciência morfológica que lhes permitisse tirar proveito das informações morfológicas contidas na ortografia? Infelizmente, esta interpretação do significado das diferenças individuais é frequente na educação, pois a noção – de nosso ponto de vista errônea – de que as diferenças entre alunos em habilidades básicas não pode ser eliminada é muito comum entre professores. Neste capítulo, resumiremos alguns dos estudos apresentados no livro *Improving Literacy through Teaching Morphemes* (NUNES; BRYANT, 2006) e também pesquisas feitas por outros autores, focalizando primordialmente os processos que podem ser utilizados no ensino para promover a consciência morfológica. Embora existam teses de mestrado e doutorado no Brasil sobre esse tema, não encontramos artigos publicados que pudessem ser descritos aqui. O capítulo resume estudos feitos com crianças que não apresentam dificuldades na leitura e na escrita, bem como estudos feitos com alunos cujo nível de leitura e escrita estava muito aquém do esperado com base em sua idade.

ESTUDOS DE INTERVENÇÃO COM ALUNOS SEM DIFICULDADES ESPECÍFICAS EM LEITURA E ESCRITA

Os primeiros estudos de intervenção que visavam analisar as consequências do ensino de morfemas para a aprendizagem da leitura e da escrita envolveram comparações entre as consequências de se promover a consciência fonológica ou morfológica (LYSTER, 2002; NUNES; BRYANT; OLSSON, 2003). Nesses estudos, não se pressupõe que essas habilidades sejam alternativas, ou que se busque no ensino desenvolver uma ou a outra. Pelo contrário, pressupõe-se que elas se complementam. No entanto, havia uma forte razão para se iniciar os estudos de intervenção com essa comparação. A maioria das pesquisas sobre os processos de ensino da leitura nos últimos 20 anos do século passado havia tratado da consciência fonológica e do conhecimento das relações entre grafemas e fonemas. Estes estudos de intervenção mostraram que ensinar os alunos a analisarem as palavras em fonemas e as relações entre grafemas e fonemas melhora radicalmente sua leitura e ortografia e, portanto, forneceram resultados altamente relevantes sobre a importância da consciência fonológica para a aprendizagem da leitura. A partir do momento em que os pesquisadores começaram a investigar a consciência de um outro aspecto da língua – a consciência morfológica –, a questão que levantaram foi se havia motivos para mudar práticas que estavam mostrando bons resultados. Em outras palavras, o interesse dos pesquisadores e educadores era saber se valia a pena incluir morfemas no ensino quando as crianças já tinham a oportunidade de desenvolver sua consciência fonológica.

O primeiro estudo comparativo foi realizado com crianças de 7 e 8 anos que frequentavam o 2º ou 3º ano em escolas inglesas. O estudo foi executado usando o esquema tradicional mais rigoroso de um experimento de intervenção, que envolve a distribuição aleatória dos participantes aos grupos de intervenção e o uso de avaliações da leitura e escrita antes (pré-teste) e depois (pós-teste) de se implementar o ensino. No pré-teste, avaliamos o conhecimento de regras ortográficas fonológicas (regras de contexto) e morfemas, bem como o nível geral de leitura e escrita dos alunos. O ensino oferecido aos grupos de intervenção foi feito ao longo de 12 semanas; os alunos participavam do ensino, realizado por uma pesquisadora, em pequenos grupos uma vez por semana. No pós-teste, repetimos as medidas que havíamos usado no pré-teste a fim de avaliar e comparar os efeitos dos diferentes tipos de intervenções sobre o progresso das crianças.

Os alunos de cada classe foram distribuídos aleatoriamente a um dos cinco grupos de intervenção. Com o 1º e o 2º grupo trabalhamos a consciência fonológica. O 1º grupo não realizou tarefas de leitura ou escrita, mas focalizou a análise dos sons da língua com atividades orais. Esse grupo, chamado de grupo fonológico oral, executava as mesmas tarefas que o grupo fonológico escrito, o qual escrito lia ou escrevia suas respostas. Por exemplo, uma das atividades envolvia o contraste entre palavras que têm o mesmo número de sons e a mesma sequência consoante-vogal-consoante, mas a vogal é diferente: o par de palavras "hat" (*chapéu*) e "hate" (*ódio*) exemplifica esse contraste. Pedíamos às crianças, por exemplo, que classificassem palavras, separando as que tinham a vogal semelhante à da palavra "hat" das que tinham a vogal semelhante à da palavra "hate". As crianças do grupo oral executavam a tarefa apenas oralmente enquanto as do grupo fonológico escrito escreviam as palavras e comparavam sua ortografia. Esse par de palavras exemplifica uma regra de contexto em inglês que tem um impacto muito grande sobre a ortografia (ver Capítulo 2). Um exemplo semelhante em português poderia ser a investigação das duas formas do R, uma exemplificada na palavra "barata" e a outra na palavra "farrapo". O grupo oral poderia classificar palavras como tendo o R semelhante ao de "barata" ou ao de "farrapo" enquanto o grupo escrito deveria, além da classificação, predizer se a palavra deveria ser escrita com um ou dois erres. No português, a escolha de um ou dois erres depende, além do som do R, de sua posição na palavra, pois não se usam dois erres na posição inicial, o que pode tornar a tarefa mais interessante quando os alunos discutem o uso de um ou dois erres.

O 3º e o 4º grupo trabalharam a consciência morfológica, enquanto o 3º grupo executava as atividades apenas oralmente, o 4º coordenava as atividades orais com atividades de escrita. Por exemplo, solicitávamos às crianças que classificassem as palavras como mais semelhantes à palavra "confession" (*confissão*), que é um substantivo abstrato, ou mais semelhante à palavra "mathematician" (*matemático*), que não é um substantivo abstrato, mas se refere a uma pessoa. Como vimos anteriormente, os substantivos abstratos são escritos com o sufixo "ion" e os que se referem a pessoas são escritos com "ian. Para usar um exemplo semelhante em português, os alunos poderiam classificar substantivos abstratos terminados em "eza" (beleza, certeza, pobreza) e substantivos que se referem a pessoas terminados em "esa" (princesa, duquesa, francesa).

As atividades nos grupos foram construídas de tal forma que as operações cognitivas nos diferentes grupos fossem paralelas: por exemplo, no caso das atividades acima, estava sempre envolvido o esquema de classificação; outras atividades requeriam completar frases, fazer transformações em palavras, subtrair ou adicionar elementos, etc. Nos grupos fonológicos, os elementos adicionados ou subtraídos poderiam ser fonemas ou sílabas, enquanto nos grupos morfológicos os elementos eram morfemas.

Finalmente, incluímos um grande grupo de controle como o 5º grupo, cujas crianças não participaram de nenhuma intervenção com as pesquisadoras.

Os resultados deste estudo foram simples e encorajadores. Todos os quatro grupos de intervenção mostraram melhoras mais acentuadas no teste padronizado de leitura em comparação ao grupo de controle, e as diferenças entre cada um dos grupos de intervenção e o grupo de controle foram significativas. Não houve diferenças estatisticamente significativas nos pós-testes entre os quatro grupos de intervenção. Portanto, o ensino da consciência morfológica melhorou a leitura das crianças tanto quanto o ensino da consciência fonológica.

Quando analisamos os efeitos da intervenção sobre a escrita, considerando as medidas que havíamos desenvolvido para avaliar o desempenho em regras fonológicas de contexto e em regras morfológicas, encontramos sinais decisivos de que o ensino da morfologia havia funcionado. Os dois grupos de intervenção morfológica tiveram um desempenho melhor do que os outros grupos nas medidas ortográficas do pós-teste que investigava o uso de morfemas na ortografia, enquanto os grupos de intervenção fonológica não diferiam significativamente dos outros grupos na tarefa que investigava o uso de regras fonológicas de contexto.

Em resumo, o estudo mostrou que o ensino de morfologia pode melhorar a leitura das crianças tanto quanto a intervenção fonológica e também pode ajudar as crianças a entenderem regras ortográficas baseadas em morfemas, as quais, como vimos, não são facilmente conquistadas por muitos alunos.

O segundo estudo de intervenção que descreveremos aqui reforça a conclusão de que é possível ensinar regras ortográficas morfológicas, e que este ensino pode dar uma contribuição valiosa para a educação das crianças. Lyster (2002), psicóloga norueguesa, realizou um estudo de intervenção com um grande grupo de crianças de 6 anos e seus professores da pré-escola no seu último ano antes de ingressarem na escola (no momento da pesquisa, as crianças norueguesas ingressavam na escola aos 7 anos). Ela dividiu as crianças em três grupos: o fonológico, o morfológico e o de controle.

O modelo de estudo seguiu o mesmo planejamento descrito acima, com pré-teste, um período de intervenção e um pós-teste. As tarefas do pré-teste avaliaram a consciência fonológica das crianças: elas incluíam, por exemplo, tarefas de rima e subtração de fonemas. Lyster (2002) também apresentou duas tarefas de definição de palavras compostas semelhante à de Berko (1958), mas não avaliou a consciência morfológica das crianças com outras tarefas.

A intervenção durou 17 semanas, com uma sessão semanal. Os sons das palavras foram ensinados às crianças do grupo fonológico com o auxílio de diversas tarefas de rimas e fonemas. Para o grupo morfológico, foi ensinada a relação entre prefixos e sufixos e o significado das palavras nas frases. O grupo de controle foi visitado, mas nada especial ou incomum foi ensinado.

As crianças receberam algumas atividades de leitura antes de chegarem à escola e no momento em que chegaram lá; de 3 a 4 meses depois, elas tiveram de passar por uma bateria de exercícios de leitura, que avaliaram o uso das regras fonológicas e ortográficas e sua consciência sintática. Mais uma vez, não houve nenhuma medida da sua compreensão do uso de prefixos e sufixos na ortografia.

No estudo de Lyster (2002), as crianças dos dois grupos de intervenção tiveram um desempenho melhor nos pós-testes do que as crianças do grupo de controle em habilidades fonológicas; o treinamento morfológico melhorou significativamente a consciência sintática. Como Lyster não usou medidas do uso de morfemas na leitura e escrita, o projeto não pôde indicar se houve um efeito específico da intervenção morfológica com crianças do pré--escolar posteriormente, quando elas aprenderam a ler e escrever.

Intervenção com crianças que mostram atraso em leitura e escrita

Os próximos estudos que descreveremos aqui são investigações sobre os efeitos de intervenções morfológicas e fonológicas com alunos com dificuldades em leitura e escrita. O estudo da natureza e das causas de dificuldades em leitura e escrita tem mostrado grande progresso. Esse progresso inclui questões relacionadas à definição da dislexia e à classificação de subtipos (FLETCHER et al., 1992, 1997; STANOVICH et al., 1997), ao desenvolvimento das habilidades dos leitores fracos (SNOWLING, 1980; SNOWLING; GOULANDRIS; DEFTY, 1996), à análise da existência de uma base genética para as dificuldades em leitura e escrita (GRIGORENKO, 2001; GRIGORENKO et al., 1997; HOHNEN; STEVENSON, 1995; PENNINGTON et al., 1991), à atividade cerebral em crianças com problemas na leitura (SIMOS et al., 2002) além de um melhor entendimento das causas (BRADLEY; BRYANT, 1978, 1980; MODY, 2003; OLOFSSON; LUNDBERG, 1985; OLSON et al., 1989; STANOVICH, CUNNINGHAM; CRAMER, 1984; TORGESEN, 1999; TORGESEN; WAGNER, 1992; TREIMAN; BARON, 1983; TUNMER; NESDALE, 1985). Essa grande quantidade de pesquisas levou à identificação de uma relação causal entre dificuldades de leitura e o desenvolvimento mais lento de consciência fonológica, resultando em dificuldades na aprendizagem de correspondências entre fonemas e grafemas. Observe, no entanto, que uma minoria significativa de crianças com dificuldades de leitura não demonstra atraso no desenvolvimento da consciência fonológica.

Existe um grande número de estudos que mostra a eficácia de intervenções que promovem o desenvolvimento da consciência fonológica e a aprendizagem de correspondências entre fonemas e grafemas para crianças com dificuldades na leitura e escrita (ALEXANDER et al., 1991; BLACHMAN et al., 1999; BYRNE; FIELDING-BARNSLEY, 1993; FOORMAN et al., 1998; HATCHER, 2000; HATCHER; HULME, 1999; HATCHER; HULME; ELLIS, 1994; LOVETT; RANSBY; BARRON, 1988; LOVET et al. 1989, 1990, 1994). Hoje, não há dúvidas que esses programas são eficazes nas fases iniciais da aprendizagem quando as crianças fazem parte de um grupo de risco em relação às dificuldades em leitura e escrita. Entretanto, nem todas as crianças se beneficiam dessas intervenções fonológicas (FOORMAN, 2003; TORGESEN, 2000; VELLUTINO, SCANLON; SIPAY, 1997), principalmente se elas são implementadas mais tarde, quando as crianças já tiveram dois ou três anos de ensino, e os pesquisadores têm procurado encontrar outras formas de melhorar as perspectivas educacionais de crianças nesse grupo de risco.

Podemos distinguir duas abordagens nessas pesquisas: uma é continuar oferecendo às crianças com problemas de leitura intervenções fonológicas por períodos mais longos, e a segunda é combinar intervenções fonológicas com outras formas de intervenção.

Pesquisadores que buscam oferecer ensino fonológico por mais tempo sugerem que esta forma de intervenção funciona de modo diferente para cada criança. Para algumas, a intervenção fonológica funciona como uma vacina: a intervenção precoce previne o fracasso na leitura. Para outras, funciona como insulina: uma intervenção contínua é necessária para a manutenção da eficácia do tratamento (COYNE et al., 2004). Os resultados sugerem que a continuação das intervenções fonológicas desde a educação infantil e ao longo do 1º ano aumenta o número de crianças para as quais a intervenção fonológica é eficaz (VELLUTINO et al., 2006); ainda assim, há crianças que continuam mostrando um desempenho fraco após o ensino da consciência fonológica na educação infantil e no 1º ano.

Atualmente, há um grande interesse em saber que tipo de leitores fracos não respondem às intervenções fonológicas (OTAIBA; FUCHS, 2006) e que tipo de intervenção adicional poderia ser oferecida.* Não revisaremos todas as alternativas que surgiram na literatura. Algumas dessas envolvem combinações de intervenções, como ensino fonológico e de compreensão de leitura. Essas combinações são formas importantes de tratamento nos ajudam a entender os processos utilizados pelas crianças no aprimoramento de suas habilidades. É preciso usar uma abordagem mais analítica dos fatores de intervenção para compreendermos os processos subjacentes.

Segundo pesquisas com alunos sem dificuldades de leitura e escrita, uma opção que deveria ser investigada é a avaliação de intervenções que têm por objetivo promover a habilidade morfológica e sintática dos leitores fracos. A questão é se esse tipo de intervenção funciona. Algumas pesquisas (EGAN; PRING, 2004; SHANKWEILER et al., 1995; TSESMELI; SEYMOUR, 2006) revelaram que leitores fracos mais velhos demonstram um desempenho inferior em exercícios de consciência morfológica e sintática do que grupos de leitores normais da mesma idade. Entretanto, essa diferença poderia ser resultado do fato de que os leitores fracos leem menos, e consequentemente têm menos experiência com a leitura. Em todos esses estudos, a pontuação dos leitores com dificuldades em leitura nas atividades de sintaxe e morfologia foi comparável à pontuação de um gru-

---

* Ver, por exemplo, Berninger et al. (2003), Denton et al. (2006), Foorman et al. (2003), Hagvet (2003), Torgesen (2004, 2005), Torgesen, Rashotte e Alexander (2001) e Tunmer (2008).

po de crianças com nível de leitura correspondente, embora esses últimos fossem mais jovens. Em um contexto educacional em que as crianças têm de inferir regras morfológicas a partir de suas experiências com leitura e escrita, porque não existe um ensino sistemático de regras morfológicas, os leitores fracos certamente estarão em desvantagem. Entretanto, se não tiverem de descobrir essas regras sozinhos, e participarem de uma intervenção morfológica, qual seria seu desempenho?

Parece-nos, a partir de uma revisão da literatura, que o único estudo que apurou essa questão foi uma investigação que realizamos com alunos de 12 escolas em Oxford e Londres. As crianças estavam entre o 4º e o 6º anos, na faixa etária de 8 anos e meio a quase 12 anos. Avaliamos todos os alunos das classes participantes e identificamos 59 crianças como leitores fracos, pois estes alunos mostravam um atraso na leitura e escrita de palavras de pelo menos 18 meses (o atraso médio do grupo era de 28 meses e meio) embora seu nível em testes de inteligência fosse médio, não demonstrando nenhum atraso. Em cada escola, as crianças foram aleatoriamente designadas para um entre três grupos: o de controle, o de treinamento fonológico em combinação à escrita e o de treinamento morfológico em combinação à escrita. As medidas usadas no pré e pós-testes incluíam um teste padronizado de leitura e escrita de palavras e uma medida do uso de sufixos na escrita. Essa medida, não padronizada, foi necessária porque, como indicamos anteriormente, a habilidade de usar sufixos na ortografia é ainda invisível, e palavras polimorfêmicas com sufixos que avaliam o uso de morfemas na escrita não estão incluídas nas medidas padronizadas. A Tabela 7.1 mostra os resultados do pré-teste para os três grupos. Os resultados são de uma medida padronizada, em que o nível esperado de leitura e escrita de palavras para crianças sem dificuldades é igual a 100. A Tabela 7.1 mostra claramente que os participantes deste estudo estavam consideravelmente atrasados na leitura e escrita com relação à sua idade.

Tabela 7.1 Médias (desvio padrão entre parênteses) nos testes padronizados para os três grupos no estudo, sendo a média esperada para alunos sem dificuldades igual a 100.

	Controle	Intervenção fonológica	Intervenção morfológica
Escore padronizado em leitura	78,0 (8,0)	77,9 (6,9)	77,1 (8,1)
Escore padronizado de ortografia	77,0 (6,2)	77,7 (4,1)	74,3 (4,9)

O treinamento utilizou atividades semelhantes àquelas usadas no estudo relatado anteriormente neste capítulo: a intervenção fonológica focalizou as regras de contexto e a intervenção morfológica focalizou o uso de morfemas na escrita de palavras cuja ortografia não é regular, se considerada exclusivamente do ponto de vista das relações grafema-fonema. As crianças participaram de aproximadamente 20 sessões semanais de 45 minutos cada, mas algumas completaram menos sessões em virtude de terem faltado à escola. O pós-teste foi realizado uma semana após o final das sessões de intervenção. O intervalo entre o pré e o pós-teste foi de aproximadamente 7 meses.

As comparações entre os resultados do pré e do pós-teste mostraram que o grupo de controle obteve um progresso muito semelhante ao esperado durante o período: sua idade de leitura melhorou, em média, 6,7 meses. O grupo de treinamento morfológico mostrou um crescimento de 11,7 meses na idade de leitura e o grupo fonológico, um crescimento de 13,1 meses. As análises estatísticas mostraram que a diferença entre o grupo de treinamento fonológico e o grupo de controle era estatisticamente significativa, mas a diferença entre o grupo de treinamento morfológico e o grupo de controle não chegou a ser significativa.

As análises do progresso em escrita de palavras, usando teste padronizado, não mostraram diferenças significativas entre os grupos. No entanto, houve um efeito significativo e específico da intervenção morfológica no teste de escrita de palavras polimorfêmicas: as crianças que receberam a intervenção morfológica mostraram progresso significativamente maior no pós-teste do que o grupo de controle; as crianças do grupo de intervenção fonológica também tiveram um desempenho melhor que o do grupo de controle, mas a diferença entre os dois grupos não foi significativa.

Esses resultados demonstram que a intervenção fonológica pode ajudar crianças com dificuldade de leitura mesmo vários anos após o início da alfabetização (entre 3 e 5 anos, nesse estudo). Neste estudo, a intervenção foi apropriada às suas dificuldades, pois focalizaram regras condicionais, e não correspondências simples entre fonemas e grafemas. Embora a intervenção não tenha promovido um progresso significativamente maior do que as crianças do grupo de controle em ortografia, os alunos mostraram um progresso em leitura em média de 13 meses durante um período de 7 meses, ou seja, quase o dobro do esperado nesse intervalo.

Os efeitos da intervenção morfológica não foram tão claros. Embora os alunos tenham feito um progresso em idade de leitura de quase 12 meses e, portanto, maior do que o esperado durante o intervalo de 7 meses, a diferença entre esse grupo e o grupo de controle não foi estatisticamente significativa. Porém, seu progresso no uso de sufixos na escrita diferiu significativamente do progresso feito pelo grupo de controle, o que sugere que, com o ensino, os leitores com dificuldades poderiam vir a usar os morfemas mais eficientemente na leitura e na escrita. Esse desempenho intermediário do grupo morfológico, entre os grupo de intervenção fonológica e de controle, deve ser interpretado com cautela. Fornecemos às crianças oportunidades de ensino relativamente modestas: aproximadamente 20 horas de instrução durante 7 meses. É bastante provável que as intervenções morfológicas exigissem períodos mais longos para funcionar bem com leitores com dificuldades. Todas as crianças haviam recebido instrução sobre fonemas e grafemas anteriormente em suas aulas regulares; nosso programa de intervenção fonológica oferecia um reforço do que haviam aprendido. Em contraste, as escolas inglesas não incluem morfemas em seu ensino de leitura, com exceção de alguns poucos prefixos ("re" e "un", por exemplo) e sufixos ("ed" foi o único que aparecia ocasionalmente nas atividades de alfabetização no currículo). Desse modo, ensinava-se morfologia às crianças apenas durante nossas sessões, ao passo que o ensino do grupo fonológico era reforçado nas atividades regulares da sala de aula.

Os resultados desse estudo sugerem que intervenções com crianças com dificuldades na leitura e na escrita deveriam combinar instrução em fonologia e morfologia, pois as contribuições dessas duas formas se complementam: a instrução fonológica promoveu melhora significativa na leitura e a instrução morfológica promoveu melhora significativa nas palavras em que a morfologia está representada, que são muito frequentes no inglês. É possível que a combinação das duas formas de ensino tenha efeitos ainda mais marcantes em leitura de palavras do que o uso independente das duas formas de intervenção; essa hipótese merece investigações futuras.

Nossa revisão da literatura indicou a existência de apenas um estudo em que alunos com dificuldade em leitura e escrita receberam uma combinação de intervenções, envolvendo a morfologia e fonologia. Infelizmente, não havia um grupo de controle no estudo, o que nos impede de chegar a conclusões decisivas sobre a efetividade da combinação das duas formas de ensino. Como o progresso dos alunos foi substancial, incluímos aqui uma breve descrição do estudo. Tijms et al. (2003) trabalharam com uma intervenção baseada em análises morfológicas e fonológicas da língua holandesa. Os participantes de seu estudo tinham sido encaminhados para um centro de tratamento de dislexia e foram selecionados de acordo com os seguintes critérios: sua leitura estava pelo menos um desvio padrão abaixo da média para sua idade, seu nível de inteligência era médio, não possuíam deficiências sensoriais ou neurológicas, e suas dificuldades não poderiam ser explicadas por sua origem linguística e socioeconômica. A faixa etária dos participantes ia de 10 a 15 anos. Tijms et al. (2003) estavam principalmente interessados nos efeitos deste tratamento combinado a longo prazo; a maioria das pesquisas acompanha os leitores fracos por um período curto após o tratamento e vários pesquisadores salientam a importância de um acompanhamento a longo prazo (FOORMAN et al., 1997; WAGNER; TORGESEN; RASHOTTE, 1994). Tijms et al. (2003) usaram um modelo diferente em sua análise dos efeitos das intervenções: em vez de utilizarem um grupo de controle e uma designação aleatória dos participantes aos grupos, eles compararam o grupo de intervenção com as normas de leitura e escrita para suas idades.

Antes da intervenção, o grupo demonstrou um atraso significativo com relação às normas de idade. À medida que a intervenção foi implementada durante 6 meses, houve aumentos regulares no desempenho em leitura de palavras, textos e ortografia. Para alguns alunos, o progresso reduziu seu atraso em leitura de palavras à metade. Na ortografia, observou-se um ganho substancial, que chegou a diminuir a diferença entre o desempenho dos alunos e a média para sua idade em três quartos. Apesar de não estar claro no artigo, parece que nem todos os participantes se beneficiaram do tratamento, mas aqueles que mostraram progresso significativo no desempenho em leitura mantiveram a melhoria durante um período de 4 anos. Os efeitos positivos sobre a ortografia, porém, diminuíram durante esse período.

Resumo

1 Os estudos que descrevemos mostram um efeito geral das intervenções morfológicas sobre a leitura de palavras quando os alunos não têm atraso em leitura e um efeito específico na ortografia. Quando os alunos têm dificuldades em leitura e escrita, o efeito sobre a ortografia é específico e o efeito sobre a leitura não chegou a ser significativo.

2 As intervenções fonológicas tiveram maior efeito sobre a leitura do que sobre a ortografia tanto com alunos médios quanto com alunos com dificuldades em leitura e escrita.

3 Esses estudos sugerem que valeria a pena incluir instrução em consciência morfológica como um aspecto básico na alfabetização. Tanto leitores com progresso normal quanto aqueles com dificuldade poderiam se beneficiar da combinação de instrução fonológica e morfológica.

DO LABORATÓRIO PARA A SALA DE AULA

Nossos estudos sobre a instrução que visa promover a consciência morfológica começaram como estudos de laboratório, embora todos tenham sido implementados nas escolas, porque a instrução foi apresentada pelos pesquisadores. Sabe-se que, quando o ensino é feito por pesquisadores e em pequenos grupos, fora da sala de aula, os efeitos das intervenções tendem a ser mais acentuados. Por isso, elaboramos um programa de intervenção que pode ser administrado em sala de aula pelos professores, com o apoio de um computador para a apresentação das tarefas.

Ao introduzir os materiais em sala de aula, utilizados pelos professores, tínhamos dois objetivos. O primeiro objetivo de avaliarmos nossas atividades em sala de aula era examinar se professores e alunos se interessavam pelas atividades e se seus resultados eram positivos. O segundo objetivo era verificar o que ocorre quando professores com um treinamento relativamente curto no uso de atividades morfológicas assumem o controle do ensino, sem o apoio de pesquisadores. Nossa única exigência para que os professores recebessem o material e o treinamento inicial foi que eles nos permitissem implementar um pré e um pós-teste em suas salas de aula para que pudéssemos avaliar os efeitos da intervenção. Embora pedíssemos aos professores que utilizassem todas as atividades na sequência prevista, eles poderiam decidir a duração e o intervalo entre as sessões de ensino.

Desenvolvemos dois conjuntos de materiais para dar aos professores, um envolvendo instrução em consciência morfológica associada à escrita e o outro a ser realizado apenas oralmente. Os dois programas consistiam em uma mesma série de atividades e incluíam elementos que visavam desenvolver a consciência sintática, uma vez que a morfologia não é independente da sintaxe, e também a consciência morfológica, sendo a maioria das atividades relacionada à consciência morfológica.

Como o material foi desenvolvido para a língua inglesa, não o descreveremos em detalhes. O leitor interessado pode baixar todo o programa do site.* Aqui basta exemplificarmos algumas atividades.

Nas atividades referentes à consciência sintática, usamos julgamentos de frases e exercícios de completar frase. Nos julgamentos de frases, as crianças ouviam uma frase, que também aparecia projetada na tela na frente da sala de aula: por exemplo: "Ontem, no centro da cidade, eu vi um...". As crianças deveriam decidir se as palavras apresentadas a seguir completavam a frase corretamente ou não. Em seguida, discutiam em pares ou trios por que as palavras completavam a frase corretamente ou não. Entre as alternativas, apresentamos, por exemplo, as palavras "ônibus", "computador", "vaca", "boi", "carros". As crianças deveriam reconhecer que "ônibus", "computador" e "boi" completariam a frase corretamente, embora fosse improvável que elas vissem um boi no centro da cidade. No entanto, "vaca" e "carros" não completariam a frase corretamente, pois "vaca" é uma palavra feminina e o artigo está no masculino e "carros" está no plural. Essas discussões visam aumentar a consciência sintática e morfológica dos alunos, pois incluem a consideração das desinências.

Outras atividades visavam aumentar a consciência de prefixos e sufixos. Uma atividade interessante com prefixos envolveu a discussão de prefixos que indicam número: Qual a diferença entre uma bicicleta e um triciclo? Existe algo nessas palavras que nos dê uma pista sobre essa diferença? O prefixo "bi" é usado em "bicicleta" e em "bicampeão"; que semelhança existe entre os significados dessas palavras? Por que a palavra "binóculo" começa com "bi"? Também nessa atividade usávamos alguns estímulos interessantes com palavras e pseudopalavras: por exemplo, apresentávamos uma figura de um cavalo com duas caudas e pedíamos às crianças que o descrevessem com um adjetivo (bicaudal) e que desenhassem um monstro trípede – usando uma pseudopalavra que eles podiam discutir e cujo significado podiam inferir. Também solicitávamos que pesquisassem outras palavras cujos prefixos indicavam algo sobre números.

Várias atividades usavam pseudopalavras, o que os alunos achavam muito divertido. Algumas descreviam, por exemplo, atividades desenvolvidas por marcianos, e perguntavam qual era sua identificação profissional: por exemplo, adaptando para o português: "O trabalho desses marcianos é cuidar de pernotes (uma pseudopalavra, que aparece ilustrada

---

* Disponível em www.education.ox.ac.uk/childlearning/resources.

no slide projetado); eles são...?". Os alunos discutiam que sufixo poderia ser usado aqui. Em inglês, os sufixos "er" e "or" são usados para formar agentes a partir de verbos e o sufixo "ist" é usado para formar agentes a partir de substantivos. Essas atividades, que sempre provocavam discussões interessantes, foram muito motivadoras.

Os dois programas, intervenção morfológica apenas oral ou associada à escrita, mostraram-se efetivos em promover o desenvolvimento das crianças em várias medidas. O desenvolvimento dos dois grupos de intervenção foi significativamente melhor do que o do grupo de controle em ortografia, vocabulário de leitura e habilidade de definir pseudopalavras. O grupo de consciência morfológica associada à escrita apresentou resultados um pouco acima dos resultados do grupo de intervenção morfológica apenas oral na tarefa de escrita, o que não foi nenhuma surpresa, mas a diferença não foi estatisticamente significativa. Finalmente, tanto as crianças que no pré-teste, antes da intervenção, tiveram resultados mais fracos, abaixo da média, como as que tiveram resultados mais fortes, acima da média, se beneficiaram da participação na intervenção. No entanto, as mais fracas mostraram melhores resultados quando a intervenção foi somente oral e as mais fortes mostraram melhores resultados quando a intervenção associou as análises morfológicas à escrita.

O resultado mais importante desse estudo é que ficou claro que a instrução explícita sobre consciência morfológica pode promover o progresso das crianças quando é usada em sala de aula pelos professores, com bastante flexibilidade sobre como organizar as sessões de ensino. Portanto, as intervenções sobre a consciência morfológica podem ser incluídas nos currículos escolares sem grandes dificuldades: elas promovem o desenvolvimento das crianças em leitura e escrita e, o que também é importante, os alunos acharam as atividades interessantes e motivadoras.

Resumo

1 Neste último projeto de intervenção, os pesquisadores administraram o pré e pós-testes, mas a intervenção foi implementada pelos professores util-zando um CD para a apresentação das atividades numa tela colocada na frente da classe. Os professores organizaram a implementação das atividades de modo a encaixá-las em seus horários de ensino da língua materna. Os pesquisadores não

tiveram nenhum contato com as crianças durante o período de intervenção.
2 Nossos pré e pós-testes foram desenvolvidos (1) para avaliar o uso de morfemas na escrita, (2) para medir o vocabulário de leitura das crianças e (3) para avaliar sua compreensão da estrutura morfológica de pseudopalavras.
3 Havia dois grupos de intervenção e um grupo de controle neste projeto. Para um dos grupos de intervenção, ensinou-se apenas a estrutura morfológica das palavras oralmente, e para o outro grupo, ensinou-se esta estrutura bem como sua relevância para a ortografia.
4 Os resultados deste projeto foram muito positivos. As crianças nos dois grupos de intervenção apresentaram mais progresso do que as do grupo de controle em todas as medidas.
5 As crianças do grupo de intervenção gostaram das atividades e demonstraram grande motivação em participar do projeto.

CONCLUSÕES

Os trabalhos resumidos nos Capítulos 6 e 7 mostram que existem vantagens em se incluir no processo de alfabetização atividades que promovem a consciência morfológica. O impacto positivo dessas atividades se faz notar em atividades de leitura e escrita de palavras e compreensão de textos, promovendo também a capacidade das crianças de inferirem os significados de palavras polimorfêmicas que encontrem pela primeira vez em um texto. As pesquisas indicam que os benefícios de tais atividades são claros tanto para alunos cuja alfabetização está se desenvolvendo normalmente como para aqueles que estão encontrando dificuldades sérias no processo de aprendizagem da leitura e da escrita.

Além disso, os estudos também mostram que é possível criar atividades motivadoras para o desenvolvimento da consciência morfológica e que, quando estas atividades não fazem parte do ensino, a maioria dos alunos completa o ensino médio com dificuldades em gerar a ortografia de novas palavras quando essas representam a morfologia. Portanto, parece-nos ser urgente que a inclusão no currículo de atividades que visem promover a consciência morfológica seja considerada.

8
REFLEXÕES FINAIS

A pesquisa e o ensino da alfabetização no Brasil, como em outros países, passaram por grandes mudanças nas três ou quatro últimas décadas. Até então, o ensino da leitura e escrita era feito principalmente com base nos conhecimentos adquiridos na prática, não havendo muitas pesquisas que pudessem embasar o desenvolvimento e a avaliação das diferentes abordagens. O método silábico, o global e o fonêmico desenvolveram-se predominantemente, por um lado, a partir das experiências dos educadores e, por outro, a partir de análises teóricas ainda não validadas por meio de investigações empíricas.

Esse quadro mudou radicalmente desde então. Há, hoje, um volume enorme de pesquisas sobre os processos envolvidos na aprendizagem da leitura e da escrita. No Brasil, os trabalhos de Ferreiro e Teberosky (1983) tiveram grande influência na revisão das ideias e práticas relacionadas à alfabetização. Vários grupos de pesquisa trabalhando em universidades brasileiras e centros de pesquisa em diversas partes do país, como em Pernambuco, Minas Gerais, Rio de Janeiro, São Paulo e Rio Grande do Sul, também tiveram grande influência sobre a mudança de atitude que ocorreu nos últimos anos e que colocou a pesquisa no centro das considerações sobre como a escola deve promover os processos de alfabetização.

Um impacto altamente significativo dessa mudança foi a tomada de consciência pelos educadores de que as produções escritas dos alunos revelam muito sobre sua concepção do sistema de escrita. Quando o aluno não escreve corretamente uma palavra, porque omitiu letras, por exemplo, isso não significa que ele não tenha boa audição e por isso omite partes da palavra, ou que não esteja pensando sobre como a palavra deve ser escrita. A ideia de que antes da alfabetização os alunos pensam sobre o sistema de escrita de modo diferente hoje é muito difundida entre os educadores brasileiros, e a ideia de que concepção silábica precede a alfabética no desenvolvimento auxiliou os educadores na interpretação de produções que anteriormente poderiam ter parecido escritas sem qualquer sentido. Hoje a ideia de que os alunos precisam atingir uma concepção alfabética da escrita a fim de conseguirem aprender a ler e escrever é comum entre os educadores. Porém, há muito menos pesquisas sobre o que acontece depois que a criança alcançou a concepção alfabética de escrita, e também há poucos estudos sobre o que se pode fazer para auxiliá-la no desenvolvimento da alfabetização além dos primeiros passos.

Uma crença comum é que o melhor que se pode fazer é expor as crianças à língua escrita e deixar que a ela sozinha, domine o que parece, a partir de uma análise menos profunda, uma enorme quantidade de grafias imprevisíveis. Essa crença resulta na inatividade por parte da escola: deixar que a criança descubra tudo sozinha é o mesmo que não fazer nada.

Outra crença é que, uma vez atingida a concepção alfabética, o progresso na ortografia depende da memorização das grafias de palavras isoladas. Essa segunda visão significa abandonar a ideia de que os alunos podem continuar pensando sobre a ortografia, e devem, depois de atingir a concepção alfabética, usar somente a memória. Foi essa visão, de que a memória passa a substituir a reflexão, que motivou as pesquisas que fizemos inicialmente sobre o que acontece após a fase alfabética. Muitos autores referem-se a essa fase como "ortográfica", mas esse rótulo não contribui para a compreensão de como a criança pode ir além da fase alfabética. O que significa dominar a ortografia além da fase alfabética?

O objetivo deste livro foi investigar o que acontece depois da fase alfabética, e analisar os processos envolvidos na visão da escrita como um sistema que não se esgota com o conhecimento das correspondências simples entre letras e sons.

A primeira razão para a limitação de uma escrita rigorosamente alfabética reside no fato de que a ortografia do português brasileiro se dá pelo uso de um alfabeto emprestado e, por isso, não tem letras suficientes para representar todas as diferenças entre sons que desejamos representar – por exemplo, não dispões de uma letra para representar os sons que escrevemos com "nh" ou "lh" e precisamos usar dígrafos. Além da falta de consoantes para representar esses sons, também faltam vogais para representar as diferenças entre vogais abertas e fechadas, que distinguem, por exemplo, as palavras "avô" e "avó". Além disso, faltam vogais para diferenciar entre as nasalizadas ou não, essenciais na diferenciação entre palavras como "mato" e "manto". Finalmente, outras diferenças aparecem no português que não são observadas ao nível de distinções mínimas entre sons (ou seja, distinções fonêmicas), mas diferenças nos aspectos suprassegmentais das palavras, como no caso da diferença entre "pais" e "país". Portanto, precisamos lançar mão de recursos que vão além das correspondências simples entre letras e sons, que representam a concepção alfabética, para representar diferenças fonológicas entre as palavras.

A investigação do chamado estágio ortográfico nos levou a ir além da noção de que a escrita é um sistema de notação para os sons da língua falada. Usando concepções vistas anteriormente como alternativas, chegamos a uma síntese, de acordo com a qual existem dois tipos de relação entre a linguagem oral e a língua escrita: aquelas com base na superfície da língua falada, ou seja, nos sons, e as com base em significados. Os significados dependem tanto de unidades de significado menores do que uma palavra, como os morfemas, quanto da relação entre as palavras numa frase. Para lembrar nosso exemplo inicial: quando lemos "Pai, afasta de mim esse cálice" ou "Pai, afasta de mim esse cale-se", os sons que pronunciamos são os mesmos, mas o significado das duas frases é bastante distinto porque os morfemas que formam "cálice" e "cale-se" e as relações entre as palavras nas duas frases são diferentes.

Várias questões tornam-se significativas quando compreendemos que existem essas duas formas de relação entre a língua oral e a língua escrita. Por exemplo: seria essa análise algo inteiramente acadêmico, sem consequências para a prática? Ou essa distinção pode auxiliar tanto o professor quanto o aluno na conquista do processo de alfabetização?

Tentamos mostrar que a questão não é simplesmente teórica e acadêmica, mas que tem consequências importantes para a pesquisa e o ensino da leitura e escrita. Nossa proposta é que a maior parte da aprendizagem infantil é gerativa: durante o processo, as crianças são expostas a um número limitado de palavras escritas, mas o que elas aprendem sobre a ortografia deve possibilitar a leitura e escrita de palavras que nunca viram antes na forma escrita ou sequer escutaram antes. Exatamente por existir dois tipos de conexão entre a língua escrita e a linguagem oral é que as crianças precisam aprender a usá-las a fim de escrever corretamente.

As regras ortográficas que vão além das correspondências simples entre letras e sons não são todas idênticas. Algumas têm uma função: como discutido anteriormente, às vezes precisamos representar sons para os quais não existe uma só letra. Outras vezes elas envolvem uma questão formal: por exemplo, antes de "p" e "b" devemos usar o "m", e não o "n", para marcar a nasalização. Muitas vezes função e forma delimitam o uso de certas letras ou certos dígrafos: por exemplo, escrevemos "carro" com "rr" e "rato" com "r", embora o som representado seja o mesmo. As questões de função e forma se sobrepõem nesse caso, porque o dígrafo "rr" não pode ser usado no início das palavras. Para complicar ainda mais, às vezes grafias diferentes são usadas para a mesma sequência sonora porque marcam uma distinção entre morfemas. Escrevemos "beleza" com "z" e "princesa" com "s" porque "eza" e "esa" são sufixos com funções diferentes, embora sejam pronunciados exatamente da mesma forma. Se esses exemplos não parecem suficientemente complicados, lembremos que é possível escrever a mesma sequência sonora de três modos diferentes: "iu" no final de algumas palavras (como fugiu), "io" no final de outras (como pátio) e "il" no final de outras (como funil). Por quê? Para compreender esses casos, precisamos combinar explicações baseadas no contexto fonológico com explicações relacionadas ao significado.

Usando a concepção do linguista Jaffré, adotamos a classificação das regras ortográficas em dois tipos: regras fonográficas, que representam unidades de som sem significado, e regras semiográficas, relacionadas à representação de significados.

Entre as regras fonográficas, que resultam da falta de letras para representar um som da língua, são aprendidas mais facilmente pelas crianças do que aquelas que poderiam ser chamadas de puramente ortográficas: por exemplo, o grafema "rr" representa o R (como em carro), mas só é usado no meio das palavras (não podemos escrever "rrato", embora o som inicial seja o mesmo) e só entre vogais (não podemos escrever "honrra", pois o som não está entre vogais). As pesquisas apresentadas nesse livro mostraram que, quando as crianças utilizam uma concepção rigorosamente alfabética da escrita, elas não usam um grafema formado por mais de uma letra para representar um som: se uma palavra tem quatro sons, como a palavra carro, por que usar cinco letras? A ruptura com a concepção alfabética é provocada pela própria inconsistência entre ela e a ortografia, e emerge mesmo sem o ensino sistemático: as crianças entendem a função dos dígrafos necessários e começam a usá-los porque não existe uma letra para reproduzir os sons que eles representam. No entanto, romper com a concepção estritamente alfabética é muito mais fácil do que descobrir as regras relacionadas à forma ortográfica. Os estudos de Brown (1957) e Morais (1999) sugerem que muitas crianças continuam mostrando dificuldades mesmo depois de estarem participando do processo de alfabetização na escola durante três ou quatro anos.

Lembramos que é necessário ter certa tolerância em relação à representação de sons por letras, pois existem tanto variações regionais na pronúncia das palavras quanto certo grau de flexibilidade na própria língua. Em Minas Gerais, falamos /caminhão/; o primeiro "a" não é nasalizado embora seja seguido de um "m"; em Pernambuco fala-se /cãminhão/, sendo a pronúncia do primeiro "a" influenciada pelo contexto fonológico, ou seja, pelo "m" que o segue. Em Minas falamos "côração", sendo o primeiro "o" fechado e na Bahia "córação", sendo o primeiro "o" aberto. Embora essas diferenças entre vogais definam diferenças fonêmicas (ver os exemplos anteriores, "mato" e "manto"; "avó" e "avô"), essas diferenças não causam dificuldade de comunicação entre mineiros, pernambucanos e baianos. Como salientado pelo linguista brasileiro Faraco, a pronúncia de certas palavras altera-se ao longo do uso da língua e pode variar mesmo entre regiões em que a língua é usada, mas sua ortografia não se modifica.

Se o domínio dessas regras ortográficas causa dificuldades aos aprendizes, seria essencial que investigássemos como elas podem ser minimizadas. A inatividade (deixar que a criança descubra tudo sozinha) e a ênfase na memorização (pedir aos alunos que copiem listas de palavras) não são as únicas opções. Existem poucas investigações em português sobre o ensino das regras fonográficas e semiográficas, mas podemos aprender lições relevantes sobre o ensino a partir de estudos feitos em outras línguas e investigar soluções para o português brasileiro.

Tomemos como exemplo o ensino do uso do dígrafo "ck" em contraste com a letra "k" no final das palavras em inglês, uma regra essencialmente formal, pois tanto o "c" como o "k" no final das palavras representam o som /k/. Fizemos um estudo sobre a melhor maneira de ensinar a regra do uso do "ck" ou do "k" com alunos ingleses do 2º e 3º ano, a fim de avaliarmos as condições de ensino que levavam a aprendizagem mais eficiente e duradoura. Uma possibilidade seria pedir aos alunos que memorizassem a regra, que não é muito difícil: quando a palavra tem somente uma letra após a vogal na sílaba final, o som /k/ final é escrito com "ck"; quando a palavra tem mais de uma letra após a vogal, o som /k/ é escrito somente com a letra "k". Por exemplo, "brick", "clock", "back" são palavras escritas com "ck" e "park", "talk", "book" são palavras escritas com "k".* Embora seja fácil memorizar a regra, é bastante difícil pensar sobre ela toda vez que precisamos escrever uma palavra terminada com o som /k/; a regra precisa ser automatizada para funcionar bem. A fim de auxiliar os alunos a aplicarem essa regra de modo mais automático, criamos uma espécie de jogo em que eles precisavam decidir apenas se uma palavra apresentada na tela do computador na frente da classe deveria ser escrita com "ck" ou "k" no final. Alertávamos os alunos para a existência da regra, examinávamos alguns exemplos para facilitar a compreensão de como a regra deveria ser aplicada e, subsequentemente, iniciávamos o jogo. Os alunos viam a palavra na tela e completavam sua escrita na folha de respostas, onde ela aparecia incompleta, faltando a representação do /k/ no final. As telas tinham cores e ilustrações variadas, tornando a atividade mais interessante. Os alunos tinham um tempo limitado para completar a escrita, após o qual a resposta aparecia na tela e eles deveriam marcar se tinham acertado ou não. Após duas sessões de prática, os alunos completaram um ditado, em que apareciam palavras reais e inventadas, para que pudéssemos saber se eles estavam gerando a ortografia. Aproximadamente oito semanas depois, completaram um novo ditado, cuja lista de palavras não aparecia nenhuma utilizada durante a aprendizagem. O estudo envolveu a comparação de duas formas de apresentação das palavras durante a fase de ensino. Para um dos grupos, apresentamos somente palavras terminadas com "k" no primeiro dia, e no segundo dia apenas palavras terminadas com "ck". Esse grupo tinha a oportunidade de usar a regra para uma lista de palavras em um dia e para a outra lista no outro dia, mas não tinha necessidade de refletir: em cada sessão de aprendizagem, as palavras tinham o mesmo grafema no final. Para outro grupo de alunos, as palavras terminadas em "ck" e "k" eram as mesmas usadas pelo primeiro grupo, mas estavam misturadas aleatoriamente: eles só poderiam

---

* N de T.: Observe-se que há mais um caso, que é o das palavras com o dígrafo separado, como "make" ou "like", mas esse exemplo não é discutido aqui.

acertar sistematicamente se refletissem sobre o uso da regra. Nosso estudo mostrou que, oito semanas mais tarde, aquelas crianças que trabalharam com palavras misturadas aleatoriamente nas duas sessões de aprendizagem haviam mantido o nível de desempenho observado quando fizeram o ditado logo após o ensino, enquanto aquelas que trabalharam com as palavras separadas por grafema final mostraram um nível de desempenho bem mais fraco. Essa diferença foi ainda maior quando comparamos o uso correto do grafema final nas palavras inventadas, que não poderiam ter sido escritas somente como resultado da memorização. Esse resultado sugere, portanto, que a necessidade de refletir sobre o uso da regra é um fator importante para a aprendizagem, enquanto a memorização por si só não é tão eficaz.

Certamente esse é um estudo que poderia ser realizado no Brasil com exemplos relevantes da ortografia. Mesmo que as regras envolvam questões de função e de forma, como o uso do "r" e do "rr", é possível encontrar formas simples de se explicar as regras e criar atividades semelhantes em sala de aula. No caso do uso do "r" e do "rr", por exemplo, seria interessante investigar se é melhor que as crianças aprendam inicialmente a função das letras para depois considerar a questão da forma, ou se é possível ensinar-lhes as duas coisas desde o início. Existem teorias que sugerem que, quando duas regras operam simultaneamente, a simplificação facilita a aprendizagem e, portanto, o ensino deveria ser feito passo a passo. Em contraste, outras abordagens teóricas sugerem que a aprendizagem deve ser feita incluindo-se desde o início as duas regras. Embora os alunos possam simplificar o uso das regras, aplicando somente uma e ignorando a outra, após algumas sessões de aprendizagem eles passam a usar a combinação das regras mais eficientemente do que aqueles que participam de situações simplificadas. Piaget e Gréco (1959) apresentam uma discussão dessa questão e uma avaliação da aprendizagem de regras em situações espaciais. Seria extremamente interessante investigar a mesma questão no contexto da ortografia do português.

Outra descoberta relevante para o ensino de regras é exemplificada pelo estudo de Rosa e Nunes (2008), relacionado à sensibilização para o uso de representações semiográficas. Esse estudo é bastante interessante para o português brasileiro, embora tenha sido realizado com o português europeu, em vista da pronúncia de palavras básicas terminadas em "l" como uma vogal semelhante ao "u" átono. O uso do "l" ou do "u" poderia, portanto, parecer totalmente imprevisível para o usuário brasileiro do português. Como argumentamos, o usuário brasileiro não precisar pensar que sua aprendizagem deveria ser baseada na memorização de palavras terminadas em "l" e palavras terminadas em "u". Como o "l" será pronunciado nas palavras derivadas, elas podem tornar a escrita das palavras base previsível: o "l" de "mel" torna-se previsível a partir de "melado", a escrita de "útil" é previsível a partir de "utilidade", a de "sal" é previsível a partir de "saleiro", a de "sol" a partir de "ensolarado" e assim por diante. Rosa e Nunes (2008) observaram no estudo de sensibilização que as relações semiográficas podem ser estabelecidas mesmo que o nível de conhecimento que os alunos têm dessas relações seja implícito. Esse estudo poderia ser replicado no Brasil e ampliado por meio de outras investigações que auxiliassem os alunos a buscarem relações explícitas entre palavras. Recentemente, observamos que alunos do 3º ano na Inglaterra são capazes de procurar melhorar seu desempenho em um ditado quando, após o completarem, mostramos lhes alguns exemplos de relações morfológicas entre palavras. Em inglês, como mencionamos anteriormente, as palavras "confession" (*confissão*) e "education" (*educação*) terminam com a mesma sílaba, que seria pronunciada como /shun/. Poderia parecer que o uso do "ss" e do "t" antes do sufixo "ion" é imprevisível, mas não é: a palavra "confession" pode ser relacionada a "confess", que termina com "ss" e "education" pode ser relacionada a "educate", cuja consoante final é "t". Após terem realizado o ditado, demos-lhe alguns exemplos e pedimos que examinassem sua escrita e buscassem corrigir seus próprios erros, tentando verificar quantas palavras eles poderiam, agora, acertar sem que ninguém os auxiliasse. Os alunos mostraram-se muito interessados na atividade e conseguiram rever seus próprios erros, usando a consciência mais explícita que haviam adquirido da conservação dos radicais na escrita.

Outros estudos que fizemos sobre o ensino de regras semiográficas usaram um modelo semelhante ao que usamos no ensino da regra formal "ck" e "k" no final de palavras, descrito anteriormente. O objetivo do estudo com regras semiográficas foi diferenciar o uso dos sufixos "ion" e "ian", que são usados para substantivos abstratos (confession, education) e para pessoas (magician, mathematician), respectivamente. Como já sabíamos que os alunos aprendiam melhor com palavras misturadas aleatoriamente na fase de aprendizagem, nesse estudo todos os alunos trabalharam com listas mescladas de palavras. O objetivo nesse caso foi examinar se o ensino da regra deveria ser explícito desde o início, se os alunos deveriam ter a oportunidade de descobrir sozinhos as regras, ou se deveríamos dar-lhes um tempo para descobrir a regra, mas garantir que eles chegassem à ela, incluindo, no decorrer da fase de aprendizagem, sua apresentação explícita. Os alunos trabalhavam em dupla para que pudessem discutir suas hipóteses com um colega. No caso desses sufixos, nenhuma dupla descobriu a regra sem auxílio, e o grupo em que a regra nunca foi ensinada mostrou o desempenho mais fraco, quando sua aprendizagem foi avaliada com um ditado de palavras reais e inventadas. Os dois outros grupos tiveram desempenho bastante semelhante, o que sugere que o conhecimento explícito da regra é importante, mas que a explicitação pode ser precedida de uma fase exploratória ou não. Note, no entanto, que os alunos ingleses não têm a oportunidade de discutir regras morfológicas na sala de aula. É bastante possível que em outro contexto educativo, no qual as regras morfológicas façam parte do processo de alfabetização, os alunos cheguem a descobrir regras tão difíceis como essa.

Finalmente, salientamos que a análise da conservação de radicais pode auxiliar os alunos a aprenderem mais do que ortografia. Em alguns livros sobre o ensino do português no Brasil, observamos que os alunos memorizam listas de palavras no singular e no plural, como se a pluralização fosse imprevisível. É interessante observar que a ortografia e o plural de palavras terminadas em "l" ou em "u" estão interligadas. Palavras terminadas em "u" ou "o" (pronunciado como /w/, "u" átono) têm seu plural em "us" e "os", como pau-paus, bacalhau-bacalhaus e rio-rios, meio-meios. As palavras terminadas em /w/ ("u" átono) e escritas com "l" são pluralizadas diferentemente: funil-funis, barril-barris, bacharel-bacharéis, papel-papéis. Esses exemplos ilustram como a tomada de consciência das relações morfológicas pode ser extremamente útil no aprimoramento do conhecimento da língua.

Um tema especialmente importante no contexto da discussão da complexidade da ortografia do português é a dificuldade de aprendizagem de leitura e escrita. Pode-se pensar que, diante de tal complexidade, o nível cognitivo das crianças é o fator mais importante para prever se o aluno terá dificuldades na alfabetização ou não. Não se pode negar que esse é um fator importante, mas precisamos deixar bastante claro que não é o único. Existem crianças que, apesar de um nível cognitivo perfeitamente adequado para sua idade, apresentam grandes dificuldades na alfabetização. Hoje não existe dúvida de que a maioria dessas crianças, embora usuários perfeitamente competentes da língua oral, tem dificuldade de tomar consciência explícita dos sons da fala a fim de representá-los através das letras. Frequentemente essas crianças aprendem as correspondências entre letras e sons, sabem produzir os sons representados pelas letras ou pelas sílabas, e ainda sim encontram dificuldades em saber que palavra é formada por aqueles sons ou sílabas. Em nossos estudos em inglês (NUNES; AIDINIS, 1999), como também nos estudos em português (NUNES; BUARQUE; BRYANT, 1992), observamos que os alunos com dificuldades em alfabetização também mostram maior dificuldade em passar do uso de relações simples entre letras e sons para o uso de grafemas com mais de uma letra na representação dos sons. Também obtivemos resultados (NUNES; BRYANT; OLSSON, 2003) que mostram que esses alunos podem conseguir grandes progressos quando tem a oportunidade de receber instrução explícita sobre as regras fonográficas e semiográficas que vão além das correspondências simples entre letras e sons. Em vista das dificuldades escolares que estão associadas às dificuldades na alfabetização, é essencial que esses estudos sejam replicados no Brasil. A análise teórica necessária para tais estudos deve envolver tanto as questões linguísticas como o que sabemos sobre o desenvolvimento na aquisição e ensino dessas regras. Um estudo profundo dessa questão pode beneficiar um grande número de alunos brasileiros, pois sabe-se hoje que eles que têm dificuldade na alfabetização e precisam vencer os mesmos obstáculos, independentemente das causas de suas dificuldades.

Para concluir, exploramos o significado dessas investigações para uma questão de grande relevância no Brasil: como o impacto do uso de diferentes variedades linguísticas afeta o sucesso dos alunos na alfabetização. Bagno (1999) enfatizou claramente que existe um mito de que o português no Brasil apresenta uma unidade surpreendente. Esse mito gera a expectativa de que a relação entre a linguagem falada pelas crianças e a língua escrita é a mesma, independentemente de sua origem social. No entanto, mesmo na ausência de investigações específicas sobre o assunto no caso do português brasileiro, podemos antecipar que esse não é o caso. As consequências das diferenças sintáticas e morfológicas entre as variedades linguísticas são provavelmente mais importantes do que as diferenças fonológicas para o processo de alfabetização.

Vimos nos estudos sobre o inglês que, quando um morfema não é consistente na fala, como a desinência "ed" para o passado, os alunos encontram muita dificuldade em dominar sua escrita. Nossos estudos mostraram que aos dez anos, ou seja, cinco anos após o início da alfabetização, aproximadamente 20% dos alunos ainda escreviam muitos verbos regulares no passado representando sua forma falada e, portanto, não usavam o sufixo corretamente. Estudos semelhantes em francês também são relevantes. Na linguagem oral, o plural não é marcado consistentemente nos substantivos e na 3ª pessoa dos verbos no presente, e os alunos continuam mostrando dificuldades em produzir frases corretas mesmo no ensino médio, o que significa que seus resultados em avaliações de redação são prejudicados. No caso desses estudos, as desinências não são marcadas nem mesmo na norma padrão e, portanto, os estudos não investigaram a relação entre as dificuldades dos alunos e sua origem social.

A importância da origem social tem sido estudada mais sistematicamente nos Estados Unidos, onde as comunidades de origem africana usam uma variedade linguística tão distinta da chamada língua padrão que chega a ser tratada como um dialeto. Os usuários da variedade afro-americana do inglês não só tem maior dificuldade em conquistar a alfabetização como também tem rendimento mais fraco em compreensão da leitura quando comparados a alunos que demonstram o mesmo nível de desempenho em leitura de palavras isoladas. Pesquisadores como Labov (1995, 2003) e Fogel e Ehri (2000) salientaram que o impacto do uso do dialeto afro-americano sobre o processo de alfabetização não pode ser subestimado. Quando muitas das informações necessárias à compreensão da leitura, como a pessoa e o tempo do verbo, são transmitidas pela morfologia, e esses não são aspectos marcados na variedade linguística usada pela criança, ela pode não processar a informação sobre pessoa e tempo do verbo tão eficientemente quanto outra criança para quem as mesmas desinências são salientes. Vários estudos (BARATZ, 1969; TERRY, 2006; 2012; TREIMAN, 2004) mostram que quanto maior a diferença entre a variedade linguística usada pela criança em sua fala espontânea e a língua padrão, maior será sua dificuldade em produção escrita e compreensão de leitura. Estudos semelhantes feitos com os dialetos árabes (SAIEGH-HADDAD, 2003) confirmam a importância da distância entre a variedade linguística usada pela criança e seu sucesso na alfabetização, independentemente da origem social.

Finalmente, salientamos que o processo de alfabetização não será facilitado se corrigirmos a fala da criança, tentando aproximá-la da língua padrão. Os estudos de Fogel e Erhi (2000) mostram que podemos auxiliar a criança levando-a a tomar consciência de que diferentes usuários da língua empregam formas distintas quando desejam expressar o mesmo significado. Outros estudos, como o de Feitelson et al. (1993), ilustram que o processo de conscientização da criança quanto as diferenças entre sua linguagem oral e a língua escrita pode ser iniciado na pré-escola, através de leitura de histórias que expõem a criança à língua escrita antes mesmo do processo de alfabetização. Note que não se obtém o mesmo resultado contando histórias, pois contá-las envolve a língua oral, além de outros recursos, enquanto a leitura apresenta à criança a língua escrita.

Ao concluir esse trabalho, esperamos ter oferecido ao leitor reflexões importantes sobre o que acontece na aprendizagem da leitura e escrita após os primeiros passos. Relembramos que, ao atingir a fase alfabética, os alunos conquistaram apenas os primeiros passos no processo de alfabetização. A representação de sons para os quais não existe uma só letra, a marcação da tônica, as regras fonográficas de contexto, e a representação de morfemas constituem os passos subsequentes e são de grande importância no domínio da língua escrita. Esperamos que os estudos relatados nesse livro ofereçam sugestões para novas investigações no Brasil e também venham a ter efeitos sobre a prática de imediato, pois antes mesmo que estudos sobre o português brasileiro existam, já sabemos muito sobre os possíveis obstáculos que são enfrentados pelas crianças e abordagens no ensino que mostraram sucesso em outros contextos educacionais com problemas semelhantes.

REFERÊNCIAS

ADAMS, M. J. *Beginning to read*. Boston: MIT, 1990.
ADAMS, M. J.; HUGGINS, A.W.F. The growth of children's sight vocabulary: a quick test with educational and theoretical implications. *Reading Research Quarterly*, v. 20, n. 3, p. 262-81, 1985.
AKITA, K.; HATANO, G. Learning to read and write in Japanese. In: HARRIS, M.; HATANO, G. Ed. *Learning to read and write*: a cross-linguistic perspective. Cambridge: Cambridge University, 1999. p. 214-34.
ALEGRIA, J.; MOUSTY, P. Lexical spelling processes in reading disabled French-speaking children. In: PERFETTI, C.A.; RIEBEN, L.; FAYOL, M. (Ed.). *Learning to spell*: research, theory, and practice across language. Mahwah: Lawrence Erlbaum, 1997. p. 115-28.
ALEXANDER, A. W. et al. Phonological awareness training and remediation of analytic decoding deficits in a group of severe dyslexics. *Annals of Dyslexia*, v. 41, p. 193-206, 1991.
BAGNO, M. *Preconceito linguístico*: o que é, como se faz. São Paulo: Loyola Jesuítas, 1999.
BARATZ, J. A bi-dialectal task for determining language proficiency in economically disadvantaged Negro children. *Child Development*, v. 40, n. 3, p. 889- 901, 1969.
BERKO, J. The child's learning of English morphology. *Word*, v. 14, n. 150-77, 1958.
BERNINGER, V. W. et al. Comparison of three approaches to supplementary reading instruction for low-achieving second-grade readers. *Language, Speech, and Hearing Services in Schools*, v. 34, p. 101-116, 2003.
BERNINGER, V. W. et al. Processes underlying timing and fluency: efficiency, automaticity, coordination and morphological awareness. In: WOLF, M. (Ed.). *Dyslexia, fluency and the brain*. Baltimore: York, 2001. p. 383-414.
BERNINGER, V.W. et al. A test of the multiple connections model of reading acquisition. *International Journal of Neuroscience*, v. 42, n. 3/4, p. 283-295, 1988.

BLACHMAN, B. A. et al. Developing phonological awareness and word recognition skills: a two-year intervention with low income, inner-city children. *Reading and Writing: an Interdisciplinary Journal*, v. 11, n. 3, p. 239-273, 1999.
BLOOMFIELD, L. *Language*. New York: Holt, Rinehart and Winston, 1933.
BRADLEY, L.; BRYANT, P. E. Categorising sounds and learning to read: a causal connection. *Nature*, v. 301, p. 419-521, 1983.
BRADLEY, L.; BRYANT, P. E. Difficulties in the auditory organization as a possible cause of reading backwardness. *Nature*, v. 271, p. 746-747, 1978.
BROWN, R. Linguistic determinism and the part of speech. *Journal of Abnormal and Social Psychology*, v. 55, p. 1-5, 1957.
BRYANT, P.; BRADLEY, L. *Children's reading problems*. Oxford: Blackwell, 1985.
BRYANT, P.; BRADLEY, L. Why children sometimes write words which they do not read. In: FRITH, U. (Ed.). *Cognitive processes in spelling*. London: Academic, 1980. p. 355-370.
BURANI, C.; SALMASO, D.; CARAMAZZA, A. Morphological structure and lexical access. *Visible Language*, v. 18, p. 342-352, 1984.
BUTTERWORTH, B. Lexical representation. In: BUTTERWORTH, B. (Ed.). *Language production*: development, writing and other language processes. London: Academic Press, 1983. v. 2, p. 257-294.
BYRNE, B. *The foundation of literacy*: the child's acquisition of the alphabetic principle. Hove: Psychology, 1998.
BYRNE, B.; FIELDING-BARNSLEY, R. Evaluation of a program to teach phonemic awareness to young children: a 1-year follow-up. *Journal of Educational Psychology*, v. 85, p. 104-111, 1993.
CARAMAZZA, A. et al. Reading mechanisms and the organization of the lexicon: evidence from acquired dyslexia. *Cognitive Neuropsychology*, v. 2, p. 81-114, 1985.
CARAMAZZA, A.; LAUDANA, A.; ROMANI, C. Lexical access and inflectional morphology. *Cognition*, v. 28, p. 297-332, 1988.
CARLISLE, J. F. Awareness of the structure and meaning of morphologically complex words: impact on reading. *Reading and Writing*, v. 12, p. 169-90, 2000.
CARLISLE, J. F. Morphological awareness and early reading achievement. In: FELDMAN, L. B. (Ed.). *Morphological aspects of language processing*. Hillsdale: Lawrence Erlbaum, 1995. p. 189-210.
CARLISLE, J. F.; STONE, C. A. Exploring the role of morphemes in word reading. *Reading Research Quarterly*, v. 40, p. 428-49, 2005.
CARLISLE, J. F.; STONE, C. A. The effects of morphological structure on children's reading of derived words in English. In: READING complex words: crosslanguage studies. New York: Kluwer/Plenum, 2003. p. 27-52.
CARNEY, E. *A survey of English spelling*. London: Routledge, 1994.
CARRAHER, T. N. Explorações sobre o desenvolvimento da competência em ortografia em português. *Psicologia: Teoria e Pesquisa*, v. 1, n. 3, p. 269-285, 1985.

CASALIS, S.; LOUIS-ALEXANDRE, M. F. Morphological analysis, phonological analysis and learning to read French: a longitudinal study. *Reading and writing*, v. 12, p. 303-35, 2000.

CASSAR, M.; TREIMAN, R. The beginnings of orthographic knowledge: children's knowledge of double letters in words. *Journal of Educational Psychology*, v. 89, n. 4, p. 631-644, 1997.

CHIALANT, D.; CARAMAZZA, A. Where is morphology and how is it processed? the case of written word recognition. In: FELFDMAN, L. B. (Ed.). Morphological aspects of language processing. Hillsdale: Lawrence Erlbaum, 1995. p. 55-76.

CHOMSKY, N. *Aspects of the theory of syntax*. Cambridge: MIT, 1965.

CHOMSKY, N. *Reflections on language*. New York: Pantheon Books, 1975.

CLAIBORNE, R. *The roots of English*. Boston: Houghton Mifflin, 1989.

COLTHEART, M. et al. DRC: a dual route cascaded model of visual word recognition and reading aloud. *Psychological Review*, v. 108, n. 1, p. 204-256, 2001.

CORREA, J. Habilidades metalinguísticas relacionadas à sintaxe. In: MOTA, M. D. (Ed.). *Desenvolvimento metalinguístico*: questões contemporâneas. Itatiba: Casa do Psicólogo, 2009. p. 55-76.

COSSU, G. The acquisition of Italian orthography. In: HARRIS, M.; HATANO, G. (Ed.). *Learning to read and write*: a cross-linguistic perspective. Cambridge: Cambridge University, 1999. p. 10-33.

COYNE, M. D. et al. Beginning reading intervention as inoculation or insulin: first-grade reading performance of strong responders to kindergarten intervention. *Journal of Learning Disabilities*, v. 37, n. 2, p. 90-104. 2004

CUNHA, C. *Gramática do português contemporâneo*: edição de bolso de acordo com a nova ortografia. Rio de Janeiro: Lexikon, 2008.

DAVIS, C. *The development of orthographic understanding in schoolchildren*. 2005. Tese (Doutorado) – University of Oxford, Oxford, 2005. Unpublished DPhil thesis.

DAVIS, C.; BRYANT, P. Causal connections in the acquisition of an orthographic rule: a test of Uta Frith's developmental hypothesis. *Journal of Child Psychology and Psychiatry*, v. 47, n. 8, p. 849-856, 2006.

DEACON, S. H.; KIRBY, J. R. Morphological awareness: just more phonological? The roles of morphological and phonological awareness in reading development. *Applied Psycholinguistics*, v. 25, p. 223-238, 2004.

DENTON, C. A. et al. An evaluation of intensive intervention for students with persistent reading difficulties. *Journal of Learning Disabilities*, v. 39, n. 5, p. 447-466, 2006.

DIRINGER, D. *The alphabet*: a key to the history of mankind. New York: Funk and Wagnalls, 1968.

EGAN, J.; PRING, L. The processing of inflectional morphology: a comparison of children with and without dyslexia. *Reading and Writing: an Interdisciplinary Journal*, v. 17, n. 6, p. 567-591, 2004.

EHRI, L. C. et al. Phonemic awareness instruction helps children learn to read: evidence from the national reading panel's meta-analysis. *Reading Research Quarterly*, v. 36, n. 3, p. 250-287, 2001b.

EHRI, L. C. et al. Systematic phonics instruction helps students learn to read: evidence from the National Reading Panel's meta-analysis. *Review of Educational Research*, v. 71, n. 3, p. 393-447, 2001a.

EHRI, L. C. Learning to read words: theory, findings, and issues. *Scientific Studies of Reading*, v. 9, n. 2, p. 167-188, 2005.

EHRI, L. C.; SOFFER, A. G. Graphophonemic awareness: development in elementary students. *Scientific Studies of Reading*, v. 3, n. 1, p. 1-30, 1999.

FARACO, C. A. *Escrita e alfabetização*: características do sistema gráfico do português. São Paulo: Contexto, 1992.

FAYOL, M. et al. From learning to teaching to learn French written morphology. In: NUNES, T. (Ed.). *Learning to read*: an integrated view from research and practice. Dordrecht: Kluwer, 1999. p. 43-64.

FEITELSON, D. et al. Effects of listening to story reading on aspects of literacy acquisition in a diglossic situation. *Reading Research Quarterly*, v. 28, n. 1, p. 71-79, 1993.

FERREIRA, A. B. H. *Novo Aurélio*: o dicionário da língua portuguesa: século XXI. 3. ed. Rio de Janeiro: Nova Fronteira, 1999.

FERREIRO, E.; TEBEROSKY, A. *Literacy before schooling*. Exeter: Heinemann Educational Books, 1983.

FLETCHER, J. M. et al. Subtypes of dyslexia: an old problem revisited. In: BLACKMAN, B. (Ed.). *Foundations of reading acquisition and dyslexia*. Mahwah: Lawrence Erlbaum, 1997. p. 95-114.

FLETCHER, J. M. et al. The validity of discrepancy-based definitions of reading disabilities. *Journal of Learning Disabilities*, v. 25, p. 555-561, 1992.

FOGEL, H.; EHRI, L. Teaching elementary students who speak black English vernacular to write in standard English: effects of dialect transformation practice. *Contemporary Educational Psychology*, v. 25, p. 212-235, 2000.

FOORMAN, B. R. et al. A vocabulary enrichment program for third and fourth grade African-American students: description, implementation, and impact. In: FOORMAN, B. R. (Ed.). *Preventing and remediating reading difficulties*: bringing science to scale. Baltimore: York, 2003. p. 419-441.

FOORMAN, B. R. et al. The case for early reading intervention. In: BLACKMAN, B. A. (Ed.). *Foundations of reading acquisition and dyslexia*. Mahwah: Lawrence Erlbaum, 1997. p. 243-264.

FOORMAN, B. R. et al. The role of instruction in learning to read: preventing reading failure in at-risk children. *Journal of Educational Psychology*, v. 90, n. 1, p. 37-55, 1998.

FOORMAN, B. R. *Preventing and remediating reading difficulties*: bringing science to scale. Baltimore: York, 2003.

FRITH, U. Beneath the surface of developmental dyslexia. In: PATTERSON, K. E.; MARSHALL, J. C.; COLTHEART, M. (Ed.). *Surface dyslexia*: neuropsychological and cognitive studies of phonological reading. Hillsdale: Lawrence Erlbaum, 1985. p. 301-330.

GELB, I. J. *A study of writing*. 2. ed. Chicago: University of Chicago, 1963.

GOODMAN, K. S. Orthography in a theory of reading instruction. In: GOLLASCH, F. V. (Ed.). *Language and literacy*: the selected writing of Kenneth S. Goodman. London: Routledge and Kegan Paul, 1982. v. 2, p. 87-98.

GOODMAN, N. *Languages of art*. Indianapolis: Hackett, 1976.

GRIGORENKO, E. L. Developmental dyslexia: an update on genes, brains, and environments. *Journal of Child Psychology and Psychiatry*, v. 42, p. 91-126, 2001.

GRIGORENKO, E. L. et al. Susceptibility loci for distinct components of developmental dyslexia on chromosomes 6 and 15. *American Journal of Human Genetics*, v. 60, p. 27-39, 1997.

GUTHRIE, J. T. Reading comprehension and syntactic responses in good and poor readers. *Journal of Educational Psychology*, v. 65, n. 3, p. 294-299, 1973.

HAGVET, B. E. Listening comprehension and reading comprehension in poor decoders: evidence for the importance of syntactic and semantic skills as well as phonological skills. *Reading and Writing: an Interdisciplinary Journal*, v. 16, n. 6, p. 505-39, 2003.

HARRIS, R. *Signs of writing*. London: Routledge and Kegan Paul, 1995.

HATCHER, P. J. Reading intervention need not be negligible: response to Cossu (1999). *Reading and Writing: an Interdisciplinary Journal*, v. 13, n. 3/4, p. 349-355, 2000.

HATCHER, P. J.; HULME, C. Phonemes, rhymes, and intelligence as predictors of children's responsiveness to remedial reading instruction: evidence from a longitudinal study. *Journal of Experimental Child Psychology*, v. 72, n. 2, p. 130-153, 1999.

HATCHER, P.; HULME, C.; ELLIS, A. W. Ameliorating early reading failure by integrating the teaching of reading and phonological skills: the phonological linkage hypothesis. *Child Development*, v. 65, p. 41-57, 1994.

HENDERSON, A. J.; SHORES, R. E. How learning disabled students' failure to attend to suffixes affects their oral reading performance. *Journal of Learning Disabilities*, v. 15, n. 3, p. 178-182, 1982.

HENRY, M. K. Decoding instruction based on word structure and origin. In: AARON, P. G.; JOSHI, R. M. (Ed.). *Reading and writing disorders in different orthographic systems*. Dordrecht: Kluwer, 1989. p. 25-49.

HOHNEN, B.; STEVENSON, J. Genetic effects in orthographic ability: a second look. *Behaviour Genetics Association Meeting: Abstracts*, v. 271, 1995.

HOWARD, D.; BEST, W. Developmental phonological dyslexia: real word reading can be completely normal. *Cognitive Neuropsychology*, v. 13, n. 6, p. 887-934, 1996.

ISAACS, S. S. *Intellectual growth in young children*. London: Routledge and Kegan Paul, 1930.

JAFFRÉ, J. P. From writing to orthography: the functions and limits of the notion of system. In: PERFETTI, C.A.; RIEBEN, L.; FAYOL, M. (Ed.). *Learning to spell*: research, theory, and practice across languages. Mahwah: Lawrence Erlbaum, 1997. p. 3-20.

JARMULOWICZ, L. et al. Fitting derivational morphophonology into a developmental model of reading. *Reading and Writing: an Interdisciplinary Journal*, v. 21, n. 3, p. 275-297, 2008.

JOB, R.; PERESSOTTI, F.; CUSINATO, A. Lexical effects in naming pseudowords in shallow orthographies: further empirical data. *Journal of Experimental Psychology: Human Perception and Performance*, v. 24, n. 2, p. 622-630, 1998.

JOHNSTON, R. S.; RUGG, M. D.; SCOTT, T. Pseudohomophone effects in 8 and 11 year olds good and poor readers. *Journal of Research in Reading*, v. 11, n. 2, p. 110-132, 1988.

KAVANAGH, J.; MATTINGLY, I. G. *Language by eye and by ear*. Cambridge: MIT, 1972.

KEMP, N.; BRYANT, P. Do beez buzz? Rule-based and frequency-based knowledge in learning to spell plural -s. *Child Development*, v. 74, n. 1, p. 63-74, 2003.

KIBEL, M.; MILES, T. R. Phonological errors in the spelling of taught dyslexic children. In: HULME, C.; SNOWLING, M. (Ed.). *Reading development and dyslexia*. London: Whurr, 1994. p. 105-127.

LABOV, W. Can reading failure be reversed: a linguistic approach to the question. In: GADSDEN, V.; WAGNER, D. (Ed.). Literacy among African-American youth: issues in learning, teaching and schooling. Cresskill: Hampton, 1995. p. 39-68.

LABOV, W. When ordinary children fail to read. *Reading Research Quarterly*, v. 38, n. 1, p. 128-131, 2003.

LEONG, C. K. Cognitive componential modelling of reading in ten- to twelve-year-old readers. *Reading and Writing: an Interdisciplinary Journal*, v. 4, n. 4, p. 327-364, 1992.

LEONG, C. K. Modelling reading as a cognitive and linguistic skill. In: MULCAHY, R. F.; SHORT, R. H.; ANDREWS, J. (Ed.). *Enhancing learning and thinking*. New York: Praeger, 1991. p. 161-173.

LEONG, C. K. Rapid processing of base and derived forms of words and grades 4, 5 and 6 children's spelling. *Reading and Writing: an Interdisciplinary Journal*, v. 12, n. 3, p. 277-302, 2000.

LEONG, C. K. The effects of morphological structure on reading proficiency: a developmental study. *Reading and Writing: an Interdisciplinary Journal*, v. 1, n. 4, p. 357-379, 1989.

LEONG, C. K.; PARKINSON, M. E. Processing English morphological structure by poor readers. In: LEONG, C. K.; JOSHI, R. M. (Ed.). *Developmental and acquired dyslexia*. Dordrecht: Kluwer, 1995. p. 237-259.

LEVIN, I.; RAVID, D.; RAPAPORT, S. Developing morphological awareness and learning to write: a two-way street. In: NUNES, T. (Ed.). *Learning to read*: an integrated view from research and practice. Dordrecht: Kluwer, 1999. p. 77-104.

LOVETT, M. W. et al. Can dyslexia be treated? Treatment specific and generalized treatment effects in dyslexic children's response to remediation. *Brain*, v. 37, p. 90-121, 1989.

LOVETT, M. W. et al. Training the word recognition skills of dyslexic children: treatment and transfer effects. *Journal of Educational Psychology*, v. 82, p. 769-880, 1990.

LOVETT, M. W. et al. Treating the core deficits of developmental dyslexia: evidence of transfer of learning after phonologically- and strategy-based reading programs. *Developmental Psychology*, v. 30, p. 805-822, 1994.

LOVETT, M. W.; RANSBY, M. J.; BARRON, R. W. Treatment, subtype and word type effects in dyslexic children's response to remediation. *Brain*, v. 34, p. 328-349, 1988.

LYSTER, S. The effects of morphological versus phonological awareness training in kindergarten on reading development. *Reading and Writing*, v. 15, n. 3/4, p. 295-316, 2002.

MAHONY, D. L. Using sensitivity to word structure to explain variance in high school and college level reading ability. *Reading and Writing: an Interdisciplinary Journal*, v. 6, n. 1, p. 19-44, 1994.

MAHONY, D.; SINGSON, M.; MANN, V. Reading ability and sensitivity to morphological relations. *Reading and Writing*, v. 12, n. 3, p. 191-218, 2000.

MANIS, F. et al. On the basis of two subtypes of developmental dyslexia. *Cognition*, v. 58, p. 157-195, 1996.

MANN, V. A. Phonological awareness: the role of reading experience. *Cognition*, v. 24, p. 65-92, 1986.

MARSH, G. et al. The development of strategies in spelling. In: FRITH, U. (Ed.). *Cognitive processes in spelling*. London: Academic, 1980. p. 339-353.

MARSH, G.; DESBERG, P.; COOPER, J. Developmental strategies in reading. *Journal of Reading Behavior*, v. 9, p. 391-394, 1977.

MATTINGLY, I. G. Reading, the linguistic process, and linguistic awareness. In: KAVANAGH, J.; MATTINGLY, I. G. (Ed.). *Language by eye and by ear*. Cambridge: MIT, 1972.

MEIRELES, E. S.; CORREA, J. Regras contextuais e morfossintáticas na aquisição da ortografia da língua portuguesa por crianças. *Psicologia: Teoria e Pesquisa*, v. 21, n. 1, p. 77-84, 2005.

MITCHELL, P.; KEMP, N.; BRYANT, P. Variations among adults in their use of morphemic spelling rules and word-specific knowledge when spelling. *Reading Research Quarterly*, v. 46, n. 2, p. 119-133, 2011.

MODY, M. Phonological basis in reading disability: a review and analysis of the evidence. *Reading and Writing: an Interdisciplinary Journal*, v. 16, n. 1/2, p. 21-39, 2003.

MONTEIRO, A. M. L. Sebra, ssono, pessado, asado: o uso do "S" sob a ótica daquele que aprende. In: MORAIS, A. G. D. (Ed.). *O aprendizado da ortografia*. Belo Horizonte: Autêntica, 1999. p. 43-60.

MONTESSORI, M. *The advanced Montessori method*: scientific pedagogy as applied to the education of children from seven to eleven years. Oxford: Clio, 1991. Publicado originalmente em 1918.

MORAIS, A. G. D. Por que gozado não se escreve om U no final? os conhecimentos explícitos verbais da criança sobre a ortografia. In: MORAIS, A. G. D. (Ed.). *O aprendizado da ortografia*. Belo Horizonte: Autêntica, 1999. p. 77-98.

MORTON, J. Word recognition. In: MORTON, J.; MARSHALL, J. C. (Ed.). *Psycholinguistics 2*: structures and processes. Cambridge: MIT, 1979. p. 107-156.

MOTA, M. A consciência morfológica é um conceito unitário? In: MOTA, M. D. (Ed.). *Desenvolvimento metalinguístico*: questões contemporâneas. Itatiba: Casa do Psicólogo, 2009. p. 41-54.

MOTA, M. M. P. E.; ANIBAL, L.; LIMA, S. A morfologia derivacional contribui para a leitura e escrita no português? *Psicologia: Reflexão e Crítica*, v. 21, n. 2, p. 311-318, 2008.

MURRELL, G.; MORTON, J. Word recognition and morphemic structure. *Journal of Experimental Psychology*, v. 102, n. 6, p. 963-968, 1974.

NAGY, W. E.; ANDERSON, R. C. How many words are there in printed school English? *Reading Research Quarterly*, v. 19, p. 304-330, 1984.

NAGY, W. E.; BERNINGER, V. W.; ABBOTT, R. D. Contributions of morphology beyond phonology to reading outcomes of upper-elementary and middle-school students. *Journal of Educational Psychology*, v. 98, n. 1, p. 134-147, 2006.

NATIONAL READING PANEL. *Teaching children to read*: an evidence-base of the scientific research literature on reading and its implications for reading instruction. Bethesda: National Institutes of Health, 2000.

NOTENBOOM, A.; REITSMA, P. Spelling Dutch doublets: children's learning of a phonological and morphological spelling rule. *Scientific Studies of Reading*, v. 11, n. 2, p. 133-150, 2007.

NUNES, T.; AIDINIS, A. A closer look at the spelling of children with reading problems. In: NUNES, T. (Ed.). *Learning to read*: an integrated view from research and practice. Dordrecht: Kluwer, 1999. p. 155-171.

NUNES, T.; BRYANT, P. *Improving literacy through teaching morphemes*. London: Routledge, 2006.

NUNES, T.; BRYANT, P.; BINDMAN, M. Learning to spell regular and irregular verbs. *Reading and Writing*, v. 9, n. 5/6, p. 427-449, 1997b.

NUNES, T.; BRYANT, P.; BINDMAN, M. Morphological spelling strategies: developmental stages and processes. *Developmental Psychology*, v. 33, n. 4, p. 637-649, 1997a.

NUNES, T.; BRYANT, P.; BINDMAN, M. The effects of learning to spell on children's awareness of morphology. *Reading and Writing: an Interdisciplinary Journal*, v. 19, n. 7, p. 767-887, 2006.

NUNES, T.; BRYANT, P.; OLSSON, J. Learning morphological rules and phonological spelling rules. *Scientific Studies of Reading*, v. 7, n. 3, p. 289-307, 2003.

NUNES, T.; BUARQUE, L.; BRYANT, P. *Dificuldades na aprendizagem da leitura*: teoria e prática. São Paulo: Cortez, 1992.

NUNES, T.; ROAZZI, A.; BUARQUE, L. L. Learning to mark stress in written Portuguese. *Faits de Langues*, v. 22, p. 99-108, 2003.

O'CONNOR, J. D. *Phonetics*. Harmondsworth: Penguin Books, 1982.

OLOFSSON, A.; LUNDBERG, L. Evaluation of long-term effects of phonemic awareness training in kindergarten. *Scandinavian Journal of Psychology*, v. 26, n. 1, p. 21-34, 1985.

OLSON, D. R. *The world on paper*. Cambridge: Cambridge University, 1994.

OLSON, R. et al. Specific deficits in component reading and language skills: genetic and environmental influences. *Journal of Learning Disabilities*, v. 22, p. 339-349, 1989.

OTAIBA, S. A.; FUCHS, D. Who are the young children for whom best practices in reading are ineffective? an experimental and longitudinal study. *Journal of Learning Disabilities*, v. 39, p. 414-431, 2006.

PAAP, K. R.; NOEL, R. W. Dual-route models of print to sound: still a good horse race. *Psychological Bulletin*, v. 53, n. 1, p. 13-24, 1991.

PATRICK, M. *Frequency effects in split-digraph development*: implicit learning or conditional spelling rule. Oxford: University of Oxford, 2006.

PATTERSON, K. E.; MARSHALL, J. C.; COLTHEART, M. *Surface dyslexia*: neuropsychological and cognitive studies of phonological reading. London: Erlbaum, 1985.

PENNINGTON, B. F. et al. Evidence for a major gene transmission of developmental dyslexia. *Journal of the American Medical Association*, v. 266, n. 11, p. 1527-1534, 1991.

PIAGET, J. *The construction of reality in the child*. London: Routledge and Kegan Paul, 1954.

PIAGET, J.; GRÉCO, P. *Apprentissage et connaissance*. Paris: Presses Universitaires de France, 1959.

QUEIROGA, B. A. M.; LINS, M. B.; PEREIRA, M. A. L. V. Conhecimento morfossintático e ortografia em crianças do ensino fundamental. *Psicologia: Teoria e Pesquisa*, v. 22, n. 1, p. 95-100, 2006.

READ, C. et al. The ability to manipulate speech sounds depends on knowing alphabetic spelling. *Cognition*, v. 24, p. 31-44, 1986.

READ, C. Pre-school children's knowledge of English phonology. *Harvard Educational Review*, v. 41, p. 1-34, 1971.

REGO, L. L. B. Diferenças individuais na aprendizagem inicial da leitura: papel desempenhado por fatores metalingüísticos. *Psicologia: Teoria e Pesquisa*, v. 11, n. 1, p. 51-60, 1995.

REGO, L. L. B. O papel da consciência sintática na aquisição da língua escrita. *Temas em Psicologia*, v. 1, p. 79-87, 1993.

REGO, L. L. B.; BRYANT, P. E. The connection between phonological, syntactic and semantic skills and children's reading and spelling. *European Journal of Psychology of Education*, v. 8, n. 3, p. 235-246, 1993.

REGO, L. L. B.; BUARQUE, L. L. A construção de regras ortográficas pelas crianças. Um estudo longitudinal e transversal. 2010. Dissertação. (Mestrado em Psicologia) – Universidade Federal de Pernambuco, Recife, 2010.

REGO, L. L. B.; BUARQUE, L. L. Algumas fontes de dificuldade na aprendizagem de regras ortográficas. In: MORAIS, A. G. (Ed.). *O aprendizado da ortografia*. Belo Horizonte: Autêntica, 1999.

REGO, L. L. B.; BUARQUE, L. L. Consciência sintática, consciência fonológica e aquisição de regras ortográficas. *Psicologia: Reflexão e Crítica*, v. 10, n. 2, p. 199-207, 1997.

REICHLE, E. D.; PERFETTI, C. A. Morphology in word identification: a word-experience model that accounts for the morpheme frequency effects. *Scientific Studies of Reading*, v. 7, n. 3, p. 219-237, 2003.

RIO-TORTO, G. *Morfologia derivacional*: teoria e aplicação ao português. Porto: Porto, 1998.

ROSA, J. Morphological awareness and the spelling of homophone forms in European Portuguese. *Revue de Linguistique et de Didactique des Langues*, v. 30, p. 133-146, 2004.

ROSA, J.; NUNES, T. Morphological priming effects on children's spelling. *Reading and Writing: an Interdisciplinary Journal*, v. 21, n. 8, p. 763-781, 2008.

ROSA, J.; NUNES, T. Pode-se melhorar a escrita das vogais indistintas pelas crianças? *Educar em Revista*, v. 38, p. 113-127, 2010.

SAIEGH-HADDAD, E. Linguistic distance and initial reading acquisition: the case of arabic diglossia. *Applied Psycholinguistics*, v. 24, n. 3, p. 431-451, 2003.

SAMPSON, G. *Writing systems*. Stanford: Stanford University, 1985.

SAUSSURE, F. *Course in general linguistics*. London: Duckworth, 1983. Publicado originalmente em 1916.

SCHONELL, F. J.; SCHONELL, F. E. *Diagnostic and attainment testing*: including a manual of tests, their nature, use, recording, and interpretation. Edinburgh: Oliver and Boyd, 1950.

SCHONELL, F.; GOODACRE, E. *The psychology and teaching of reading*. London and Edinburgh: Oliver and Boyd, 1971.

SCHREUDER, R.; BAAYAN, R. H. Modeling morphological processing. In: FELDMAN, L. B. (Ed.). *Morphological aspects of language processing*. Hillsdale: Erlbaum, 1995. p. 131-154.

SCRIBNER, S.; COLE, M. *The psychology of literacy*. Cambridge: Harvard University, 1981.

SÉNÉCHAL, M. Morphological effects in children's spelling of French words. *Canadian Journal of Experimental Psychology*, v. 54, p. 76-85, 2000.

SÉNÉCHAL, M.; BASQUE, M. T.; LECLAIRE, T. Morphological knowledge as revealed in children's spelling accuracy and reports of spelling strategies. *Journal of Experimental Child Psychology*, v. 95, n. 4, p. 231-254, 2006.
SHANKWEILER, D. et al. Cognitive profiles of reading-disabled children: comparison of language skills in phonology, morphology, and syntax. *Psychological Science*, v. 6, n. 3, p. 149-156, 1995.
SHARE, D. Phonological recoding and self-teaching: sine qua non of reading acquisition. *Cognition*, v. 55, n. 2, p. 151-218, 1995.
SIERTSEMA, B. *A study of glossematics*. 2nd ed. The Hague: Nijhoff, 1965.
SILVA, M. B. *Leitura, ortografia e fonologia*. São Paulo: Ática, 1981.
SIMOS, P. et al. Brain activation profiles during the early stages of reading acquisition. *Journal of Child Neurology*, v. 17, n. 3, p. 159-163, 2002.
SINGSON, M.; MAHONY, M.; MANN, V. The relation between reading ability and morphological skills: evidence from derivational suffixes. *Reading and Writing*: An Interdisciplinary Journal, v. 12, n. 3, p. 219-252, 2000.
SNOWLING, M. J. The development of grapheme–phoneme correspondence in normal and dyslexic readers. *Journal of Experimental Child Psychology*, v. 29, n. 2, p. 294-305, 1980.
SNOWLING, M. J.; GOULANDRIS, N.; DEFTY, N. A longitudinal study of reading development in dyslexic children. *Journal of Educational Psychology*, v. 88, n. 4, p. 653-669, 1996.
STANOVICH, K. E. et al. Subtypes of developmental dyslexia: differences in phonological and orthographic coding. In: BLACKMAN, B. (Ed.). *Foundations of reading acquisition and dyslexia*. Mahwah: Lawrence Erlbaum, 1997. p. 115-142.
STANOVICH, K. E. Toward an interactive-compensatory model of individual differences in the development of reading fluency. *Reading Research Quarterly*, v. 16, n. 1, p. 32-71, 1980.
STANOVICH, K. E.; CUNNINGHAM, A. E.; CRAMER, B. Assessing phonological awareness in kindergarten children: issues of task comparability. *Journal of Experimental Child Psychology*, v. 38, p. 175-190, 1984.
TAFT, M. A morphological-decomposition model of lexical representation. *Linguistics*, v. 26, n. 4, p. 657-668, 1988.
TAFT, M. Morphological representation as a correlation between form and meaning. In: ASSINK, E. G. H.; SANDRA, D. (Ed.). *Reading complex words*: cross-language studies. New York: Kluwer, 2003. p. 113-137.
TAFT, M. The decoding of words in lexical access: a review of the morphographic approach. In: BESNER, D.; WALLER, T. G.; MACKINNON, G. E. (Ed.). *Reading research*: advances in theory and practice. New York: Academic, 1985. v. 5, p. 83-123.
TAFT, M.; ZHU, X. The representation of found morphemes in the lexicon: a Chinese study. In: FELDMAN, L. B. (Ed.). *Morphological aspects of language processing*. Hillsdale: Erlbaum, 1995. p. 293-316.

TERRY, N. P. Examining relationships among dialect variation and emergent literacy skills. *Communication Disorders Quarterly*, v. 33, n. 2, p. 67-77, 2012.

TERRY, N. P. Relations between dialect variation, grammar, and early spelling skills. *Reading and Writing*, v. 19, n. 9, p. 907-931, 2006.

TIJMS, J. et al. Long-term effects of a psycholinguistic treatment for dyslexia. *Journal of Research in Reading*, v. 26, p. 121-140, 2003.

TOLCHINSKY, L. *The cradle of culture and what children know about writing and numbers before being taught*. Mahwah: Lawrence Erlbaum, 2003.

TORGERSON, C.; BROOKS, G.; HALL, J. *A systematic review of the research literature on the use of phonics in the teaching of reading and spelling*. London: Department for Education and Skills Research, 2006. Report nº: RB711.

TORGESEN, J. K. Individual differences in response to early interventions in reading: The lingering problem of treatment resisters. *Learning Disabilities Research & Practice*, v. 15, n. 1, p. 55-64, 2000.

TORGESEN, J. K. Lessons learned from research on interventions for students who have difficulty learning to read. In: MCCARDLE, P.; CHHABRA, V. (Ed.). *The voice of evidence in reading research*. Baltimore: Brookes, 2004. p. 355-382.

TORGESEN, J. K. Phonologically based reading disabilities: A coherent theory of one kind of learning disability. In: STERNBERG, R. J.; SPEAR-SWERLING, L. (Ed.). *Perspective on learning disabilities*. Boulder: Westview, 1999. p. 106-335.

TORGESEN, J. K. Recent discoveries on remedial interventions for children with dyslexia. In: SNOWLING, M. J.; HULME, C. (Ed.). *The science of reading*: a handbook. Oxford: Blackwell, 2005. p. 521-537.

TORGESEN, J. K.; RASHOTTE, C. A.; ALEXANDER, A. W. Principles of fluency instruction in reading: relationships with established empirical outcomes. In: WOLF, M. (Ed.). *Dyslexia, fluency, and the brain*. Timonium: York, 2001. p. 333-356.

TORGESEN, J. K.; WAGNER, R. K. Language abilities, reading acquisition and developmental dyslexia. *Journal of Learning Disabilities*, v. 25, p. 577-581, 1992.

TREIMAN, R. *Beginning to spell*: a study of first-grade children. New York: Oxford University, 1993.

TREIMAN, R. Spelling and dialect: comparisons between speakers of African-American vernacular English and white speakers. *Psychological Bulletin and Review*, v. 11, n. 2, p. 338-342, 2004.

TREIMAN, R.; BARON, J. Phonemic-analysis training helps children benefit from spelling-sound rules. *Memory and Cognition*, v. 11, n. 4, p. 382-389, 1983.

TREIMAN, R.; CASSAR, M. Spelling acquisition in English. In: PERFETTI, C. A.; RIEBEN, L.; FAYOL, M. (Ed.). *Learning to spell*: research, theory, and practice across languages. Mahwah: Lawrence Erlbaum, 1997. p. 61-80.

TSESMELI, S. N.; SEYMOUR, P. H. K. Derivational morphology and spelling in dyslexia. *Reading and Writing: an Interdisciplinary Journal*, v. 19, n. 6, p. 587-625, 2006.

TUNMER, W. E. Recent developments in reading intervention research: introduction to the special issue. *Reading and Writing: an Interdisciplinary Journal*, v. 21, n. 4, p. 299-316, 2008.
TUNMER, W. E.; BOWEY, J. Metalinguistic awareness and reading acquisition. In: TUNMER, W. E.; PRATT, C.; HERRIMAN, M. L. (Ed.). *Metalinguisitc awareness in children*: theory, research and implications. Berlin: Springer-Verlag, 1984.
TUNMER, W. E.; HERRIMAN, M. L.; NESDALE, A. R. Metalinguistic abilities and beginning reading. *Reading Research Quarterly*, v. 23, n. 2, p. 134-158, 1988.
TUNMER, W. E.; NESDALE, A. R. Phonemic segmentation skill and beginning reading. *Journal of Educational Psychology*, v. 77, p. 417-427, 1985.
TUNMER, W. The role of language-related factors in reading disability. In: SHANKWEILER, D.; LIBERMAN, I. Y. (Ed.). *Phonology and reading disability*. Ann Arbor: University of Michigan, 1989. p. 91-132.
ULDALL, H. J. Speech and writing. *Acta Linguistica*, v. 4, p. 11-16, 1944.
VACHEK, J. *Written language*: general problems and problems of English. The Hague: Mouton, 1973.
VARNHAGEN, C. K.; MCCALLUM, M.; BURSTOW, M. Is children's spelling naturally stage-like? *Reading and Writing: an Interdisciplinary Journal*, v. 9, n. 5/6, 451-481, 1997.
VELLUTINO, F. R. et al. Response to intervention as a vehicle for distinguishing between children with and without reading disabilities: evidence for the role of kindergarten and first-grade interventions. *Journal of Learning Disabilities*, v. 39, n. 2, p. 157-169, 2006.
VELLUTINO, F. R.; SCANLON, D. M.; SIPAY, E. R. Toward distinguishing between cognitive and experiential deficits as primary sources of difficulty in learning to read: the importance of early intervention in diagnosing specific reading disability. In: BLACKMAN, B. (Ed.). *Foundations of reading acquisition and dyslexia*. Mahwah: Lawrence Erlbaum, 1997. p. 347-80.
VENEZKY, R. L. *The American way of spelling*: the structure and origins of American English orthography. New York: Guilford, 1999.
VERHOEVEN, L.; PERFETTI, C. A. The role of morphology in learning to read. *Scientific Studies of Reading*, v. 7, n. 3, p. 209-218, 2003.
VYGOTSKY, L. *Thought and language*. Cambridge: MIT, 1986.
WAGNER, R. K.; TORGESEN, J. K.; RASHOTTE, C. A. Development of reading-related phonological processing abilities: new evidence of bidirectional causality from a latent variable longitudinal study. *Developmental Psychology*, v. 30, n. 1, p. 73-87, 1994.

Leituras Recomendadas

ADLOF, S. M.; CATTS, H. W.; LITTLE, T. D. Should the simple view of reading include a fluency component? *Reading and Writing: an Interdisciplinary Journal*, v. 19, n. 9, p. 933-95, 2006.

ANGLIN, J. M. Vocabulary development: a morphological analysis. *Monographs of the Society for Research in Child Development*, v. 58, n. 10, p. 1-166, 1993.

ARNBACK, E.; ELBRO, C. The effects of morphological awareness training on the reading and spelling of young dyslexics. *Scandinavian Journal of Educational Research*, v. 44, n. 3, p. 229-251, 2000.

BERNINGER, V. W. Orchestration of multiple codes in developing readers: an alternative model of lexical access. *International Journal of Neuroscience*, v. 48, n. 1/2, p. 85-104, 1989.

BINDMAN, M. Grammatical awareness across languages and the role of social context: Evidence from English and Hebrew. In: NUNES; T.; BRYANT, P. (Ed.). *Handbook of children's literacy*. Dordrecht: Kluwer, 2004. p. 691-710.

BREAM, V. *The effectiveness of multi-sensory methods with older poor spellers*. Bristol: Department of Psychology, University of Bristol, 2004.

BRISSAUD, C.; BESSONNAT, D. *L'orthographe au college*: pour une autre approche. Grenoble: Éditions Delagrave, 2001.

BRYANT, P. E. et al. Rhyme, alliteration, phoneme detection and learning to read. *Developmental Psychology*, v. 26, n. 3, p. 429-438, 1990.

BRYANT, P. et al. Spelling with apostrophes and understanding possession. *British Journal of Educational Psychology*, v. 67, p. 93-112, 1997.

BRYANT, P.; MACLEAN, M.; BRADLEY, L. Rhyme, language, and children's reading. *Applied Psycholinguistics*, v. 11, n. 3, p. 237-252, 1990.

BRYANT, P.; MITCHELL, P. There are different ways of spelling education: morphemic knowledge versus word specific learning. In: ANNUAL CONFERENCE OF THE SOCIETY FOR THE SCIENTIFIC UNDERSTANDING OF READING (SSSR), Prague, 2007. *Anais...* Prague: [s.n.], 2007.

BRYANT, P.; NUNES, T.; AIDINIS, A. Different morphemes, same spelling problems: cross-linguistic developmental studies. In: HARRIS, M.; HATANO, G. (Ed.). *Learning to read and write*: a cross-linguistic perspective. Cambridge: Cambridge University, 1999. p. 134-156.

BRYANT, P.; NUNES, T.; BINDMAN, M. Awareness of language in children who have reading difficulties: historical comparisons in a longitudinal study. *Journal of Child Psychology and Psychiatry*, v. 39, n. 4, p. 501-510, 1998.

CAMPBELL, R. When children write nonwords to dictation. *Journal of Experimental Child Psychology*, v. 40, n. 1, p. 133-151, 1985.

CAMPBELL, R. Writing non-words to dictations. *Brain and Language*, v. 19, n. , p. 153-178, 1983.

CARLISLE, J. Knowledge of derivational morphology and spelling ability in fourth, sixth and eighth graders. *Applied Psycholinguistics*, v. 9, n. 3, p. 247-266, 1988.

CARLISLE, J. The use of morphological knowledge in spelling derived forms by learning-disabled and normal students. *Annals of Dyslexia*, v. 37, n. 1, p. 90-108, 1987.

CARRAHER, T. N.; REGO, L. B. Understanding the alphabetic system. In: ROGERS, D. R.; SLOBODA, J. A. (Ed.). *The acquisition of symbolic skills*. New York: Plenum, 1982.

CASTRO, A.; NUNES, T.; STRECHT-RIBEIRO, O. Relação entre consciência gramatical na linguagem materna e progresso na aprendizagem de uma língua estrangeira: da investigação às práticas. *Estudos de Natureza Educacional*, v. 5, p. 51-66, 2004.

CHAN, L.; NUNES, T. Children's understanding of the formal and functional characteristics of written Chinese. *Applied Psycholinguistics*, v. 19, n. 1, p. 115-131, 1998.

CHILDREN'S PRINTED WORD DATABASE. *Site*. [S.l.]: Department of Psychology; University of Essex, 2003. Disponível em: <http://www.essex.ac.uk/psychology/cpwd/>. Acesso em: 20 fev. 2014.

CHLIOUNAKI, K.; BRYANT, P. How children learn about morphological spelling rules. *Child Development*, v. 78, n. 4, p. 1360-1373, 2007.

COLCHESTER, E. *Do children use rule-based or frequency-based knowledge when spelling?* [S.l.]: Oxford Brookes University, 2006. Unpublished diploma dissertation.

COLLINS, L. The roles of L1 influence and lexical aspect in the acquisition of temporal morphology. *Language and Learning*, v. 52, n. 1, p. 43-94, 2002.

CUMMINS, J. Linguistic interdependence and the educational development of bilingual children. *Review of Educational Research*, v. 49, n. 2, p. 222-251, 1979.

DA FONTOURA, H. A.; SIEGEL, L. Reading, syntactic and working memory skills of bilingual Portuguese-Canadian children. *Reading and Writing: an Interdisciplinary Journal*, v. 7, n. 1, p. 139-153, 1995.

DAWSON, J. *Do undergraduates use rule-base or frequency-based knowledge when spelling?* 2005. Dissertação (Mestrado) – Oxford Brookes University, Oxford, 2005. Unpublished BA dissertation.

DEACON, S. H.; WADE-WOOLLEY, L.; KIRBY, J. Crossover: the role of morphological awareness in French immersion children's reading. *Developmental Psychology*, v. 43, n. 3, p. 732-746, 2007.

DEFIOR, S. et al. Using morphology when spelling in a shallow orthographic system: the case of Spanish. *Cognitive Development*, v. 23, p. 204-215, 2008.

DEFIOR, S. Phonological awareness and learning to read: a cross-linguistic perspective. In: NUNES,T.; BRYANT, P. (Ed.). *Handbook of children's literacy*. Dordrecht: Kluwer, 2004. p. 631-650.

DEKEYSER, R. M. What makes learning second language grammar difficult? *A review of issues Language Learning*, v. 55, p. 1-25, 2005.

DERWING, B. L.; SMITH, M. L.; WIEBE, G. E. On the role of spelling in morpheme recognition: experimental studies with children and adults. In: FEDMAN, L. B. (Ed.). *Morphological aspects of language processing*. Hillsdale: Lawrence Erlbaum, 1995. p. 3-28.

DROOP, M.; VERHOEVEN, L. Reading comprehension problems in second language learners. In: REITSMA, P.; VERHOEVEN, L. (Ed.). Problems and interventions in literacy development. Dordrecht: Kluwer, 1998. p. 193-208.

EHRI, L. C.; WILCE, L. S. The influence of orthography on readers' conceptualization of the phonemic structure of words. *Applied Psycholinguistics*, v. 1, p. 371-385, 1980.

ELLIS, N. C. Selective attention and transfer phenomena in L2 acquisition: contingency, cue competition, salience, interference, overshadowing, blocking, and perceptual learning. *Applied Linguistics*, v. 27, p. 164-194, 2006.

FAYOL, M. et al. From learning to teaching to learn: French written morphology. In: NUNES, T. (Ed.). *Learning to read*: an integrated view from research and practice. [S.l.: s.n.], 1999. p. 43-64.

FLETCHER-FLINN, C.; SHANKWEILER, D.; FROST, S. J. Coordination of reading and spelling in early literacy development: an examination of the discrepancy hypothesis. *Reading and Writing: an Interdisciplinary Journal*, v. 17, n. 6, p. 617-644, 2004.

FOWLER, A. E.; LIBERMAN, I. Y. The role of phonology and orthography in morphological awareness. In: FELDMAN, L. B. (Ed.). *Morphological aspects of language processing*. Hillsdale: Lawrence Erlbaum, 1995. p. 157-88.

GATHERCOLE, S. E. et al. Phonological memory and vocabulary development during the early school years: a longitudinal study. *Developmental Psychology*, v. 28, n. 5, p. 887-898, 1992.

GATHERCOLE, S. E. et al. Phonological short-term memory and new word learning in children. *Developmental Psychology*, v. 33, p. 966-979, 1997.

GATHERCOLE, S. E. et al. Phonological short-term memory and vocabulary development: further evidence on the nature of the relationship. *Applied Cognitive Psychology*, v. 13, p. 65-77, 1999.

GEVA, E. Orthographic and cognitive processes in learning to read English and Hebrew. In: TAYLOR, I.; OLSON, D. R. (Ed.). *Scripts and literacy*. Dordrecht: Kluwer, 1995. p. 81-114.

GEVA, E.; SIEGEL, L. Orthographic and cognitive factors in the concurrent development of basic reading skills in two languages. *Reading and Writing: an Interdisciplinary Journal*, v. 12, n. 2, p. 1-31, 2000.

GEVA, E.; ZADEH, Z. Y. Reading efficiency in native English-speaking and English-as-a-second-language children: the role of oral proficiency and underlying cognitive-linguistic processes. *Scientific Studies of Reading*, v. 10, n. 1, p. 31-57, 2006.

GLEITMAN, L. R. The structural sources of verb meaning. *Language Acquisition*, v. 1, n. 3, p. 3-55, 1990.

GLEITMAN, L. R.; GLEITMAN, H. A picture is worth a thousand words, but that's the problem. *Current Directions in Psychological Science*, v. 1, n. 1, p. 31-35, 1992.

GOODMAN, K. S. Analysis of oral reading miscues: applied psycholinguistics. *Reading Research Quarterly*, v. 5, n. 1, p. 9-30, 1969.

GRAVES, M. F. Vocabulary learning and instruction. In: ROTHKOPF, E. Z. (Ed.). *Review of research in education*. Washington: American Educational Research Association, 1986. v. 13, p. 49-89.

GREEN, L. et al. Morphological development in children's writing. *Journal of Educational Psychology*, v. 95, n. 4, p. 752-761, 2003.

GRIGORENKO, E. L; KORNILOVA, T. V. The resolution of the nature–nurture controversy by Russian psychology: culturally biased or culturally specific? In: STERNBERG, R. J.; GRIGORENKO, E. (Ed.). *Intelligence, heredity, and environment*. New York: Cambridge University, 1997. p. 339-393.

HENDERSON, E. *Teaching spelling*. 2nd ed. Dallas: Houghton Mifflin, 1990.

HINSHELWOOD, J. Word-blindness and visual memory. *Lancet*, v. 2, p. 1564-1570, 1895.

HOLLAND, J. H. et al. *Induction*: processes of inference, learning and discovery. Cambridge: MIT, 1986.

HOOVER, W. A.; GOUGH, P. B. The simple view of reading. *Reading and Writing: an Interdisciplinary Journal*, v. 2, n. 2, p. 127-160, 1990.

JENKINS, J. R.; MATLOCK, B.; SLOCUM, T. A. Two approaches to vocabulary instruction: the teaching of individual word meanings and practice in deriving word meaning from context. *Reading Research Quarterly*, v. 24, n. 2, p. 215-235, 1989.

JOHNSTON, R. S.; WATSON, J. E. A seven year study of the effects of synthetic phonics teaching on reading and spelling attainment. In: SCOTTISH EDUCATION EXECUTIVE DEPARTMENT (Ed.). *Analysis and communication department*. Edinburgh: Scottish Executive Education Department, 2005.

KARMILOFF-SMITH, A. *Beyond modularity*: a developmental perspective on cognitive science. Cambridge: MIT, 1992.

LARGY, P. La revision des accords nominal et verbal chez l'enfant. *L'Année Psychologique*, v. 101, p. 221-245, 2001.

LARGY, P.; DÉDÉYAN, A.; HUPET, M. Orthographic revision: a developmental study of how revisers check verbal agreements in written French. *British Journal of Educational Psychology*, v. 74, n. 4, p. 533-550, 2004.

LARGY, P.; FAYOL, M.; LECLAIRE, P. The homophone effect in written French: the case of noun-verb inflection errors. *Language and Cognitive Processes*, v. 11, p. 217-255, 1996.

LEHTONEN, A.; BRYANT, P. Doublet challenge: form comes before function in children's understanding of their orthography. *Developmental Science*, v. 8, n. 3, p. 211-217, 2005.

LUNDBERG, I. Learning to read in Scandinavia. In: HARRIS, M.; HATANO, G. (Ed.). *Learning to read and write*: a cross-linguistic perspective. Cambridge: Cambridge University, 1999. p. 157-172.

MACKEY, A. Feedback, noticing and instructed second language learning. *Applied Linguistics*, v. 27, n. 3, p. 405-430, 2006.
MACLEAN, M.; BRYANT, P. E.; BRADLEY, L. Rhymes, nursery rhymes and reading in early childhood. *Merrill-Palmer Quarterly*, v. 33, p. 255-282, 1987.
MCBRIDE-CHANG, C. et al. The role of morphological awareness in children's vocabulary acquisition in English. *Applied Psycholinguistics*, v. 26, n. 3, p. 415-435, 2005.
MCMILLAN, A. Words, letters and smurphs: apostrophes and their uses. In: NUNES, T. (Ed.). *Learning to read*: an integrated view from research and practice. Dordrecht: Kluwer, 1999. p. 369-391.
MISKIN, R. *Read write inc.* [S.l.]: Ruth Miskin Literacy, 2004.
MITCHELL, P. *Do adults rely on rules to inflect plural nouns and singular verbs?* 2004. Dissertação (Mestrado) – University of Oxford, Oxford, 2004.
MORGAN, W. P. A case of congenital word blindness. *British Medical Journal*, v. 2, p. 1378, 1896.
NAGY, W. E.; HERMAN, P. A.; ANDERSON, R. C. Learning words from context. *Reading Research Quarterly*, v. 20, n. 2, p. 233-253, 1985.
NAIGLES, L. Children use syntax to learn verb meanings. *Journal of Child Language*, v. 17, n. 2, p. 357-374, 1990.
NATION, K.; SNOWLING, M. J. Individual differences in contextual facilitation: evidence from dyslexia and poor reading comprehension. *Child Development*, v. 69, n. 4, p. 996-1011, 1998.
NEUMAN, S. B.; CELANO, D. Access to print in low-income and middle-income communities: an ecological study of four neighborhoods. *Reading Research Quarterly*, v. 36, n. 1, p. 8-26, 2001.
NORD, C. W. et al. *Home literacy activities and signs of children's emerging literacy*: 1993 and 1999. Washington: US Department of Education, 1999.
OLSON, D. R. Towards a psychology of literacy: on the relations between speech and writing. *Cognition*, v. 60, n. 1, p. 83-104, 1996.
OLSON, R. K. et al. The etiology and remediation of phonologically based word recognition and spelling disabilities: are phonological deficits the "hole" story? In: BLACKMAN, B. (Ed.). *Foundations of reading acquisition and dyslexia*. Mahwah: Lawrence Erlbaum, 1997. p. 305-326.
PACTON, S. Children's use of syntactic information in spelling. In: SOCIETY FOR THE SCIENTIFIC STUDY OF READING, 2004, Amsterdam. *Anais...* Amsterdam: [s.n.], 2004.
PACTON, S.; DEACON, H. The timing and mechanisms of children's use of morphological information in spelling: a review of evidence from English and French. *Cognitive Development*, v. 23, n. 3, p. 339-359, 2008.
PACTON, S.; FAYOL, M.; PERRUCHET, P. Children's implicit learning of graphotactic and morphological regularities. *Child Development*, v. 76, n. 2, p. 324-339, 2005.

PAYRE-FICOUT, C.; CHEVROT, J. P. La forme contre l'usage: étude exploratoire de l'acquisition du prétérit anglais par des apprenants français. *Revue de Linguistique et de Didactique des Langues*, v. 30, p. 101-115, 2004.

PENNINGTON, B. F. Toward an integrated understanding of dyslexia: genetic, neurological, and cognitive mechanisms. *Development and psychopathology*, v. 11, p. 629-654, 1999.

RAVID, D. Learning to spell in Hebrew: phonological and morphological factors. *Reading and Writing: an Interdisciplinary Journal*, v. 14, n. 5/6, p. 459-485, 2001.

RAVID, D.; SCHIFF, R. Roots and patterns in Hebrew language development: evidence from written morphological analogies. *Reading and Writing: an Interdisciplinary Journal*, v. 19, n. 8, p. 789-818, 2006.

READ, C. *Children's creative spelling*. London: Routledge and Kegan Paul, 1986.

REGO, L. L. B. Phonological awareness, syntactic awareness and learning to read and spell in Brazilian Portuguese. In: HARRIS, M.; HATANO, G. (Ed.). *Learning to read and write*: a cross-linguistic perspective. Cambridge: Cambridge University, 1999. p. 71-88.

REITSMA, P. Scientific studies of spelling. In: SOCIETY FOR THE SCIENTIFIC STUDY OF READING, 2007, Prague. *Anais...* Prague: [s.n.], 2007.

RISPENS, J. E.; MCBRIDE-CHANG, C.; REITSMA, P. Morphological awareness and early and advanced word recognition and spelling in Dutch. *Reading and Writing*, v. 21, p. 587-607, 2008.

SADOSKI, M.; PAIVIO, A. Toward a unified theory of reading. *Scientific Studies of Reading*, v. 11, n. 4, p. 337-357, 2007.

SCHATZ, E. K.; BALDWIN, R. S. Context clues are unreliable predictors of word meanings. *Reading Research Quarterly*, v. 21, n. 4, p. 439-453, 1986.

SCHLAGAL, R. Patterns of orthographic development into the intermediate grades. In: TEMPELTON, S.; BEAR, D. R. (Ed.). *Development of orthographic knowledge and the foundations of literacy*: a memorial festschrift for Edmund H. Henderson. Hillsdale: Lawrence Erlbaum, 1992. p. 31-52.

SÉNÉCHAL, M. et al. On refining theoretical models of emergent literacy: the role of empirical evidence. *Journal of School Psychology*, v. 39, n. 5, p. 439-460, 2001.

SHARE, D. Phonological recoding and orthographic learning: a direct test of the self-teaching hypothesis. *Journal of Experimental Child Psychology*, v. 72, p. 95-129, 1999.

SIEGEL, L. Bilingualism and reading. In: NUNES, T.; BRYANT, P. (Ed.). *Handbook of children's literacy*. Dordrecht: Kluwer, 2004. p. 690-773.

SNOW, C. The theoretical basis for relationships between language and literacy in development. *Journal of Research in Childhood Education*, v. 6, n. 1, p. 5-10, 1991.

STANOVICH, K.; CUNNINGHAM, A. E.; WEST, R .F. Literacy experiences and the shaping of cognition. In: PARIS, S. G.; WELLMAN, H. M. (Ed.). *Global prospects for education*: development, culture and schooling. Washington: American Psychological Association, 1998. p. 253-290.

STANOVICH, K.; WEST, R. On priming by a sentence context. *Journal of Experimental Psychology: General*, v. 112, n. 1, p. 1-36, 1983.

TEALE, W. H.; SULZBY, E. *Emergent literacy*: writing and reading. Norwood: Ablex, 1986.

THE NATIONAL LITERACY STRATEGY. *Word level work*: teachers' note: unit 2: phonics. London: Department for Education and Employment, 1998. Module 2.

TOLCHINSKY, L. Form and meaning in the development of writing. *European Journal of Psychology of Education*, v. 3, n. 4, p. 385-398, 1988.

TOLCHINSKY-LANDSMANN, L.; LEVIN, I. Writing in preschoolers: an age related analysis. *Applied psycholinguistics*, v. 6, p. 319-339, 1985.

TOTEREAU, C.; BARROUILLET, P.; FAYOL, M. Overgeneralisation of number inflections in the learning of written French: the case of noun and verb. *British Journal of Developmental Psychology*, v. 16, p. 447-464, 1998.

TOTEREAU, C.; THÉNEVIN, M. G.; FAYOL, M. The development of the understanding of number morphology in written French. In: PERFETII, C. A.; RIEBEN, L.; FAYOL, M. (Ed.). *Learning to spell*: research, theory and practice across languages. Mahwah: Lawrence Erlbaum, 1997. p. 97-114.

TREIMAN, R.; CASSAR, M.; ZUKOWSKI, A. What types of linguistic information do children use in spelling? The case of flaps. *Child Development*, v. 65, n. 5, p. 1318-1337, 1994.

TULVING, E. Concepts of memory. In: TULVING, E.; CRAIK, F. I. M. (Ed.). *The Oxford handbook of memory*. Oxford: Oxford University, 2000. p. 33-44.

TULVING, E. Episodic and semantic memory. In: TULVING, E.; DONALDSON, W. (Ed.). *Organization of memory*. New York: Academic, 1972. p. 381-403.

WALKER, J.; HAUERWAS, L. B. Development of phonological, morphological, and orthographic knowledge in young spellers: the case of inflected verbs. *Reading and Writing: an Interdisciplinary Journal*, v. 19, n. 8, p. 819-843, 2006.

WATSON, J. E.; JOHNSTON, R. S. Accelerating reading attainment: the effectiveness of synthetic phonics. In: SCOTTISH, E. E. R. Unit (Ed.). *The Scottish office education and industry department*. [S.l.: s.n.], 1998.

WHITE, T. G.; POWER, M. A.; WHITE, S. Morphological analysis: implications for teaching and understanding vocabulary growth. *Reading Research Quarterly*, v. 24, n. 3, p. 283-304, 1989.

WYSOCKI, K.; JENKINS, J. R. Deriving word meaning through morphological generalization. *Reading Research Quarterly*, v. 22, n. 1, p. 66-81, 1987.